(사)한국기술혁신학회 정책총서 ❸

충남대 국가정책연구소 과학기술정책 기획연구 ❷

한국 과학기술정책

분석과 혁신

"과학기술이 만드는
더 행복한 사람, 더 좋은 세상을 꿈꾸며"

이 공동 저서는 그동안 전담부처 변경 등의 외적인 변화에 치중하여 분절적이며 단절적이었던 우리나라 과학기술정책의 지속가능한 혁신을 모색하기 위하여 집필되었습니다. 국민행복과 국가발전을 동시에 추구해야 하는 과학기술정책의 혁신은 관련 부처의 역할 조정 등과 같은 외형적인 조건과 함께 정책목표와 정책수단의 연속성 및 정합성같은 내용적인 사항에도 크게 좌우될 것입니다.

우리나라의 과학기술정책은 민주화 이후에 가장 변동이 컸던 정책영역의 하나라고 할 수 있습니다. 이의 단적인 사례가 정권이 바뀔 때마다 과학기술 전담부처가 과학기술 부총리(노무현 정권), 교육과학기술부(이명박 정권), 미래창조과학부(박근혜 정권), 과학기술정보통신부(문재인 정권)로 변경된 점입니다. 또한 2022년 5월에 출범 예정인 새 정권의 준비과정에서도 과학기술 거버넌스에 대한 여러 의견이 나오고 있는 상황입니다. 이와 같은 빈번한 정책변화와 이로 인한 정책의 불안정성은 전문성과 장기적 시각이 필요한 과학기술정책의 지속가능성을 저해하는 요인의 하나로 작용하였습니다.

다른 한편으로, 지난 20여 년간 과학기술정책과 행정체계를 둘러싼 논의가 계속되는 이유는 역설적으로 우리나라의 미래가 과학기술에 달려 있다는 점을 반증하는 것이라 할 수 있습니다. 최근에 우리나라가 직면하고 있는 여러 환경변화, 즉 급변하는 국제정세와 국가안보, 저성장과 고용 저하, 고령화와 저출산, 기후변화와 자연재해, 에너지 전환과 원자력 안전 등은 모두 효율적인 과학기술의 증진과 합리적인 과학기술의 활용이 전제되어야 해결할 수 있는 정책문제이기 때문입니다. 이러한 정책문제를 시의적절하게 해결하지 못하는 정부는 국민의 신임을 받을 수 없을 것이며, 또한 국가 경쟁력 저하와 국민의 삶의 질 저하를 예방하지 못하게 될 것입니다.

최근 우리는 디지털 전환으로 인한 경제·사회의 변화와 코로나19의 대확산 과정에서 과학기술 지식이 현대 국가에서 가장 핵심적인 정책수단이라는 점을 다시 한번 실감하고 있습니다. 디지털 전환으로 인한 산업구조 재편과 노동시장 변화, 전염병 대유행이 몰고 온 경기침체와 사회격차 심화 등은 과학기술이 그 출발점이고 다시 이를 해결하기 위한 새로운 과학기술 지식이 필요함을 절감하게 되었습니다. 이제 과학기술과 혁신은 기술 영역만의 변수(變數)가 아니라, 경제와 사회 그리고 정책의 합리성과 효율성을 좌우하는 상수(常數)가 되었다고 할 것입니다.

이러한 패러다임 전환의 시대에 바람직한 과학기술정책은 국내·외 환경변화에 대응하기 위한 정책혁신과 정책종결을 추구해야 함은 물론, 정권변동과 무관하게 기존 정책의 장점을 수용할 수 있는 정책유지와 정책승계가 균형을 이루어야 할 것입니다. 그러나 그동안 우리나라의 과학기술정책은 정권변동 때마다 전담부처와 핵심사업의 명칭변경 등과 같은 정책변화를 추구하였으나, 실질적인 정책목표나 정책내용은 대동소이하게 운영되었습니다. 다시 말해 그동안 우리의 과학기술정책은 명목적으로는 변화와 혁신을 추구하였지만 실제로는 기존 정책의 한계나 문제를 극복하지 못했음을 의미합니다.

이러한 문제의식에서 한국기술혁신학회의 전·현직 회장단은 (1) 우리나라의 과학기술정책이 나아가야 할 진정한 혁신은 무엇이며 (2) 이를 위한 구체적인 방안은 무엇일까를 고민하게 되었습니다. 이러한 고민은 과학기술정책 및 혁신연구 분야에서 국내 최대의 학문공동체인 한국기술혁신학회와 우리나라 혁신의 중심부인 대덕에서 관련 연구와 교육의 상승효과를 추구하는 충남대학교 국가정책연구소의 공동 작업으로 이어지게 되었습니다. 이를 위해 2021년 초에 한국기술혁신학회는 정책총서위원회를 구성하여 1년 여에 걸쳐서 공동집필 작업을 진행하였습니다.

이 저서는 총 6개 분야의 정책을 대상으로 과거와 현재를 분석하고 미래의 혁신에 대해 논의하고 있습니다. 구체적으로는 제1부에서 연구개발 및 성장동력 육성을 위한 3개 주제, 제2부에서는 과학기술 혁신생태계 조성을 위한 3개 주제를 다루고 있습니다. 따라서 이 저서는 우리나라의 과학기술정책 현안을 모두 포함하지는 못하고 있습니다. 이러한 한계는 참여 집필진의 전공과 시간의 제약 등을 고려한 결과이지만, 선택한 주제에서는 최대한 종합적·체계적 분석과 적실성 있는 혁신방안을 제시하고자 노력하였습니다.

　제1부에서 다루고 있는 3개 주제의 핵심 내용은 다음과 같습니다. 제1장의 도전적 연구개발 정책(정보통신기획평가원 이효은 박사; 2023년도 차기회장)에서는 연구도전성 복원은 실패의 가치 재인식과 성공견인자에서 실패 후원자로의 정부 역할 대전환을 기반으로, 실패친화적 문화-제도-프로그램이 조화되는 입체적 접근을 강조하였습니다. 제2장의 연구장비산업정책(한국기초과학지원연구원 황병상 박사; 부회장/정책총서위원장)에서는 산업혁신시스템(SIS) 관점의 보완과 함께 과학기술 경쟁력과 산업의 양 측면에서 균형 있는 정책설계와 집행이 필요함을 제언하였습니다. 제3장의 국가 성장동력 정책(충남대학교 행정학부 이찬구 교수; 2017년도 회장)에서는 향후의 국가 성장동력 정책은 제4차 산업혁명 및 전염병 대유행과 같은 패러다임 전환의 정책환경에 대응하면서 높아진 민간의 혁신역량을 반영할 수 있도록, 통합혁신의 관점에서 부단한 정책혁신과 과감한 정책종결의 추구와 함께 합리적인 정책 유지와 정책승계의 균형을 도모할 것을 제안하였습니다.

　이어 제2부에 포함된 3개 정책분야의 논의는 다음과 같습니다. 제4장의 과학기술계 정부출연연구기관 정책(과학기술정책연구원 이민형 박사; 2022년 회장)에서는 국가 혁신생태계 발전을 위해서는 정부출연연구기관 정책의 자율과 책임의 기조를 명확히 확립하고 관련 정책과 제도들의 적합성 제고가 필요함을 논의하였습니다. 제5장의 이공계 대학 교육정책(한국직업능력연구원 안재영 박사)에서는 미래 세대를 위한 이공계 대학 교육정책은 산업과 기술의 변화에 대응할 뿐만 아니라 과학기술 인력의 사회 진출과 성장을 지원하는 정책이 되어야 함을 강조하였습니다. 마지막으로 제6장의 원자력 안전정책(부경대학교 행정학과 김창수 교수)에서는 원전시설의 인·허가에서부터 원자력 발전시설 안전규제에 이르기까지를 통합 관리하는 기본법이 필요하며, 방사성폐기물 처분은 물론 원전해체에 이르기까지 전주기를 관할하는 법체계의 구성을 제안하였습니다.

이 저서에서 다루고 있는 주제 외에도 각자의 관점에서 우리나라의 과학기술정책에서 혁신이 필요한 분야는 더 많이 있을 것입니다. 앞으로 과학기술정책에서 혁신이 필요한 분야는 다양한 이해관계자로부터 끊임없기 제기될 것이고, 이의 해결을 위해 객관적이고 중립적인 정책지식을 제공하는 1차 임무는 학회 및 대학과 같은 학문공동체에 있다고 할 것입니다. 앞으로도 우리나라의 과학기술정책이 부단한 정책혁신을 이루고 이것이 성과로 연결될 수 있는 합리적인 정책유지와 정책승계를 뒷받침할 수 있는 충실한 정책연구가 한국기술혁신학회를 비롯한 학문공동체에서 계속될 수 있기를 기대합니다.

새로운 시간을 준비하는 2022년 4월
대한민국 혁신의 중심 대덕에서

참여하신 저자들께 감사의 마음을 담아
이찬구

차 례

66

R&D and Fostering Growth Engines

99

제1부

연구개발 및 성장동력 육성

제**1**장

도전적 연구개발정책

이 효 은

연구도전성 복원은 실패의 가치 재인식과
'성공견인자 → 실패후원자'로 정부 역할 대전환을 기반으로,
실패친화적 '문화–제도–프로그램'이 조화되는
입체적 접근이 필요하다

제1절 서 론

　오늘날 부상하는 다수의 글로벌 이슈와 도전과제들은 과학기술의 역할을 요구하고 있으며, 이에 부응하여 주요국은 연구개발 투자를 확대하여 왔다. 2013~2018년의 연구개발비 연평균증가율을 보면 중국 7.68%, 대한민국 7.61%, EU 28개국 5.52%, 미국 5.04%로, 일본(0.79%)을 제외한 주요 과학기술강국들은 5%가 넘는 투자 확대를 감행하고 있다. 우리나라는 정부 R&D예산이 2019년 20조원을 넘어 2022년에는 29.8조원으로 증가하였고, R&D집중도(2020)는 이스라엘(4.93%)에 이은 세계 2위(4.81%)를 기록하고 있다. 특히 4차산업혁명 심화, 글로벌 팬데믹 장기화 및 이로 인한 디지털 전환 가속화, 미-중 기술패권 경쟁 등은 연구개발활동의 전략적 중요성을 더욱 높이고 있다. 그러나 투자확대에도 불구하고 국가 간 R&D 경쟁 격화, 문제의 복잡성과 기술적 난이도 증가 및 기술수명주기 단축 등으로 기대성과 달성에 어려움을 겪고 있는 실정이다. 이에 대한 해결책 중 하나로 많은 국가들은 도전적 연구 활성화를 추구하고 있다.

　도전적 연구가 주목받는 이유는, 높은 실패위험에도 불구하고 일반 R&D에 비해 탁월한 성과를 창출하여 왔기 때문이다. 유럽연구위원회

(ERC)의 과학위원회가 평가한 ERC 지원 연구과제 중 19%(2017)가 혁신적 성과 창출에 기여하였는데, 대부분은 고위험·고수익(High Risk, High Reward) 과제들이었고 혁신적 성과의 10% 만이 저위험 과제에서 발생한 것으로 조사[1]되었다. 또한 미국 국립보건원(NIH)의 변혁적 연구 주요 재원인 Common Fund의 특허생산성은 NIH 전체 특허생산성에 비해 월등히 높은 것으로 조사[2]되었다. 1958년 창립 이래 세상을 바꾼 연구결과를 지속 창출해 온 미국 방위고등연구계획국(DARPA: Defence Advanced Research Projects Agency)이 실패를 두려워하지 않는 도전문화를 정착시킨 '도전과 혁신의 아이콘'이라는 사실도 도전적 연구에서 답을 찾는 한 이유라 하겠다. 아울러 도전적 연구는 그 중요성 인식에도 불구하고 여러 가지 요인이 복합적으로 작용하여 연구현장에 충분히 수용되지 못하거나 실제 성과로 연결되지 못하는 현실도 도전적 연구에 대한 다양한 탐색과 시도를 하게 하는 원인이다. 특히 추격형에서 선도형으로 국가연구개발 패러다임 전환을 시도하고 있는 우리나라의 경우 연구도전성 회복은 우회할 수 없는 핵심 목표이자 접근경로를 반드시 마련해야 하는 시대적 화두라 하겠다. 국내 주요 인사들의 도전적 연구관련 목소리들을 정리하면 〈표 1-1〉과 같다.

도전적 연구는 변혁적 연구(Transformative Research), 고위험·고수익 연구(High-Risk, High-Reward Research) 등과 혼용되고 있는 것이 현실이다. 최근 유사 용어 간 차이 분석을 통한 도전적 연구의 개념화 시도도 존

---

1)　https://www.nature.com/articles/d41586-018-05325-4
2)　NIH, Common Fund Patent Report, 2017년

재하지만(정병규·김태윤, 2021), 본고에서는 상기 용어들을 상당부분 포괄하는 의미로 도전적 연구를 지칭하고 있어 엄밀한 개념화 시도는 생략하고, 주요 기관이나 연구자들이 제시하는 유사 용어의 정의들을 몇 가지 소개하면 〈표 1-2〉와 같다[3].

〈표 1-1〉 도전적 연구 관련 주요 목소리들

주장자	내 용
권오경 회장 (공학한림원)	• 추월형 국가 전환이 시대과제…美 DARPA 같은 R&D 개조 시급 *출처 : 권오경(2022)
김복철 이사장 (국가과학기술연구회)	• 실패전제로 연구해야 할 때 • 도전적인 고위험 연구위해 성실도전 환경 만들겠다. *출처 : 김복철(2021)
노정혜 이사장 (한국연구재단)	• 도전적 연구 인정받는 평가제도 나와야 • 연구 실패의 책임을 묻지 않고 연구자가 두려움 없이 안정적으로 연구할 수 있는 환경을 만들어야 *출처 : 노정혜(2021)
윤석진 원장 (KIST)	• K-R&D 성공의 선결과제는 '실패 두려움 없는' 연구 풍토 • 연구자들이 실패에 대한 두려움 없이 마음껏 연구에만 몰입할 수 있도록, 답 없는 주제에 과감히 도전하는 GRaND Challenge 시작 *출처 : 윤석진(2020)
이광형 총장 (KAIST)	• 성공확률 80% 이상 연구비 지원 안 해 • 실패연구소를 만들겠다. 실패를 두려워하지 않도록 '교훈을 주는 성공'으로 재해석해야 *출처 : 이광형(2021)
이상민 의원 (국회의원)	• 연구현장과 함께 실패 두려워하지 않는 도전적 연구문화 조성하겠다. *출처 : 이상민(2021)
이정동 교수 (서울대, 前 청와대 경제과학특보)	• 실패 없이는 축적의 시간도 없다. • 시행착오는 공공재 *출처 : 이정동(2016)
이효은 연구위원 (정보통신기획평가원)	• 연구도전성이 국가미래다. • 연구개발정책 수립 시 '연구도전성 영향평가' 필요 *출처 : 이효은(2016, 2017, 2018b)

〈표 1-2〉 도전적 연구 관련 정의 종합

용어	내용
고위험·고수익연구 (High-Risk, High-Reward Research)	▲장기적 관점에서 광범위한 분야를 대상으로 유용한 연계성을 가진 결과를 창출할 수 있는 연구 ▲중대한 국가적 필요성에 초점이 맞추어진 연구 ▲매우 참신하거나 다학문적인 특성으로 일반적인 Peer-Review를 통한 심사 시 선정되기 어려운 연구 *출처 : America COMPETES Act(2007.8)
변혁적 연구 (Transformative Research)	▲현존의 주요 과학적, 공학적 개념 또는 교육활동에 대한 이해를 급진적으로 변화시키거나, ▲과학·공학·교육 분야의 새로운 패러다임이나 신 영역을 창출시키는 아이디어·발견·도구를 대상으로 하는 연구 *출처 : 미국 국립과학재단(NSF)(2022.1.18.)
초고난도 연구목표 (판단기준)	▲세계적으로 개발이 시도된바 없는 기술 ▲난이도로 인해 개발이 지연되고 있거나 성공사례가 극히 제한적인 기술 ▲현존 기술과 차별된 아이디어나 접근방법으로서, 성공 시 획기적 비용절감, 신시장 개척 등 파급력이 큰 기술 *출처 : 관계부처합동(2021)
혁신도전프로젝트	실패 가능성이 있지만 성공 시 사회·경제적 파급력이 큰 혁신적 연구성과 창출을 목적으로, 임무지향적 기획 및 민간관리자(추진단장 및 사업단장)에 의한 전주기 관리방식을 적용하는 범부처 연구개발 프로젝트 *출처 : 과학기술정보통신부(2020)
초고난도 프로젝트	산업적 난제 해결을 위한 기술로, 개발 완료시 사회·경제적 파급효과가 매우 크나 실패 가능성이 높은 과제 *출처 : 산업통상자원부(2019)
도전적 연구	▲창의적 성과 혹은 급진적 기술혁신이라는 과감한 목표를 설정하고, ▲연구 분야·주제·방법론·개념 등에서 기존 연구의 궤적을 크게 벗어나 참신한 방법으로 추진되며, ▲성패의 불확실성이 높은 연구 *출처 : 정병규·김태윤(2021)
변혁적 연구	▲기존 연구와 비교 시 창의성, 도전성 및 다학문적 특성을 지닌 참신한 연구, ▲급진적 혁신에 의한 고위험성 및 불확실성을 내포한 연구, ▲성공 시 연구결과의 커다란 영향력과 분야 간 연계 잠재력을 가진 연구, ▲이러한 이유로 전통적인 Peer-Review를 통해 선정이 어려운 연구 *출처 : 차두원 외(2007)

---

3) 참고로 장우현·방세훈(2020)은 본인-대리인 개념을 활용하여 본인(principle)인 국민 또는 공공기관이 대리인(agent)에게 연구를 의뢰하는 상황에서 연구가 실패했을 경우에도 국민은 실제 연구자의 노력 투입 수준을 유추할 수 없지만, 대리인이 최선의 노력을 기울일 경우 차선의 대안보다 더 높은 기댓값을 도출할 수 있는 연구로 정의하였다.

상기의 용어들이 내포하는 의미를 종합하고 이를 토대로 도전적 연구의 특성을 몇 가지 요소로 정리하면 다음과 같다. 먼저 연구 대상 또는 목적은 새로운 이론·방법론·응용분야 창출이나 기존 기술·원리의 획기적 진보를 통해 기존 학문·산업을 재정의하거나 신 영역(New Category)을 창출하는 것이다. 한마디로 세계 최초·최고를 지향한다고 할 수 있겠으나, 이는 연구주체가 처한 상황에 따라 상이할 수 있어 후발주자의 경우 선두주자 수준을 신속히 추격(Catch-up)하는 것도 도전적 목표로 볼 수 있을 것이다. 도전적 연구는 기존 한계와 혁신경로를 부정하는 비선형성과 창의성을 요구하는데, 이는 고도의 목표 수준과 더불어 높은 실패위험의 원인으로 작용한다. 도전적 연구들은 다학제간 융합연구 및 외부 연구자원들과 협력하는 오픈 이노베이션을 통해 성공가능성을 높일 것으로 기대되며, 연구단계는 기초연구뿐 아니라 응용·개발연구에서도 그 가능성과 필요성이 존재한다. 특히 많은 R&D 선도국들이 추진하는 대규모 미션지향 R&D는 응용 및 개발단계에 다수 위치한다.

아울러 도전적 연구는 연구내용과 제안자의 독특함(uniqueness)으로 인해 컨센서스 형성이 용이한 과제들이 살아남는 경향이 강한 전통적 피어리뷰 방식의 선정평가, 운영의 경직성과 통제에 기반하는 기존의 관리방식으로는 성과 달성을 기대하기 어려워 차별화된 추진체계의 적용이 권장된다. 연구관리방식은 연구자에게 높은 연구자율성을 부여하는 것이 일반적이나, 연구의 유형에 따라 관리기관의 적극적인 개입이 이루어지는 경우도 존재한다. 그러나 이는 단순한 행정적 개입이기 보다는 고도의 전문성을 갖춘 PM(프로젝트매니저)에 의한 엄밀한 상황 판단과 성공가능성 제고를 위한 지원의 의미를 가진다.

한편 연구 대상이나 목적의 경우 우리나라는 '실패위험이 크나 성공할 경우 높은 파급효과가 기대되는 연구'를 유독 강조하고 있는데, 이는 도전적 연구의 특성에 부합하는 내용이지만 여전히 성공에만 초점을 맞추고 있는 한계를 내포한다. 즉 성공 시 파급효과가 클 뿐 아니라, 실패하더라도 차후의 성공 또는 새로운 대안을 위한 가치있는 배움이 기대되는 경우도 포함되도록 도전적 연구의 대상이 확장되어야 할 것이다.

제2절 도전적 연구개발 활성화 정책의 개관

1. 정책의 개관

국가 R&D 투자규모 확대 및 우리 산업·과학기술의 글로벌 위상이 상승함에 따라 정부는 연구개발 패러다임의 전환(추격형→선도형 등) 필요성을 절감하게 되었으며, 도전적 연구개발 강화는 이를 실현할 핵심 정책방향으로 인식되어 왔다.

본격적인 시도는 이명박 정부 말기에 준비를 거쳐 박근혜 정부에서 추진된 혁신도약형 R&D 사업으로 시작되었다. 2012년 9월 정부는 '국가R&D 도전성 강화방안'[4]을 통해 도전적 R&D의 개념과 적용 범위(사업 지정), 성실실패 개념 도입 등의 기본적인 운영 방안을 제시하였고, 2013년 7월 '제3차 과학기술 기본계획'에서 주요 R&D예산 중 혁신도약형 연구개발 비중 확대를 명시함과 아울러 성실실패 용인제도 확대와 실패지식DB 구축 등 실패지식 자산화를 발표하였다. 2013년 8월에는 혁신도약형 R&D 추진 가이드라인(제2회 국과심 본회의)을 마련하였고, 각 부처는 이를 기반으로 2014~2015년 간 혁신도약형 R&D 시범사업을 실시하였다. 2016년에는 4,425억원(10개 부·청 26개 사업)의 예산 편성 및 시범사업 결과를 토대로 혁신도약형 R&D사업 추진 개선방안(2016. 6월)을 수립하여 본격적인 사업 추진을 도모하였으나 대통령 탄핵 정국으로 접어들면서 급격히 동력을 상실하게 되었다.

문재인정부에서도 도전적 연구의 중요성에 대한 인식은 분명해 보인다. 2018년에 수립한 '2040년을 향한 국가과학기술 혁신과 도전 – 제4차 과학기술기본계획('18~'22)'(이하 '제4차 과학기술기본계획'이라 한다)에서는 그동안의 노력으로 세계적 경쟁력을 확보했으나 독창·도전적 연구가 미흡함을 지적하고, 지나치게 목표 지향적이고 단기적 성과를 강조하는 추격형 R&D 전략으로는 환경변화에 대응이 어려울 것이며, 특히 실패에 대한 부담으로 도전적 연구를 회피[5]하는 현실을 심각한 과제로 이해하고 있다. 이러한 문제인식을 기반으로 제4차 과학기술기본계획은 연구자들의 자율성과 창의성, 도전성을 증진시켜 파괴적 혁신을 일으킬 수 있는 R&D시스템으로 변화를 핵심 정책기조로 제시하였다. 2018년 7월에 발표한 '국가기

---

4)   동 계획은 국가 R&D의 높은 성공률(지경부 97%(2010년), 중기청 92.9%(2008년))에 비해 혁신적 성과는 미흡한 실정으로, 이는 성공가능성이 높은 안전한 연구목표를 세워 연구과제를 신청하고, 온정적으로 평가하는 행태 등에 기인한다고 진단하였다. 세계적 수준의 기술을 개발하기 위한 사업을 일부 운영 중이나, 일반 R&D사업과 동일하게 관리되고 예산·사업평가·감사 등 제도적 제약으로 사업 취지에 맞게 운영하는 데 한계가 있음을 지적하고, 추격형에서 선도형 연구개발로의 패러다임 전환을 위한 국가R&D의 도전성 강화를 제안하고 있다.

5)   2017~2021년 간 한국산업기술평가관리원의 R&D 과제(완료과제 기준) 성공률은 99.1%(3,038개 중 3,014개)로 파악된다(국회의원 김경만, 2021).

술혁신체계 고도화를 위한 국가 R&D 혁신방안'에서는 2022년까지 ICT분야 신규예산의 35%를 고위험·혁신형 연구에 투자하는 등의 구체적인 실천방안을 제시하였으며, 2019년 5월 '국가 R&D 혁신·도전성 강화방안'에서는 범부처 혁신도전 프로젝트 추진을 의결(과기관계장관회의)하였다. 이에 의거, 2019년부터 과학기술정보통신부(이하 '과기부'라 한다)가 혁신도전 프로젝트를, 산업통상자원부(이하 산업부라 한다)가 산업기술 알키미스트 프로젝트를 신설하였다. 두 부처는 그동안 과제발굴 기획 및 시범사업 등을 추진하였으며, 산업부는 2021년 예타사업을 통과하여 2022년부터 본 사업 추진을 계획하고 있다.

2021년 4월에는 국가 R&D 혁신도전성 강화방안(II)에 해당하는 '도전적 연구개발 추진 고도화 전략'을 발표하였는데, 사업 기본방향을 초고난도 연구목표, 임무지향적 기획, 전담 PM제도 운영, 하나의 추진체계[6]로 설정하였다. 아울러 과기부는 2022년 업무계획을 통해 2022년 하반기에 공공·안보의 측면에서 파급효과가 큰 필수전략기술 확보를 위해 도전적 연구개발을 기획·관리하는 DARPA형 전담조직 도입계획을 발표하였다.

---

6) 각 부처의 혁신·도전적 R&D사업은 혁신도전형 R&D 사업군으로 일원화하고, PM공유회의를 통해 추진상황을 공유하며, 혁신도전형 R&D 추진위에서 진행상황을 보고

7) 주요 내용은 (규정 통일) 연구현장의 불편해소와 자율성 확대를 위해, 부처별로 상이한 R&D 규정을 「연구개발혁신법」으로 일원화 (국가R&D 예고) 연구자가 과제 공고를 미리 알 수 있도록 국가연구개발사업 예고(매해 1월, 각 부처 홈페이지 등) 제도를 신설하여, 과제준비를 충분히 할 수 있도록 함 (협약) 연차협약을 폐지하여 과제 전체기간에 대해 한번만 체결하고, 협약 후 경미한 사항은 연구기관 자율로 변경 (연구비 계획) 연구비 항목별(인건비, 학생인건비, 재료비 등) 단가×수량으로 계획을 작성하는 대신, 총액만 작성하여 상황에 따라 유연하게 사용 가능 (평가) 연차평가를 폐지하여 단계평가-최종평가만 실시하며, 연구 결과만 평가하지 않고 과정도 함께 평가에 반영 (정산) 연차정산을 폐지하여 단계별 정산을 실시하고 단계 내 연구비는 다음 해에 자동이월 가능 (자료 : https://blog.naver.com/with_msip/222506726652)

한편 정부는 2021년 1월 과학기술기본법에 '도전적 연구개발의 촉진' (제15조의 2) 조항을 신설함으로써 도전적 연구개발의 법적 근거를 마련하였다. 이는 도전적 연구개발이 특정 정부의 정책의지에 좌우되지 않고 기본적인 연구개발 추진방향이 되도록 기반을 마련하였다는데 큰 의의가 있다 하겠다.

또한 연구개발혁신법7) 제정(2020.6.9.) 및 시행(2021.1.1.)으로 연구현장의 불편을 해소하고 자율성 확대를 도모하였는데, 이는 큰 틀에서 연구도전성 활성화를 도모하는 기반으로 작용할 것으로 기대된다. 특히 제5조(정

〈표 1-3〉 도전적 연구개발 관련 주요 정책

정책	내용
국가도전성강화방안 (2012.9월)	• 혁신도약형 R&D사업 추진근거 마련 • 도전적 R&D 개념과 적용 범위 설정, 성실실패제도 도입
제3차 과학기술기본계획 (2013.7월)	• 혁신도약형 연구개발 비중 확대, 성실실패 용인제도 확대 적용, 실패지식 자산화
제4차 과학기술기본계획 (2018.2월)	• 연구자의 자율성·도전성을 토대로 파괴적 혁신이 가능한 R&D 시스템으로 전환을 핵심 정책기조로 제시
국가 R&D 혁신도전성강화방안 (2019.5월)	• 범부처 혁신도전 프로젝트 추진 결정
연구개발혁신법 제정 (2020.6월)	• 부처별 R&D규정 통일, 연차 협약·평가·정산 폐지, 연구비 사용 유연화 • 창의적·도전적 연구개발 촉진, 도전적으로 연구역량 발휘
과학기술기본법(2021.1월) 및 시행령(2021.9월) 개정	• '도전적 연구개발의 촉진' 조항 신설 • 도전적 연구를 위한 예산의 우선적 확보, 예산의 계속비 편성 가능, 경쟁형·포상형 R&D 추진 등
국가 R&D 혁신도전성강화방안(II) (도전적 연구개발추진 고도화전략, 2021.4월)	• 범부처 혁신도전 프로젝트 기본방향 설정 : 초고난도 연구목표, 임무지향적 기획, 전담 PM제도 운영, 범부처 추진체계 구축
과기부 2022년도 업무계획 (2022.1월)	• 국가필수전략기술 확보를 위해 한국형 DARPA 체제도입 (2022년 하반기)

부의 책무)에 '연구개발기관 간의 협력, 기술·학문·산업 간의 융합 및 창의적·도전적 연구개발 촉진'을, 제7조(연구자의 책임과 역할)에서는 '국가연구개발활동을 수행할 때 도전적으로 자신의 능력과 창의력을 발휘하되, 그 경제적·사회적 영향을 고려할 것'을 명시함으로써, 도전적 연구개발을 정부와 연구자 모두의 책무로 설정하고 있다. 이상의 정책의 경과를 표로 정리하면 〈표 1-3〉과 같다.

2. 해외 정책 동향

세계 R&D를 선도하여 온 미국은 2000년대 중반부터 기존 방식의 연구개발 투자가 기대한 만큼의 성과를 창출하지 못하는 현실을 직시하고, 도전적(변혁적) 연구 활성화를 위한 본격적인 작업에 착수하였다. American Competitiveness Initiative(2006)에서 기존 동료평가 방식이 창의적·도전적 연구 진흥에 한계가 있음을 인식하고 고위험 혁신연구를 위한 프로그램 신설과 R&D 관리시스템 개선 방침을 공표하였다. 같은 해 NIH혁신법(NIH Reform Act)을 제정하여 NIH의 대표적인 고위험-고수익 프로그램인 NIH President's HRHR(High Risk, High Reward) Program[8]을 신설하였으며, 2007년 8월에는 America COMPETES Act를 제정하여 고위험·고수익 기초연구 및 민간 기술혁신 투자 확대, 미래 과학기술 인력양성 및 STEM 교육 강화, 범부처적 기획·조정 강화 등을 추진하였다. NSF

---

8)   창의적 과학자들의 고도로 혁신적 연구를 지원하는 프로그램으로, 고위험 및 초기 연구 특성으로 인해 전통적인 피어리뷰 방식이 적절하지 않은 하이 임팩트 아이디어 과제 발굴에 주력한다. Transformative Research Award, Pioneer Award 등 4개 하위 프로그램으로 구성된다.

의 경우 2차례에 걸친 평가지표 개선을 통한 변혁적 연구 활성화를 도모하였는데, 2007년 8월에는 미국 국립과학위원회(NSB)가 NSF의 변혁적 연구 지원 강화와 잠재적 변혁성(potentially transformative)을 내포한 연구 제안서 평가를 위한 평가기준 변경 승인에 의거, 두 개의 연구우수성 지표(Merit Review Criteria)[9] 중 하나인 Intellectual Merit 영역에 잠재적 변혁성 세부지표를 추가하였다. 이 후 NSB는 2010~2012년 간 평가지표 재검토를 실시하였고, NSF는 이를 반영하여 평가지표 개정판(Revised Merit Review Criteria)을 적용(2013.1월)하였다. 한편 1958년 설립 이래 실패를 두려워하지 않는 도전적 연구를 통해 인터넷, GPS, 스텔스, 음성인식기술 Siri 등 세상을 바꾼 R&D 지원기관으로 유명한 DARPA는 미국의 도전적 연구 지향정책의 원인과 결과의 의미를 동시에 가진다 하겠다.

영국은 GDP 대비 R&D 투자 비중을 1.7%(2016)에서 2.4%(2027)로 확대하는 한편으로 추진체계 개편을 통해 기술 및 산업 경쟁력 강화를 도모하고 있다. 2018년 7개 분야별 연구회(Research Council), Innovate UK 및 Research England를 총괄하는 기관으로 UK Research and Innovation(UKRI)를 설립하여 기술영역 간 및 연구-사업화 간 연계 강화를 도모하고 있다. 공학및물리과학연구회(EPSRC) 등 연구회별로 다양한 유형의 변혁적 연구프로그램을 운영 중인 영국은 2021년 3월에는 미국 DARPA를 벤치마킹하여 기존 지원기관과는 별개로 변혁적 연구에 집중하는 연구기획관리기관인 ARIA(Advanced Research and Invention Agency) 설립을 결정하고 현재 출범을 준비 중이다.

---

9) Intellectual Merit 과 Broad Impacts로 구성된다.

일본은 '이노베이션 25' 최종보고서(내각부, 2007.5월)와 '경쟁적 자금의 확충과 제도개혁 추진(안)'(일본종합과학기술회의, 2007.6월)을 통해 고위험 연구 지원 강화와 차별화된 평가·사업관리 방안 필요성을 강조하였으며, 2014년 혁신적 연구개발추진프로그램(ImPACT)과 전략적 이노베이션 창조프로그램(SIP)을 통해 도전적 연구를 본격화하였다. 2019년에는 5년간 1,000억 엔 이상을 투자하는 Moon Shot 프로그램을 도입하였는데, 이는 기존 상식과 상상력을 뛰어 넘는 영향력을 발휘하며 사회 현안과 미래 사회 문제에 선제적으로 대응할 수 있는 초혁신 기술개발을 목표로 하고 있다.

독일은 도전적 연구 프로그램으로 2008년부터 Reinhart Koselleck 프로젝트를 추진하여 왔으며, 2019년 12월에는 파괴적인 잠재력을 가진 혁신적인 연구 프로젝트의 발굴, 개발 및 시장 진입을 지원하기 위해 미국 DARPA를 벤치마킹한 연방파괴적혁신청(SPRIN-D: Federal Agency for Disruptive Innovation)을 설립하였다.

이 외에도 핀란드의 Health from Science, 인도의 Scientific and Useful Profound Research Advancement(SUPRA) 프로그램, 이스라엘의 Transformative Science Program, 캐나다의 Discovery Frontier 프로그램 등에서 변혁적 연구를 지원하고 있다(이효은, 2019b).

제3절 도전적 연구개발 활성화 정책의 분석과 혁신

1. 정책기조 분석과 혁신

1) 분석

문재인정부의 도전적 연구개발 활성화를 위한 정책은 크게 4가지 틀로 구성된다. 즉 ① 과학기술기본계획을 통한 연구개발사업 전반의 도전성 강화 ② 과학기술기본법 개정으로 도전적 연구 활성화의 제도적 기반을 공고화 ③ 혁신도전형 연구개발사업을 통해 도전성에 초점을 맞춘 차별화된 장을 제공 ④ 과학기술인에게 도전적 연구를 미션으로 부여하는 것이다. 하나씩 살펴보면 다음과 같다.

첫째, 제4차 과학기술기본계획 수립을 위한 기초 조사에서 연구자들은 우리나라 과학기술이 세계적 경쟁력을 확보하였으나 독창·도전적 연구가 미흡함을 현재의 한계로 인식하고 있다. 이에 2040년에는 자유로운 연구환경에서 혁신적 성과를 창출 할 수 있기를 희망하고, 혁신생태계 측면에서는 도전과 성장이 활발하게 일어나는 선순환 구조를 기대하고 있다. 동 계획에서는 단기성과·목표 중심의 R&D에서 파괴적 혁신을 일으키는 R&D로의 전환을 과학기술정책방향 제1번으로 설정하고 있다((그림 1-1) 참조). 이는 그동안의 성과 및 향후 R&D 투자확대에 대한 정부의 강력한 의지에도 불구하고 우리 과학기술 전반이 도전적 R&D로의 과감한 변신을 통해 파괴적 혁신을 창출하지 못한다면 미래를 장담할 수 없다는 위기의식을 반영하고 있다.

(그림 1-1) '과학적 지식탐구 및 창의·도전적인 연구 진흥' 분야 추진 방향

〈 그동안 〉	〈 앞으로 〉
• Top-down 과제 중심의 투자 • 실패에 대한 부담으로 도전적 연구 회피 • 성공/실패의 이분법적 평가	• 자유공모형 연구과제 지원 확대 • 과감하게 도전할 수 있는 연구환경 구축 • 실패도 자산이 되는 연구문화

자료 : 관계부처합동(2018: 36)

둘째, 특정 정부의 정책방향에 따라 영향을 받을 수 있는 한계를 극복하고 관련 정책수단의 체계적 지원 근거 확보를 위해 관련 사항을 과학기술기본법에 반영하였다. 2021년 1월 개정된 과학기술기본법에는 제15조의2(도전적 연구개발의 촉진)를 신설하여, 도전적 연구개발에 필요한 재원의 우선적 확보, 도전적 연구개발 문화를 활성화하기 위한 시책, 경쟁형 R&D와 계속비 지원 등을 명시하였고, 구체적인 시책을 담은 시행령도 동년 9월에 개정하였다.

셋째, 혁신도전형 R&D를 위한 차별화된 무대 제공을 위해 과기부는 혁신도전 프로젝트를, 산업부는 산업기술 알키미스트 프로제트를 출범하고, 현재 기획연구, 개념연구 등을 추진하고 있다. 이를 위해 혁신도전프로젝트 지원단(과기부)과 알키미스트MD(산업부)를 운영하고 있으며, 양 부처 공히 사업단장(PM)에게 강력한 자율권을 부여하는 등 차별화된 운영지침도 적용하고 있다.

넷째, 도전적 연구자세를 연구자의 기본 임무로 규정함으로써 연구자율성 강화 등 연구자 중심 환경개선과 균형을 추구하고 있다. 국가과학기술혁신법(2021.1.1. 시행) 제7조(연구자의 책임과 역할)는 '국가연구개발활동을 수행할 때 도전적으로 자신의 능력과 창의력을 발휘하되, 그 경제적·사회적 영향을 고려할 것'을 명시하고 있다.

상기의 계획 또는 법령이 담고 있는 도전적 연구 활성화 정책 내용들을 주제별로 정리하면 〈표 1-4〉와 같다.

정책 내용을 살펴보면, 도전적 연구개발 촉진에 필요한 다양한 실행수단들을 포함하고 있다. 예산, 특화 사업 추진, 사업추진 방식 및 연구자 중심 연구환경 구축 등이 주요 내용이다. 이는 정책의 실효성 확보를 위해 매우 시급한 조치들이지만 도전적 연구라는 어렵고도 중차대한 미션을 본격화하기 위해서는 광범위한 이해당사자의 컨센서스 형성과 중장기적 역량결집을 위한 철학적·논리적 기반과 도전친화적 문화가 선행 또는 동반되어야 함을 고려할 때 직접적인 수단에 치우친 상황으로 인식된다. 도전적 연구개발 문화는 과학기술기본법 등에 '도전적 연구개발 문화 활성화'가 언급되고 있지만, 저변이나 거시환경으로서의 도전문화라기 보다는 여전히 직접적인 수단을 위주로 한 것으로 평가된다. '실패도 자산이 되는 연구문화 조성' 관련해서도 세부 내용은 구체성을 결하고 있다. 제3차 기본계획에서도 실패DB 구축 등을 담고 있지만 실제 실행으로는 연결되지 못한 실정이다.

따라서 연구개발에서 도전의 역할과 동반될 수밖에 없는 실패의 가치를

〈표 1-4〉 문재인정부의 도전적 연구 활성화 정책 주요 내용

내용	근거
예산 • 도전적 연구 예산의 우선적 확보 • 도전적 연구 예산을 계속비로 편성	기본법 제15조의2 제1항 기본법 제15조의2 제5항 시행령 제24조의5
도전적 연구개발 문화 조성 • 도전적 연구개발 문화 활성화 위한 시책 수립·시행 • 실패도 자산이 되는 연구문화 조성	기본법 제15조의2 제1항 4차 과학기술기본계획
혁신도전형 연구개발사업 추진 • 혁신도전프로젝트(과기부), 산업기술 알키미스트프로젝트(산업부)	시행령 제24조의2
혁신도전프로젝트 추진방식의 다양화 • 경쟁형 연구방식 • 포상형 연구방식	기본법 제12조의2 제4항 시행령 제24조의3 시행령 제24조의4
R&D시스템을 연구자 중심으로 전환하여 도전하는 연구환경 구축 • 기초연구 연구자 권한 확대, 자유공모 확대, 탐색형 기초연구 지원, 평가제도 개편 • 출연연의 도전성 및 전문성 강화	4차 과학기술기본계획
연구자의 도전적 연구자세 촉구	국가연구개발혁신법 제7조의1

제대로 이해하고, 도전과 실패가 용납될 뿐 아니라 적극 장려될 수 있는 사회적 분위기를 조성하는 소위 '도전 펀더멘털' 조성노력이 매우 본격적으로 추진될 필요가 있다. 이는 기업가정신을 함양하기 위한 노력과 일부 상통하는 측면이 있으나 기업가정신이 지나치게 창업 부문에 초점을 맞추고 있으므로 연구개발부문의 특성을 반영한 문화 조성과 수단 개발이 이루어져야 할 것이다. 또한 국가 전체의 도전성 회복노력으로 확장 또는 동반 추진될 필요가 있다.

2) 혁신방향 : 도전 펀더멘털 조성과 혁신정책에서 정부역할 대전환

첫째, 도전 펀더멘털 조성은 '도전', '도전적 연구', '실패'에 대한 실체와 가치를 제대로 이해하는 것에서 출발하여야 할 것이다. '실패는 성공의 어머니'로 대표되는 실패 찬양은 오랜 역사를 가지고 있고, 실패를 두려워하지 않는 도전적 연구를 진흥하기 위해 역대 정부에서 노력을 기울였지만 연구자들이 과감히 도전하지 못하는 이유는 도전 또는 실패라는 존재가 결코 만만한 대상이 아닐 뿐 아니라 이들에 대한 우리의 이해가 충분하지 못했을 개연성을 시사한다. 적을 모르면서 승리할 수 없듯 그저 적당한 진흥정책으로 연구도전성이 확보되리라 믿었던 것은 아닌지, 도전, 실패 등 기본 개념에 대한 입체적 이해 노력과 본격적인 성찰이 요구된다. 이를 위해 학술적·정책적 연구 지원을 확대하고, 토론의 장 활성화도 요망된다. 국가 차원의 실패학연구소를 설립하거나 KAIST 실패연구소 등과 협력하여 기관차원 연구도 활성화함으로써 우리나라가 도전과 실패학 연구의 허브로 우뚝 서기를 바래본다.

둘째, 도전의 긍정적 가치는 고양하고, 실패의 부정적 가치는 재평가하며, 성공뿐 아니라 실패로부터도 배움을 얻는 사회적 분위기 조성이 필요하다. 이를 위해 성공 여부에 상관없이 가장 도전적이었고 배움이 컸던 연구 프로젝트에 시상하는 '대한민국 도전연구상'을 제정하고, 모든 영역을 아우르는 '대한민국 도전대상(挑戰大賞)'으로 확장되기를 희망한다. 2018년부터 운영 중인 실패박람회에 연구부문도 참여하여 타 부문의 실패 및 극복 사례들과 교류하고 상호 배움을 추구하여야 할 것이다. 스웨덴 사례 등을 벤치마킹한 실패박물관을 설립하여 세계의 실패사례를 직접 체험할 수 있도록 하고, 연구실패부문은 특화함으로써 세계적으로도 차별화된 실패박물관이 되도록 한다. 또한 실패연구 DB를 체계적으로 구축하여 연구자들이 관련 연구에서 실질적으로 활용할 수 있도록 한다.

셋째, 연구개발 및 혁신 관련 정책에서 정부의 역할 대전환이 요구된다. 연구현장 및 기획평가관리기관에 자율과 권한 위임이 강조되고 있지만 여전히 중앙부처가 큰 그림에서부터 집행단계까지 전주기를 직접 설계하고 모니터링 및 파인튜닝하려는 의욕이 높은 것으로 인식된다. 그러나 특히 도전적 연구의 경우 정부가 앞장서서 성공을 향한 길을 제시하고 연구자들을 의도적으로 이끌어가려하기 보다는, 좋은 농부가 척박한 대지에 화학비료보다는 땅심을 높일 퇴비를 듬뿍 뿌리듯, 연구자들이 실패를 두려워하지 않고 마음껏 도전할 수 있는 환경과 생태계를 만드는데 집중하는 것이 궁극의 성공을 위한 길이 될 것이다. 특히 캐치업이 아닌 퍼스트무버가 되어야 하는 우리의 산업 및 과학기술 위상과 연구현장의 트렌드를 고려할 때 도전적 연구 활성화를 위한 정부 역할을 '성공견인자'에서 '가치실패 후원자'로 대전환이 요구된다.

넷째, 도전·실패 친화적 인재를 양성한다. 대학에 도전 및 실패 관련 교과목 개설을 지원하고, 도전 관련 평생학습과정도 개발·운영한다. 실패박물관, 실패박람회 등을 어린이 및 청소년들의 과학관 견학에 준하여 현장학습프로그램으로 편성한다.

다섯째, R&D 관련 정책 수립 및 제도 마련 시 '연구도전성 영향평가'를 실시한다. 선의의 특정 목적을 지향하는 정책 또는 제도가 연구현장의 연구도전성을 저해하는 부작용을 가져오지 않도록 정책기획 과정의 기본 단계로 설정하여 운영할 필요가 있다. 이는 대형 건물 건축 시 교통영향평가를 실시하는 것과 유사한 맥락이다.

2. 정책목표 분석과 혁신

1) 분석

제4차 과학기술기본계획에서는 국가 과학기술 전반의 역량 수준과 경제·사회 기여도 관점에서 포괄적인 목표를 제시하고 있어 도전적 연구 자체에 대한 정책목표를 분리하는 것이 용이치 않다. 2040 미래모습 중 기업가정신 순위[10]를 27위('17) →10위('40)로 끌어올리겠다는 것이 가장 유사한 목표 유형이라고 하겠으나, 기업가 정신은 창업 관련 요소 중심으로 매우 복합적인 성격을 띠고 있어 도전적 연구의 대리지표로 활용하는데 한계가 있다. 따라서 기본계획에 제시된 목표치보다는 오히려 '2040 미래상'이나 '추진방향'이 도전적 연구 관련 정책지향점을 우회적으로 표현하고 있

---

10) 글로벌 기업가정신모니터(GEM)의 기업가정신 지수 발표에 의하면 우리나라는 2019년 15위, 2020년 9위를 기록하였다.

다. 2040 미래상의 경우, 연구자들은 '자유로운 연구환경에서 혁신적 성과를 창출'할 수 있기를 기대하고 있으며, '도전과 성장이 활발하게 발생하는 혁신생태계가 조성'되기를 희망하고 있다. 주요 과제의 추진방향 중에서는 '파괴적 혁신을 일으키는 R&D', '실패도 자산이 되는 연구문화' 등이 언급되고 있다(〈표1-5〉 참조). 그러나 이들은 포괄적 지향점 또는 정책적 의지의 표출로서 의미는 가지지만 여전히 우리가 성취하고자 하는 연구도전성의 정체성과 목표 수준, 이를 통한 궁극의 기여 모습이나 미래상으로는 적절치 않은 상황이다.

과기부의 혁신도전프로젝트는 '국가 차원의 초고난도 연구개발을 통해 다양한 문제를 해결하고 경제·사회 전반의 파괴적 혁신을 선도'함을 목표로 설정하고 있다. 이는 산업기술알키미스트가 미래 신산업·신시장 창출이라는 산업적 효과를 강조함으로써 전형적인 사업단위 목표설정 유형을 취한 것에 비해서는 보다 넓고 큰 임팩트를 지향하는 것으로 보인다(〈표 1-6〉 참조).

〈표 1-5〉 제4차 기본계획의 주요 목표

구분	내용
목표	• 연구자 주도형 기초연구 확대 : ('17)1.26조원 → ('22)2배 • 세계에서 가장 영향력 있는 연구자 수 : ('17)28명 → ('22)40명 → ('40)100명 • 기초연구 종료과제 우수성과자에 대한 후속지원(현 신청과제의 30% 이내)을 점진적으로 확대 • 전체 창업기업 중 혁신형 창업비율 : ('14)21% → ('22)30%
2040 미래상	• 연구자 : 자유로운 연구환경에서 혁신적 성과를 창출 • 혁신생태계 : 도전과 성장이 활발하게 발생 　– 기업가정신 순위 : ('17)27위 → ('40)10위 　– 혁신형 창업 비율 : ('14)21% → ('40)51%
과제 추진방향	• 파괴적 혁신을 일으키는 R&D(전략1/과제1의 추진방향) • 실패도 자산이 되는 연구문화(전략1/과제1의 추진방향)

〈표 1-6〉 혁신도전형 연구개발사업 목표

구 분	사업 목적
혁신도전프로젝트	부처간 칸막이를 넘어 국가 차원의 초고난도 연구개발을 통해 다양한 문제를 해결하고 경제·사회 전반의 파괴적 혁신을 선도
산업기술알키미스트 프로젝트	10~20년 후 산업의 판도를 바꿀 도전적이고 혁신적인 핵심원천 기술 개발 지원을 통한 미래 신산업·신시장 창출

참고로, 일본의 문샷 연구개발사업은 사업 목적으로 '기존 상식과 상상력을 뛰어 넘는 영향력을 발휘하며 사회 현안과 미래 사회 문제에 선제적으로 대응할 수 있는 초혁신 기술 개발'을 제시하고, '이를 통해 정부 차원의 R&D 시스템을 보다 개방형, 글로벌형, 도전형으로 변화시키고, 실패 두려움없이 과감히 도전하는 사회적 전기를 마련'한다는 상당히 웅장한 기대치를 설정하고 있다. 디지털 시대에 글로벌 경쟁력을 급격히 상실해오고 있는 일본 입장에서 초혁신적이고 도전적인 연구개발을 통해 과학기술영역 뿐 아니라 사회전반의 변화 모멘텀을 마련하겠다는 절박함과 각오가 감지된다.

2) 혁신방향 : 도전성을 국가 과학기술 목표의 중심축으로 설정

첫째, 이 시점에 왜 우리가 도전적 연구를 활성화하지 않으면 안 되는지 즉 도전적 연구가 가지는 시대적 사명을 정의하고, 이를 기반으로 도전적 연구를 통해 달성하고자 하는 미래상과 추진방향 및 마일스톤을 담은 비전-목표 체계의 정립이 요구된다. 이는 혁신도전형 연구개발사업의 목표체계를 도전적 연구 활성화라는 중차대한 미션 달성을 위한 대표주자로서의 역할과 지향점이 보다 분명하도록 재설정하는 것을 포함한다. 동시에 국가 과학기술 관련 주요 정책의 목표 설정 시 도전적 연구 활성화라는 큰 방향성과 이를 위한 중간목표들이 체계적으로 반영될 수 있도록 한다.

둘째, 목표 또는 마일스톤 설정 및 목표달성 여부 판단을 위해서는 연구도전성 측정을 위한 지표개발 및 실태조사도 요구된다. 현재 청년기업가정신재단에서 기업가정신 실태조사를 하고 있으나 연구도전성으로 재가공하여 활용하기에는 근본적 한계가 있어, 연구도전성에 특화된 설문항목 구성과 조사대상을 설정한 체계적인 지표측정이 요구된다.

셋째, 연구개발분야의 도전성이 국가 전반의 도전성 함양이라는 거시적 목표체계와 동시에 개발되고 추진된다면 더욱 효율적일 것으로 보인다. 이 상위 목표체계와 궤를 같이하면서 연구개발 부문에서 도전적 연구 활성화를 위한 목표체계가 수립되고, 하위 단위에서 혁신도전형 연구개발사업의 목표체계가 존재한다면 보다 체계적인 비전-목표 시스템이 될 것이다.

3. 정책수단 분석과 혁신

1) 집행기구

(1) 분석

현재 도전적 연구를 위한 집행기구로는 혁신도전형 연구개발사업 추진에 필요한 직접적인 조직 및 위원회가 관련 부처별로 운영 중이다. 혁신도전형 연구개발사업 주무부처인 과기부의 경우 과학기술기획평가원(KISTEP) 산하에 혁신도전프로젝트추진단을 설치하고 단장[11]이 총괄PM으로서 사업 전반을 관장하며, 산하에 연구테마별 사업단이 구성되고 전담

---

11) 추진단장은 프로젝트의 총괄 관리자로서 추진전략을 수립하고, 연구테마 발굴 및 R&D 사업 기획을 주도하며, 사업단장(전담PM), 관계부처 등과 협업·소통 주관, 전체 프로젝트 진행상황 관리 및 대외협력을 총괄한다.

PM이 테마별 사업을 책임 관리한다. 산업부의 산업기술 알키미스트프로젝트는 알키미스트MD가 사업 운영·체계를 총괄 관리하고, 테마별로 3인의 테마PM[12]이 전주기 과제관리를 담당한다.

현재 혁신도전프로젝트의 최고 의사결정기구는 혁신도전프로젝트 추진위원회다. 민간 위원장 1인, 민간 전문가 13인, 관계부처 국장급 공무원 12인 등 총 26인으로 구성되며, 연구테마 최종확정, 후속 R&D 사업을 포함한 프로젝트 추진방향 등 주요사항을 심의·조정하고, 부처 간 협력·이견 조정 및 중재 등 원활한 추진단 운영을 지원한다. 산업부의 경우 산업계 포함, 인문·기술분야 등 민간분야의 최고리더 15인 내외로 구성되는 그랜드챌린지위원회가 테마 발굴·선정 등 기획과정의 최고의사결정기구로 역할하는데, 산하에 후보테마별로 기획위원회를 운영한다. 테마 선정 후 상세 기획은 연구자가 직접 수행토록 하고 있다.

정부는 향후 다수 부처가 참여하게 될 혁신도전형 연구개발사업의 체계적이고 일관성있는 운영을 위한 추진체계 개편을 밝힌 바 있다(국가 R&D 혁신도전성 강화방안2, 2021.4.30.). 과기부가 주관할 혁신도전프로젝트는 환경·건강·재난 등 공공영역 테마 위주로 지원하는데, 테마별 사전기획을 바탕으로 혁신도전프로젝트라는 명칭 하에 각 부처가 소관 R&D 사업을 관리하게 된다. 반면 산업영역의 테마는 기존 산업기술 알키미스트프로젝트에서 병행 추진토록 할 계획이어서 혁신도전형 연구개발사업은 사실상 2원화된 사업구조를 가질 것으로 예상된다. 이에 PM공유회의를 신설, 혁

---

12) 경쟁형 R&D로 추진함에 따라 공정성 확보를 위해 복수PM 체제를 도입하고 있으며, 3인 중 1인 이상이 산업계 소속으로 규정하고 있다.

신도전프로젝트 참여 부처의 사업단장(PM)뿐 아니라 알키미스트프로젝트의 테마PM도 참여함으로써 추진상황을 공유토록 하였다. 또한 혁신도전형 R&D 추진위원회가 모든 사업의 진행상황을 보고받고 사업군 전체를 총괄토록 하였다. 현재 추진체계와 개편안을 정리하면 (그림 1-2)와 같다.

한편 국가연구개발사업 중 도전적 연구개발이 필요하다고 판단되는 사업을 혁신도전형 연구개발사업군으로 분류할 수 있으며, 이를 위해 필요한 경우 관계 중앙행정기관 소속 고위공무원단에 속하는 공무원과 민간 전문가로 구성된 민관협의체를 구성하여 운영할 수 있다고 규정하고 있다(과학기술기본법 시행령 제24조의4).

(그림 1-2) 혁신도전형 연구개발사업 추진체계

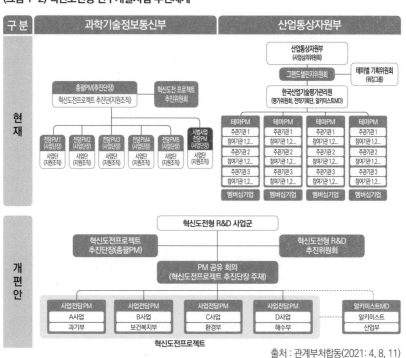

출처 : 관계부처합동(2021: 4, 8, 11)

1. 과기부 '혁신도전프로젝트'

O 목적 : 부처간 칸막이를 넘어 국가 차원의 초고난도 연구개발을 통해 다양한 문제를 해결하고 경제·사회 전반의 파괴적 혁신을 선도

O 기간/'21년 예산 : '20년~'23년(4년간)/56.75억 원

※ 기획사업 : 18억 원, 시범사업 : 38.75억 원

O 내용 : 4년간 총 20개(매년 5개) 테마를 기획하고, 본사업은 개별부처 추진

O 추진체계 : 민간중심 추진단(KISTEP 부설 혁신도전프로젝트추진단) 운영

- R&D 테마의 발굴·기획 및 프로젝트 진행상황 전반을 관리하고, 민관합동 추진위원회에서 주요 사항 심의·조정

- 추진단장(총괄PM) : 프로젝트의 총괄 관리자로서 추진전략을 수립하고, 연구테마 발굴 및 R&D 사업 기획을 주도

- 추진위원회, 추진단장(총괄PM), 사업단장(전담PM)으로 구성

O 업무 추진절차

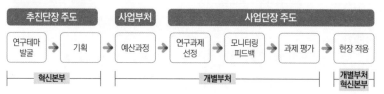

2. 산업부 '산업기술 알키미스트프로젝트'

○ 목적 : 10~20년 후 산업의 판도를 바꿀 도전적이고 혁신적인 핵심 원천기술 개발 지원을 통한 미래 신산업·신시장 창출

○ 사업기간/규모 : '19년~/'21년 380억 원/'22년~'31년 4,142억 원(국비 3,742억 원)

※ (과제지원규모) 개념연구 2억(1년) → 선행연구 5억(1년) → 본연구 연40억 내외(5년). '25년까지 매년 4개 내외의 테마 발굴

○ 추진 체계 : 산업부가 사업 운영 총괄

 - 그랜드챌린지위원회, 알키미스트 MD, 알키미스트 테마PM(테마별 3인)

○ 추진방식

 - (기획 : 혁신적 테마) 민간전문가로 구성된 그랜드챌린지위원회를 운영하여 테마를 발굴·선정하고, 테마별 상세 과제는 연구자가 직접 기획

 - (평가 : 스케일업 경쟁형) 3단계(개념-선행-본연구) 6:3:1 경쟁형 방식 도입, 테마PM을 포함하여 평가위원 1/3이상 산업계 참여, 성공·실패 판정 없음

 - 관리 : 테마PM이 진도점검, 평가, 컨설팅, 성과 확산까지 테마별 과제의 연구 전주기 관리

 - 성과확산 : 산업계로의 연구성과 확산을 위해 연구단계부터 시장 환경·수요 반영을 위한 무빙타겟 등 제도 운영

출처 : 관계부처합동(2021: 4, 5, 8)

(2) 혁신방향 : 연구↔국가 전반을 관통하는 도전 거버넌스 구축

과기부가 2022년도 업무계획에서 국가필수전략기술 확보를 위한 한국형 DARPA 제도 도입을 언급하고 있으나 구체적인 내용은 알려지지 않은 상황이며, 현재로서는 혁신도전형 연구개발사업 운영을 위한 조직만 설치·운영되고 있는 실정이다. 그러나 국가 전반의 도전성 강화를 도모하는 한편으로 연구도전성의 보다 체계적이고 강력한 추진력 확보를 위해서는 특정사업의 효율성만 고려하는 정도로는 도전이라는 높고도 험한 목표 달성을 추구하기에는 불충분하다. 이에 다음의 몇 가지 정책방안을 제안한다.

첫째, 대통령 직속 '국가 도전성 강화위원회'를 설치하여 국가 차원의 상위 비전과 목표 및 전략을 제시하고, 대내외에 도전성에 대한 국가적 관심과 의지를 천명하며, 대통령이 직접 관련 사안을 챙김으로써 관련 부처 등 주요 주체들의 적극적인 참여를 유도하고, 실효성있는 정책들이 추진될 수 있는 정책환경을 조성한다.

둘째, 국가과학기술심의위원회에 혁신도전형(또는 도전적) R&D 분과를 설치하여 과학기술 전체의 관점에서 혁신도전형 R&D의 역할과 포지셔닝, 자원배분, 운영방안 등이 논의될 수 있도록 한다. 그리고 '도전 옴부즈만' 제도를 도입하여, 국가의 주요 정책(특히 R&D 정책) 수립 시 도전성 또는 실패용인문화가 제대로 반영되도록 모니터링 및 지원토록 한다.

셋째, 공공기관으로는 한국실패진흥원과 K-ARPA(한국형 DARPA)를 신규 설립하여, 창업분야의 청년기업가정신재단(기존)과 더불어 '도전 대한민국'을 위한 정책집행의 3각 편대를 구축한다. 한국실패진흥원은 국가 도전성 강화를 위한 총괄 집행기관으로서 공통의 도전인프라 조성 및 두 기관 소관 이외 부문을 담당한다. K-ARPA는 현재 과학기술기획평가원

(KISTEP) 부설로 설치된 혁신도전프로젝트 추진단과 산업기술평가관리원의 알키미스트 관련 조직을 통합하고 추가자원을 확보하여 독립기관으로 설립한다. 혁신도전형 연구개발사업 전체를 기획·평가·관리하고, 도전적 연구 관련 중장기 정책 개발 및 성과관리를 담당한다.

여기서 고려할 사항은 영국이 DARPA를 벤치마킹하여 설립중인 ARIA (Advanced Research and Invention Agency)를 R&D 기획평가관리 및 사업화 관련 기관들의 연합체인 UKRI(UK Research and Innovation) 소속으로 하지 않고 그 외부에 존재토록 하였다는 사실이다. 이는 영국 국가 혁신시스템 관점에서 UKRI와 긴밀히 협력하되 그 역할을 분명하고도 구조적으로 차별화하겠다는 영국 정부의 의지가 반영된 결과다[13]. K-ARPA 또한 여러 기획평가관리기관들 중 하나가 되어서는 결코 안 되며, 그 위상이나 역할, 운영방식이 기존 기획평가관리기관들과는 확연히 차별화된 것이어야 할 것이다.

넷째, 혁신도전프로젝트의 핵심역할을 수행하는 사업단장(PM)의 선정 기준 재검토가 요망된다. 사업단장은 '도전적 연구' 문화를 일선에서 북돋우고 대폭 위임된 권한을 활용하여 고난도 목표 달성을 위한 창의적 접근을 지원하며 벤처기업적 조직문화를 유지할 수 있어야 할 것이다. 그러나 현재

---

13) Department of Business, Energy and Industrial Strategy(2021)는 'UKRI 거버넌스 상황이 허용한 것 이상의 새롭고 혁신적인 방법으로 연구개발을 지원하기 위해' ARIA를 UKRI 외부에 존치시겼음을 밝히고 있다.

14) 현재 사업단장 자격요건(2020년도 혁신도전프로젝트 시범사업 공고문) : 민간 기업 연구소 또는 민간 기업 CTO로 활동한 전문가, 대형 연구개발 사업에 참여하여 기획·연구·관리한 경험이 풍부한 자, 연구개발을 통한 사업화 경험 또는 신사업 추진 경험이 있는 자, 과학기술 유관 단체·기관에서 활동하며 과학기술 진흥에 기여한 자, 국내외 산·학·연 전문가와 광범위한 네트워크를 갖춘 자

사업단장 자격요건은 풍부한 경험과 고위직 백그라운드를 요구하는 대형 R&D 사업의 보편적인 사업관리책임자 요건과 큰 차이를 보이지 않는 아쉬움이 있다[14].

2) 재정

(1) 분석

2014년 업무보고에서 미래창조과학부는 '혁신도약형' R&D 과제에 2014~2017년 간 3조 7천억을 투자하겠다고 대통령에게 보고하였다. 그리고 2015년 수립된 제3차 국가연구개발 성과평가 기본계획(2016~2020)에서는 주요 R&D 중 혁신·도약형 R&D 비중을 6%(2014)에서 20%(2020)로 확대하겠다는 투자목표를 제시한 바 있다. 그러나 혁신도약형 R&D사업의 투자 실적은 '14년 6개 사업 1,896억 원(예산 5,820억 원, 집행율 32.6%), 2015년 13개 사업 3,421억 원(예산 4,691억 원, 집행율 72.8%)에 머물렀다. 정부는 2014년 및 2015년 2년간의 시범사업을 거쳐 2016년부터 착수한 본 사업에서는 4,425억 원의 예산을 투자하여 10개 부·청의 26개 사업 추진을 도모하였으나(혁신도약형 R&D사업 추진 개선 방안, 2016.6.27.) 실제 투자 규모와 성과 등은 알려진 바 없다.

문재인 정부는 2021년 1월 과학기술기본법을 개정, "정부는 과학기술혁신을 위하여 도전적 연구개발을 적극적으로 촉진·지원하여야 하고, 필요한 재원(財源)을 우선적으로 확보하기 위하여 노력하여야 한다."고 명시함으로써 도전적 연구개발을 위한 안정적인 재정확보를 제도적으로 보장하려는 가장 적극적인 노력을 전개하였다. 동시에 예비타당성 조사를 통과한 혁신도전형 연구개발사업 예산을 계속비로 편성할 수 있도록 함으로써 안정적인 연구 지원을 위한 추가 조치를 마련하였다(시행령 제24조의 10).

과기부와 산업부는 선도적으로 혁신도전형 연구개발사업을 추진하고 있다. 과기부 혁신도전프로젝트는 2020년부터 기획 등 준비에 착수하였고, 2021년 예산은 56.75억 원(기획사업 18억 원, 시범사업 38.75억 원) 규모였다. 그러나 이는 기획사업 및 시범사업에 국한된 예산으로서, 본격적인 사업추진을 위한 연구개발예산은 확보하지 못한 상황이다[15]. 산업기술 알키미스트 프로젝트는 2019년부터 준비과정을 거쳐 현재 선행연구 및 개념연구 단계 과제를 지원(2021년 예산 380억 원)하고 있으며, 예비타당성 조사를 통과하여 4,142억 원(국비 3,742억 원)(2022~2031)의 예산을 확보하고 2022년부터 본연구를 추진할 예정이다. 한편, 이러한 별도 사업 방식 이외에 기존 사업 중 도전적 연구개발이 필요하다고 판단되는 경우 혁신도전형 연구개발사업으로 분류하여 추진하는 것도 가능하도록 하였다.

참고로 주요국의 도전적(변혁적) 연구 전담기관 또는 사업의 예산을 살펴보면, 미국 DARPA는 35억 달러(2021), 독일 SPRIN-D는 10억 유로(10년 간), 출범 예정인 영국 ARIA는 8억 파운드('22년부터 4년 간)이며, 일본 문샷 프로그램은 1천억 엔(5년 간) 규모이다.

(2) 혁신방향 : 예산 확보~집행 全 단계에서 차별화된 정책의지 시현

첫째, 과학기술기본법에 명시된 바와 같이 도전적 연구 예산의 우선적 확보가 요구된다. 현재 혁신도전프로젝트의 경우 추진단의 기획결과를 토

---

15) 혁신도전프로젝트 추진단의 상세기획 결과를 바탕으로 관련 부처가 예타 신청 등 예산확보 조치를 해야 하며, 현재 산업부의 알키미스트 프로젝트 외에는 본사업(본연구) 예산은 미확보된 상황이다.

대로 관련 부처가 예비타당성 조사를 거쳐 자체 확보토록 하고 있는데, 이는 일반 연구개발사업의 예산확보와 차별성이 없다. 정책 추진 초기 실행력과 관련 부처의 적극적인 참여를 담보하기 위해서는 관련 부처가 개별과제별로 예산을 확보하기보다는 혁신도전형 연구개발사업 전체 예산을 일괄 확보하고 그 예산범위 내에서 관련 부처가 공동으로 과제를 기획하는 것이 효과적일 것으로 사료된다. 또한, 별도 예산없이 기존사업 중 요건부합 사업 지정방식으로 추진될 경우 자발적 참여의지가 부족한 부처들이 일종의 숙제를 하듯이 기존 사업의 간판만 바꿔다는 상황으로 전락도 우려된다. 자칫 혁신도약형 R&D(박근혜정부), 신성장동력(이명박정부), 미래성장동력(박근혜정부) 경우처럼 독자 예산이 뒷받침되지 않아 추진동력을 제대로 확보하지 못하는 우를 다시 범하지 않도록 경계해야 할 것이다.

둘째, 현재 과기부와 산업부만 참여하고 있으나 연구개발기능이 있는 부처들이 초기부터 소규모 예산이나마 다수 참여하도록 독려하는 것은 매우 중요해 보인다. 정부 전체가 도전적 연구의 의미와 실체를 이해토록 하는데 도움이 될 뿐 아니라, 다양한 수요분야에서 고유의 문제의식과 접근방식을 고민하고 공유할 때 시너지를 불러올 가능성이 크기 때문이다.

셋째, 정부가 특정 정책 추진 시 정책의지를 과시하는 대표적인 방법은 대규모 예산의 투입이다. 그러나 정책시행 초기부터 대규모 예산이 투입될 경우 자칫 성과 및 실패의 부담감이 커지고 비판적 주시의 눈길이 많아져 당초 의도한 과감한 실험정신이 약화될 우려가 존재한다. 따라서 처음부터 판을 키우려 애쓰기보다는 아쉽더라도 소규모 예산으로 시작하여 다양한 차별화 요소들을 가감없이 현장에 적용하고 성과와 한계를 토대로 개선방안을 마련하며 점차 예산을 확대해 나가는 것이 바람직할 것으로 사료된다.

넷째, 도전적 연구개발을 위한 예산 확보를 기본법에 명시한 것은 높이 평가할 일이지만 강제규정이 없어 자칫 선언에 그칠 우려도 존재한다. 따라서 관계부처 합동으로 '혁신도전형 연구개발 기본계획(5개년계획)'을 수립하여 중장기 추진방향과 예산전망을 가시화하고, 각 부처의 연도별 연구개발계획에 혁신도전형 연구개발 투자계획을 제시토록 하는 등 실행력 확보 조치가 필요하다.

다섯째, 혁신도전형 연구개발사업 예산을 계속비로 편성할 수 있도록 한 것은 매우 의미있는 조치이다. 그러나 과거 계속비는 도로건설 등 대형 인프라사업에 국한하여 활용된 만큼 실행으로 연결될 것인지 여부에 대한 의구심이 있는 것도 사실이다. 따라서 혁신도전형 연구개발사업에서 예산이 계속비로 편성되는 사례가 조기에 창출되도록 함으로써 정책의지를 분명히 하고, 도전적 연구개발은 정책환경 중립적 유형의 사업임을 공표하는 계기로 삼아야 할 것이다.

3) 유인

(1) 분석

정부는 국가연구개발사업 전반의 도전성 강화 또는 혁신도전형 연구개발사업의 효과적 추진을 위하여 다양한 유인책을 제시하고 있다.

첫째는 연구자의 자율성 보장 또는 권한 확대다. 4차 과학기술기본계획은 도전하는 연구환경 구축을 위해 R&D시스템을 연구자 중심으로 전환하겠다고 공언하였다. 이를 위한 시책에는 기초연구 수행자의 권한 확대, 자유공모 확대, 탐색형 기초연구 지원, 평가제도 개편 등이 포함된다.

둘째, 혁신도전프로젝트의 경우 운영관리규정 곳곳에 전담기관의 자율성 보장 의지를 담고 있다. 제15조에는 과기부장관 등은 추진단장과 사업단장(PM)에 대한 불필요한 간섭을 배제하고, 추진단장과 사업단장의 자율적인 활동을 보장토록 하였다. 25조에는 주관부처의 장 등은 특별한 사유가 없는 한 사업단장의 의견에 따라 연구개발사업을 운영하도록 규정하고 있다.

셋째, 일반 연구개발사업과 달리 다양한 사업추진방식을 허용한다. 도전적 연구개발을 촉진하기 위하여 동일한 연구주제에 대해 복수의 연구기관 또는 연구자가 경쟁하는 방식으로 국가연구개발사업을 추진할 수 있다. 또한 연구개발비를 사전에 지급하지 않고 도전적 연구개발 목표를 공모하여 성과평가 결과가 우수한 연구기관 또는 연구자에게 연구개발비 또는 포상금을 지급하는 방식으로 추진할 수 있도록 하였다.

(2) 혁신방향 : 연구자·관리자·정책입안자를 포괄하는 도전안전망 구축

도전적 연구를 저해하는 요소들은 연구수행과 직접 관련되지 않는 다양한 환경적 내용들을 내포하고 있다. 대다수 연구자들도 한 조직이나 사회의 일원이라는 사실을 고려할 때 어쩌면 이 환경적 요소들이 더욱 강력한 영향을 미칠 수도 있을 것이다. 그러나 이에 대한 고려는 충분치 않은 것이 현실이다. 따라서 연구수행 관련 유인책의 확충과 더불어 연구자 및 연구기관에 대한 다차원적 유인제도를 포함하는 강력한 도전안전망의 구축이 요구된다.

첫째, 연구자의 경우 도전적 연구로 분류(또는 판정)된 과제를 수행하였으나 소기의 성과를 창출하지 못한 경우 기관 내 인사 및 후속 연구수행 상 불이익이 없도록 보장한다. 반대로 도전적 연구 수행자가 우수성과를 창출한 경우 인사 및 연구수행 관련 가점을 부여한다. 정부 부처 및 전담기관의 경우, 도전적 연구 진흥을 위한 능동적 업무 결과로 문제 발생 또는 성과 미비 시 도덕적 흠결을 동반하는 경우가 아닌 이상 '적극행정'으로 인정하여 면책되도록 한다.

둘째, 기관 및 기관장 평가 시 도전적 연구 활성화 지표(노력, 성과)를 반영한다. 기관의 경우 연구기관 뿐 아니라 정부 부처 및 전담기관까지 포함하여야 한다. 이는 도전적 연구의 당사자는 연구자뿐 아니라 정책 수립 및 관리 영역까지 포함하고 있음을 주지시키는 효과도 가져올 것이다.

셋째, 연구수행 관련하여 자유공모 유형의 도전적 연구는 상시 특별신청 트랙을 운영함으로써 언제든지 신청하고 지원되는 환경을 마련한다. 또한 도전적 연구 중 탁월한 성과를 창출중인 과제는 종료 이전 전담기관이 선제적으로 연구기간 연장 및 추가연구비를 제안하는 '연구특별연장'[16] 제도를 운영한다.

넷째, 이미 마련된 유인정책의 내실있는 운영이 요구된다. 특히 혁신도전프로젝트에서 추진단장과 사업단장의 자율성 보장은 매우 의미있는 내용이지만 정부의 강력한 의지가 동반되어야 실천 가능할 것으로 예상된다. 특히 전략적 중요성과 많은 예산이 투자되는 프로젝트의 경우 불필요한 간섭과 필요한 관여의 경계를 합리적으로 판단할 수 있을지 우려되는 것이 사실

---

16) NSF의 Special Creativity Extension을 참소하였나. 이는 그노의 창의석 연구사로 하여금 동일 연구영역(최초 연구과제 범위 준수 필요 없음)에서 모험적·고위험 연구를 지속할 수 있는 환경 제공이 목적이며, 최대 2년 간 연구기간을 연장하고, 연구비를 추가 지급한다. 연구책임자가 연구연장을 신청하는 것이 아니라, 통상 초기 2년간의 연구성과를 고려하여 NSF의 PO(Program Officer)가 추천하며, 연구책임자(PI)는 연구 종료 1년 전에 연구 연장을 통보 받는다.

이다. 따라서 구체적인 가이드라인 마련 등 시행 초기 존재할 수 있는 혼란을 방지하기 위한 추가적인 조치들이 요구된다.

다섯째, 과감한 자율성 보장이 가능하려면 이를 감당할 수 있는 유능한 추진단장 및 사업단장의 확보도 함께 이루어져야 한다. 믿고 맡길 만한 인재가 없는 상황에서는 정부도 과감한 권한 위임을 주저할 수밖에 없을 것이기 때문이다. 미국의 DARPA와 ARPA-E 등은 탁월한 아이디어와 이를 잘 운영할 수 있는 유능한 PM을 확보하지 못하면 새로운 프로그램에 착수하지 않는다고 명시할 정도로 우수 인재의 확보는 절대적이다. 따라서 우수 인재들이 추진단장 및 사업단장으로 지원할 수 있도록 과감한 투자와 강력한 정책의지가 제시되어야 할 것이다. 그러나 처음부터 모든 조건을 갖추며 사업이 추진될 수는 없을 것이므로, PM의 자율성을 타 여건의 성숙과 상관없이 선제적으로 보장함으로써 정부가 의지를 천명하는 것은 매우 큰 의미를 가질 것이다.

4) R&D 평가

(1) 분석

정부는 연구자의 행정부담 감소와 안정적 연구개발 환경 제공을 위해 연차평가를 폐지하고 단계평가와 최종평가만 실시토록 하는 등 평가제도를 변경하였다(연구개발혁신법). 혁신도전형 연구개발사업의 경우 이에 더하여 차별화된 평가제도를 적용할 수 있도록 하였다.

과기부 혁신도전프로젝트의 경우, 사업단장이 선정평가위원 구성 시 본인을 포함할 수 있도록 함으로써 운영 자율권 보장과 더불어 주도적인 사업 운영 환경 제공을 도모한다. 또한 선정평가, 단계 및 최종 평가 시 의견 서

술형 평가, 국외 전문가 서면평가, 패널평가, 발표회 평가, 서면평가, 토론 평가 등 다양한 평가방식을 활용할 수 있도록 하였다(혁신도전프로젝트 운영관리규정).

산업부 알키미스트 프로젝트의 경우 선정평가 시 평가위원 무기명 방식으로 공개평가를 통해 선정하고, 산업적 파급력 관점에서 최종평가를 실시하되 성공, 실패 등급을 부여하지 않도록 하였으며, 현 R&D 규정을 적용하지 않고 사업 추진을 유연하게 운용할 수 있는 특례 조항을 두고 있다(산업기술혁신사업 공통운영요령/기술개발평가관리지침).

(2) 혁신방향

평가는 선형적 예측을 넘는 광범위하고 중장기적인 파급효과와 피평가자의 대응전략이 초래되는 만큼, 단기간 내 특정효과 추구형 제도로는 지속가능한 효과를 기대하기 어려운 특징이 있다. 따라서 평가제도는 평가철학과 이에 기초한 평가원칙 정립, 평가연구의 상시화와 피평가자인 연구현장의 의견을 지속 반영해 나감으로써 유효성과 완성도를 확보할 수 있을 것이다. 평가가 갖추어야 할 조건은 연구결과를 제대로 평가받을 수 있다는 신뢰감, 성과 포장으로 통할 수 없는 엄밀함, 가치있는 도전으로 유도하는 방향타 역할, 관련자들이 함께 만들어가는 공진화형 시스템이 아닐까 사료된다.

첫째, 선정평가는 통과하되 결과평가에서 실패판정을 받지 않을 정도의 '생계형 목표수준'이 아니라, 실패를 무릅쓰더라도 세계시장에서 통하는 가치있는 도전으로 유도하는 방향타의 역할을 평가가 감당해내기 위해서는 특히 결과평가의 주안점이 달라져야 한다. 대다수 과제가 성공으로 평가되는 현실에도 불구하고 연구자 입장에서는 결과평가가 부족한 점을 찾아내는데 중점을 두고 있다는 인식이 높다. 평가는 엄정해야 하겠지만, 무엇을 달성하지 못했는가에 초점을 맞추기보다는 비록 계획서에 열거된 목표달성은 못했더라도 어떤 획기적인 성취가 있었다면 그 가치를 제대로 인정하는 평가체계를 갖추어야 할 것이다. 이를 위해서는 국가연구개발사업에서 우수성과의 의미를 확장 또는 재정의해야 한다. 그동안은 연구목표 달성을 통한 괄목할 가치 창출만 우수성과로 판단하였다면, 앞으로는 연구목표 달성은 못하였지만 새로운 성공방법 확인 또는 新 기술·이론의 기반 확보 등을 통해 괄목할 가치를 창출한 경우도 우수성과로 인정하여야 한다.

둘째, 선정평가의 경우, 연구도전성을 포함하는 연구의 가치 영역과 연구수행역량 영역을 별도 평가하고, 연구의 가치 평가를 통과하는 경우 연구수행능력이 고려되는 방식으로 개편이 필요하다. 두 영역이 동시에 평가될 경우 무난한 수준의 가치와 수행역량을 보유한 제안서가 선정됨으로써 실패는 하지 않되 성공하더라도 큰 임팩트를 기대하기 어려운 소위 '결과를 아는 게임'을 시작할 개연성을 차단하기 위함이다[17].

셋째, 연구의 핵심을 제대로 평가할 수 있는 평가환경도 확보되어야 한다. 성과를 포장한다고 통할 수 없는 엄밀함과 연구결과의 가치를 제대로 평가받을 수 있다는 신뢰감을 확보하기 위한 평가여건의 획기적 개선이 필요하다. 평가 관련하여 많은 연구자들은 본인의 연구결과를 충분한 전문성

---

17) 미국 NSF가 변혁적 연구 활성화를 위해 Shadow Panel 운영(일반 평가패널 외에 변혁적 연구제안서 식별을 주목적으로 하는 Shadow Panel을 추가 운영하고, 양 패널 평가결과를 토대로 PO가 추천안 선정), Second-dimension Approach(평가 패널이 제안서 종합평가를 실시하되, 동일 패널이 변혁성에만 초점을 맞춘 평가를 별도로 실시) 등 평가프로세스 변경을 실험하고 있다(이효은, 2019a).

을 갖춘 전문가로부터 평가받지 못하는 불만을 토로한다. 평가위원의 전문성 부족이 온정적 평가라는 우리 사회 특유의 문화적 요소와 결합된다면 국가연구개발시스템 전반에 심각한 문제를 야기한다. 혁신도전형 연구개발사업에 다양한 평가방식을 활용토록 한 것도 이러한 한계를 극복하고 보다 전문적이고 객관적인 평가가 되도록 하기 위함이다. 그러나 이러한 시도들이 평가 품질 향상으로 연결되기 위해서는 여전히 제대로 된 전문가의 활용과 충분한 평가여건의 확보가 뒷받침되어야 할 것이다. 최고의 전문가를 평가위원으로 위촉하지 못하는 현실적 한계[18]와 동일 평가위원회가 광범위한 영역에 걸친 다수의 과제를 평가함으로써 과제 당 제대로 된 전문가는 소수에 불과할 뿐 아니라 과제 당 할애되는 시간도 충분치 않은 상황은 하루속히 개선되어야 할 것이다. 평가환경의 개선이 국가연구개발사업의 신뢰성과 실질적인 성과 개선에 지대한 영향을 미친다는 사실을 인식하고 혁신도전형 연구개발사업 및 기타 사업의 대형과제부터라도 충분한 자원배분이 이루어지도록 해야 할 것이다. 협소한 전문가 풀 한계극복을 위해서는 과감한 평가위원의 글로벌화도 요구된다. 언어, 지리적 위치, 문화 등 다양한 장벽이 존재하지만 첨단 ICT 활용과 전담기관의 역량 확충이 동반된다면 상당 부분도 극복 가능할 것으로 사료된다[19].

넷째, 평가교육 및 근거기반 평가 강화도 요구된다. DARPA는 평가위원(SR Team Members)을 대상으로 별도의 킥오프회의를 반드시 개최토록

---

18) 독일 막스프랑크연구회는 '최고 평가위원만이 최고 연구의 평가가 가능하다'는 믿음 하에 우수 평가위원 위촉에 심혈을 기울이고 있다(이효은, 2019c).
19) 독일 연구회들은 다국적 평가위원 활용이 보편화되어 있으며(이효은, 2019c), 국내에서는 과기부의 한-EU 공동연구사업에서 활용하고 있다.

하고 있으며, 이를 통해 상세한 평가요령을 설명하고 이해충돌(COI) 관련한 자기인증을 실시하고 있다[20]. 물론 우리나라도 평가실시 전 평가위원에게 평가절차와 방법, 사업개요, 평가기준 등을 설명하고 있으나 여전히 요식행위로 인식하는 경향이 강한 실정이다. 평가위원 교육이 평가행위 만큼이나 중요하다는 인식하에 현재보다 교육시간 확대와 교육내용 심화가 요구된다. 매우 구체적이고 체계적인 평가요령을 준비하고 이를 충분히 숙지시키며 전문적이고 근거에 기반한 평가를 할 수 밖에 없도록 환경을 마련할 경우, 평가의 질적 개선은 물론 부실 평가위원의 무분별한 참여 방지효과도 기대할 수 있을 것이다.

5) 설득

(1) 분석

정책의 성격에 따라 차이가 있겠지만, 통상 과학기술분야 정책의 경우 정책수립과정에서는 다양한 이해당사자의 목소리를 듣고 반영하는 노력이 활성화되고 있는 반면에, 수립된 정책을 국민 또는 이해당사자에게 이해시키고 적극적인 참여를 요청하는 과정은 상대적으로 소극적이다. 그동안 우리나라 과학기술 투자가 지속 확대추세였기 때문에, 원자력 같은 특수 사례를 제외한다면 특정 계층의 이해가 첨예하게 대립되는 상황은 아니어서 정책 설득에 본격적인 노력을 기울여야 할 필요성을 느끼지 못했을 개연성이 높다.

---

20) 평가지침에는 평가위원들이 판단근거로 활용한 제안서의 페이지 번호를 표기하고, 제안서 내 정보만 활용토록 하는 등 매우 세부적인 사항까지 명시하고 있다(이효은, 2018).

그러나 도전적 연구는 상황이 다르다. 도전적 연구는 피상적으로 보면 누구나 그 필요성에 공감하고 의지와 노력의 집결이 쉽게 이루어질 듯하지만, 정부 부처, 전담기관, 연구자 등 각 주체들은 도전적 연구의 가치와 필요성, 난이도, 접근방법에 대한 이해가 충분치 않거나 상이한 실정이다. 특히 연구를 직접 수행하는 연구자의 도전적 연구에 대한 태도는 매우 복합적이어서, 그 필요성에 공감하더라도 과정의 고단함과 실패에 따르는 공식·비공식적 불이익 등은 도전적 아이디어의 제시와 도전적 연구 수행을 주저하게 한다. 따라서 정책을 수립하고 예산을 집행한다고 해서 소기의 목적이 달성될 가능성은 매우 불투명하며, 과거 관련 정책의 사례가 이를 뒷받침한다.

도전적 연구개발정책을 추구해 온 지 여러 해가 지났음에도 불구하고 정책수립 후 이해당사자들을 대상으로 한 소통과 설득의 흔적은 발견하기 어렵다. 정종섭(2016)에 의하면 2014년부터 추진된 혁신도약형 R&D사업의 경우 연구현장의 사업 인지도가 극히 낮고('잘 알고 있다'는 응답비율이 15.1%에 불과) 참여유인도 부족하여 연구현장의 수요가 크지 않은 상황으로 진단하고 있다. 또한 각 부처도 대상 사업을 확대하려는 추진의지가 높지 않으며, 기지정한 사업의 제도정착에도 소극적으로 대처하고 있다고 분석하였다.

도전적 연구를 연구현장이 적극 수용할만한 우호적인 수단과 환경을 제공하면서 동시에 연구자들에게 도전적 연구가 연구자 자신과 국가에 부여하는 의미, 정부의 의지, 이를 활성화하기 위한 정부 정책 내용, 혜택 등을 자세히 소개하고 적극 참여를 권장하는 입체적 노력이 동반되어야 한다.

(2) 혁신방향 : '본원적 활동으로서의 소통' 인식 및 정책감시자도 포함

첫째, 설득활동은 연구자가 그 중심 대상이 되겠지만, 연구기관, 관리기관 및 정부 부처도 포함되어야 한다. 연구기관의 경우, 기관장이 도전적 연구의 가치를 제대로 인식하고 연구자들로 하여금 기획단계에서부터 도전적 아이디어를 적극 제안하고 도전적 연구를 선도할 수 있도록 경영, 인사 및 R&D 관련 제도를 도전 중시, 도전자 우대로 大전환하여야 할 것이다. 국가과학기술연구회의 연구기관경영평가에도 반영하여 이 전환노력을 뒷받침할 필요가 있다. 유관 부처 및 관리기관의 경우 특히 '의미있는 실패'의 가치를 인정하고 장려·포상하는 것의 중요성과 도전적 연구의 진흥에 있어 직접적인 당사자임을 이해시키도록 노력해야 할 것이다.

둘째, 도전적 연구 활성화 관련 정책을 추진함에 있어 나타날 수 있는 일시적 부작용과 혼란을 일정 기간 용인하는 사회적 대타협이 이루어지도록 국회, 감사기관, 언론 등 정책감시자 대상 설득과정도 병행되어야 한다. 과감한 실험일수록 기존 시각으로는 용납할 수 없는 다양한 부작용이 예상되는 바, 이로 인해 과감한 실험 자체가 위협받는 상황을 미연에 방지하기 위해서는 이들을 대상으로 문제의 발생에도 불구하고 이 죽음의 강을 함께 건너려는 노력을 하지 않으면 먼 미래에 다시 원점에서 이 고민을 시작하게 될 것임을 이해시켜야 한다.

셋째, 체계적 내용과 다양한 전달방식을 고려한 정책설득패키지도 필요하다. 도전적 연구의 중요성과 현장 수용 난이도를 고려 시 상당한 예산과 노력이 투입되더라도 현장에서 통할 수 있는 작품으로 만들어야 할 것이다. 온·오프라인으로 구분하여 자료를 준비하되, 특히 온라인자료는 젊은 연구자들의 독특한 개성에 어필할 수 있는 매체와 콘텐츠가 고려되어야 할 것이다.

제4절 요약 및 결론

1. 연구결과 요약

본고에서 제시한 혁신방향을 각 영역별로 요약하면 〈표 1-7〉과 같다.

〈표 1-7〉 연구결과 요약

구분		분석	혁신방향
정책 기조		• 제도적 기반 강화 및 신규사업 추진 - 과학기술기본법에 '도전적 연구개발 촉진' 조항 신설 - 혁신도전형 R&D사업 신설 - 과학기술기본계획에서 도전적 연구 강화를 핵심 정책방향으로 제시 • 혁신도전형 R&D사업 추진에 요구되는 내용 위주로 제도 및 정책 구성 - 연구계 및 우리 사회가 실패를 두려워하지 않는 도전하는 문화를 강화하기 위한 기반 조성 노력은 미흡	• 도전 펀더멘탈 조성 및 정부역할 대전환 - 혁신정책에서 정부역할 대전환 : 성공견인 자 → '가치있는 실패' 후원자 - 실패·도전 이해 증진 : 실패학 연구 활성화 (개인, 학회, 실패연구소) - 실패 가치 재평가 : 대한민국 도전연구상/ 도전대상 신설, 실패박물관 설립, 실패DB 구축, 실패박람회에 연구부문 참여 - 도전친화적 인재 양성 - R&D정책 및 제도 수립 시 '연구도전성 영향평가' 실시
정책 목표		• 과학기술기본계획 등 주요 계획 목표체계에 도전적 연구 관점은 사실상 부재	• 도전성을 국가 과학기술 목표의 중심축으로 설정 - 도전적 연구의 사명-미래상-마일스톤 개발 및 주요 과학기술정책 목표체계에 반영 - 연구도전성 지표 개발 및 정례적 측정 - 국가 전반의 도전성 목표체계 수립 및 연구 도전성과 상호 연계
정책 수단	집 행 기 구	• 사업추진 기구 설치·운영 - 과기부 : 혁신도전프로젝트추진단, 추진위 원회 - 산업부 : 알키미스트MD, 그랜드챌린지위 원회 • 과학기술 전반의 도전적 연구 활성화 추진 을 위한 관련 기구 부재	• 연구↔국가 전반을 관통하는(아우르는) 도전 거버넌스 구축 - 대통령직속 국가도전성 강화위원회 설치 - 국가과학기술심의위원회에 '도전적 연구' 분과 신설 - 한국실패진흥원 및 K-ARPA 신설(청년 기업가정신재단과 도전 3축 형성) - 차별화된 PM제도 도입 및 유능한 PM 확보

구분		분석	혁신방향
정책수단	재정	• 예산확보 미진 및 각 부처에 예산 확보 책임 부여 – 혁신도전프로젝트의 본사업 예산 부재(산업기술알키미스트만 확보) – 기획 후 예산 확보는 각 부처 책임 – 기존 사업 중 요건 적합사업도 혁신도전형 연구개발사업으로 분류 가능 • 별도예산 부재로 인한 추진동력 약화 우려 및 지속가능성 불투명	• 예산 확보~집행 全 단계에서 차별화된 정책의지 시행 – 혁신도전형 연구개발사업 차원 별도예산 확보 – 혁신도전형 연구개발 기본계획 수립을 통한 지속·예측 가능성 제고 – 도전적 연구예산의 계속비 편성 조기 실현 – 다양한 수요 부처의 혁신도전형 연구개발사업 적극 참여
	유인	• 연구자율성 확대, 다양한 연구추진방식 도입 등 연구수행 과정의 유인책 확충 • 각 단계별 주체들이 도전적 연구에 적극 참여토록 하는 기반환경은 미비	• 연구자·관리자·정책입안자를 포괄하는 도전안전망 구축 – 연구자는 면책, 정책수립 및 관리자는 적극 행정으로 보호 – 기관 및 기관장 평가 시 도전적 연구 활성화 노력·성과 반영 – 우수성과자에게 연구특별연장 등 인센티브 부여
	R&D 평가	• 연차평가 폐지 등 행정부담 감소 노력 • 다양한 평가방법 도입, 성공–실패 판정 금지, 사업단장의 평가위원 선정권한 확대 등 혁신도전형 연구개발을 위한 차별화된 평가제도 도입	• 우수성과 의미 재정의 : 가치있는 실패 포함 • 연구결과의 엄밀한 판단이 가능한 평가전문성 및 평가환경 확보 • 평가 교육 및 근거 기반 평가 강화
	설득	• 도전적 연구 관련 정책의 이해관계자 소통 노력은 사실상 부재 • 도전적 연구 실현은 생각보다 어려운 미션이므로 본격적인 소통노력 필요	• 소통은 '본원적 활동'이며, 대상은 연구자~정책감시그룹 포함 – 연구자, 소속 기관, 관리기관, 정부 부처 및 정책감시그룹도 대상 – 정책실험 초기 우려되는 부작용에 대한 '사회적 대타협' 체결 – 정책 의지·효용 및 대상자 특성을 반영한 '통하는 소통패키지' 마련

2. 연구도전성 회복의 길은 '과학의 영역'

    1960년대 이후 대한민국의 성장과 성취는 헝그리정신에 기반한 왕성한 도전정신과 '하면 된다'는 자신감에 기반하였다. 1인당 소득 3만 달러와

ICT, 과학기술, 문화예술, 스포츠 등 많은 영역에서 세계의 벤치마킹 대상으로 우뚝 선 오늘날, 직면한 불확실성을 극복하고 더 밝은 미래로 나아가기 위해서는 과거 우리가 가졌던 그 도전정신이 절실한 상황이다. 특히 기술패권시대를 맞아 세계 주요국이 자금과 인재와 정책을 집중하고 있는 과학기술분야는 실패를 두려워하지 않는 과감한 도전이 없다면 글로벌 시장에서 임팩트있는 결과를 창출하는 것이 점점 어려워지고 있다. 그러나 과거와 같은 물질적 헝그리정신에 바탕한 도전성은 기대할 수 없는 실정이다. 이제 도전성의 회복은 과학의 영역이 된 것이다.

과학적 접근이 가능하려면 많은 것을 이해해야 한다. 도전의 뒷면에 자리한 실패의 실체와 가치, 실패회피 본능의 강력함과 극복의 난해함을 알아야 한다. 정부의 역할은 어떻게 변해야 하는지, 이를 위해 무엇은 시작하거나 더 하고, 무엇은 덜하거나 안해야 하는지 파악해야 할 것이다. 만들어 놓은 제도 중 작동하지 않는 것은 무엇이고 왜 그런지도 알아야 한다. 과학기술분야에 종사하는 다양한 주체들이 아직 내가 연구도전성 회복을 위한 주역이 되어야 한다는 사실조차 깨닫지 못하고 있을 것이므로 소통을 통해 이들을 깨우쳐야 한다. 앞서 고민하고 대안을 마련해가고 있는 선도국들의 사례도 보다 철저히 조사·분석해야 할 것이다.

그동안 우리의 배움 대상은 주로 성공사례들이었다. 추격하는 우리에게 성공사례는 성공하는 방법론과 성공의 설레임을 함께 제공하는 귀중한 배움터였다. 성공으로부터의 배움을 계속하되, 이제는 실패로부터도 배워야 한다. 실패속에 숨어있는 금과옥조의 교훈과 성공의 간접화법에 귀 기울이자. 남들이 여전히 성공이라는 절반으로부터만 배울 때 우리는 성공과 실패 모두로부터 배우는 차이를 가지게 될 것이다. 그리고 성공의 곳간뿐 아니라 실패의 곳간도 열심히 채워 나가자. 가치있는 실패의 곳간 말이다. 세계에서 가장 큰 실패의 곳간을 마련하자. 그래서 우리 연구자들이 마음껏 실패해도 되도록 하자. 가치있는 실패로 곳간을 채우는 연구자를 성공의 곳간을 채우는 연구자만큼이나 칭찬하고 격려하자. 세계에서 실패가 가장 많이 창출되는 국가가 되는 것을 국가연구개발의 목표로 설정하고, 대한민국을 실패학의 글로벌 허브로 만들자.

이는 결코 거대한 사회적 문제를 해결하고 국가경쟁력을 키워야 하는 우리 과학기술이 절체절명의 소명을 미루거나 낭만적으로 접근하는 것이 아니다. 둘러가는 것 같지만 오히려 가장 첩경이 될 수 있다. 국가가 뒤에서 든든히 후원하며 과학기술인이 실패를 두려워하지 않고 마음껏 춤추는 세상, 과학기술인이 물질의 배고픔이 아닌 자존감과 사명감의 배고픔을 마음껏 채우려 도전하는 나라에서는 미래를 준비하는 씨앗이 싹트고, 새로운 영역(New Category)이 열리며, 팬데믹 같은 이슈에도 가장 효과적으로 대응하는 잠재력이 성장하고 있을 것이다. 우리가 믿음과 의지를 가지고 중장기적으로 실천할 수 있다면 그것은 선택할 수밖에 없었던 지극히 과학적 접근이었음을 깨닫게 될 것이다.

참고문헌

(1) 단행본(각종 정부간행물 및 연구보고서 포함)

과학기술정보통신부 (2022), 「과학기술정보통신부 2022년도 업무계획」, 세종: 과학기술정보통신부.

관계부처 합동 (2013), 「제3차 과학기술기본계획('13~'17)」, 서울: 국가과학기술심의회.

_____ (2018), 「2040년을 향한 국가과학기술 혁신과 도전 – 제4차 과학기술기본계획 ('18~'22)」, 서울: 국가과학기술심의회.

과학기술정보통신부 (2020), 「제4차 국가연구개발 성과평가 기본계획(2021~2025)」, 서울: 국가과학기술자문회의.

관계부처 합동 (2021), 「글로벌 기술경쟁 시대, First Mover 도약을 위한 도전적 연구개발 추진 고도화 전략(안) – 국가 R&D 혁신도전성 강화방안(Ⅱ)」, 서울: 과학기술관계장관회의.

미래창조과학부 (2016), 「혁신도약형 R&D사업 추진 개선방안」, 서울: 국가과학기술심의회.

산업통상자원부 보도자료 (2021), 「산업기술 알키미스트 프로젝트, 예비타당성조사 통과」, 세종: 산업통상자원부.

이효은 (2018a), 「혁신아이콘 60년, DARPA의 평가 및 PM제도 분석」, 대전: 정보통신기획평가원.

_____ (2019a), 「과학기술 선도력 강화를 위한 주요국의 변혁적 연구 활성화 사례 분석」 미국 편」, 대전: 정보통신기획평가원.

_____ (2019b), 「과학기술 선도력 강화를 위한 주요국의 변혁적 연구 활성화 사례 분석」 유럽 및 아시아 편」, 대전: 정보통신기획평가원.

_____ (2019c), 「독일 4대 연구회 최근 동향과 시사점-평가제도를 중심으로」, 대전: 정보통신기획평가원.

장우현·방세현 (2020), 「도전적 연구개발 촉진을 위한 재정정책 방향에 관한 연구」, 세종: 한국조세재정연구원.

전승수 외 (2021), 「2020년도 글로벌 R&D 투자동향 분석」, 충북: 한국과학기술기획평가원.

정종섭 (2016), 「국가연구개발사업의 창의·도전성 강화방안」, 세종: 산업연구원.

차두원 외 (2007), 「주요국의 고위험 혁신적 연구지원 정책 동향 및 시사점」, 서울: 한국과학기술기획평가원.

DARPA (Defence Advanced Research Projects Agency), (2018), DARPA 1958~2018, VA: DARPA.

NIH (National Institute of Health, USA) (2017), Common Fund Patent Report, Maryland: National Institute of Health.

(2) 학위 논문 및 학술 논문(단행본에 포함된 개인 저술 포함)

정병규·김태윤 (2021), "국가 R&D의 도전성이란 무엇인가? : '도전적 연구'의 속성과 시사점", 「기술혁신학회지」, 24(3) : 551-575.

김동환 (2001), "정책설득의 다이나믹스: 명분과 실리의 인과 지도", 「한국시스템다이나믹스연구」, 2(1) : 237-260.

정민형 (2021), "혁신도전형 R&D의 국내 현황 및 문제점, 그리고 개선방향", 「기술패권경쟁시대 우리나라 미래경쟁력 확보를 위한 도전적 연구개발 포럼 자료집」, 21-30.

(3) 신문 기사

권오경 (2022) "추월형 국가 전환이 시대과제…美 DARPA 같은 R&D 개조 시급", 「서울경제」, (2022.1.4.)

김복철 (2021), "실패전제로 연구해야 할 때", 「헤럴드경제」, (2022.2.7.)

노정혜 (2021), "도전적 연구 인정받는 평가제도 나와야", 「매경」, (2021.8.26.)

윤석진 (2020), "K-R&D 성공의 선결과제는 '실패 두려움 없는' 연구 풍토", 「헤럴드경제」, (2020.12.28.)

이광형 (2021), "성공확률 80% 이상 연구비 지원 안 해", 「연합뉴스」, (2021.4.8.)

이상민 (2021), "연구현장과 함께 실패 두려워하지 않는 도전적 연구문화 조성하겠다." 「대한뉴스」, (2021.7.13.)

이정동 (2016), "실패 없이는 축적의 시간도 없다", 「허핑턴포스트」, (2016.5.2.)

이효은 (2016), "도전과 실패 용인하는 문화 필요하다", 「디지털타임스」, (2016.05.03.)

_____ (2017), "가치있는 실패가 성공스토리 만든다", 「디지털타임스」, (2017.10.26.)

_____ (2018b), "연구도전성이 국가미래다", 「디지털타임스」, (2018.06.21.)

(4) 법령

과학기술정보통신부 (2021), "과학기술기본법 및 시행령".

_____ (2021), "국가연구개발혁신법".

_____ (2020), "혁신도전프로젝트 운영관리규정".

산업통상자원부 (2019), "산업기술혁신사업 공통운영요령(산업부 고시)".
　　　　　　 (2022), "산업기술혁신사업 기술개발 평가관리지침".

(5) 온라인 자료

국회의원 김경만 (2021), "초라한 R&D 사업화 성적표, 시장환경과 정부R&D 엇박자가 원인", https://theminjoo.kr/board/view/inspection/671094/ (2021.10.3.).

중소벤처기업부 (2021), "기업가에게 위기는 기회, 한국 기업가정신 지수 세계 9위로 껑충", https://www.korea.kr/news/pressReleaseView.do?newsId=156450366/ (2021.5.6.).

DARPA (2021), "DARPA 홈페이지", http://www.darpa.org/ (2021.12.1.).

Department of Business, Energy and Industrial Strategy (2021), "Advanced Research and Invention Agency (ARIA): policy statement", https://www.gov.uk/government/publications/advanced-research-and-invention-agency-aria-statement-of-policy-intent/advanced-research-and-invention-agency-aria-policy-statement/ (19 March 2021).

DFG (Deutsche Forschungsgemeinschaft) (2022), "Reinhart Koselleck Projects", https://www.dfg.de/en/research_funding/programmes/individual/reinhart_koselleck_projects/ (January 2022).

JST (2022), "MOONSHOT Research and Development Program", https://www.jst.go.jp/moonshot/en/index.html/ (January 10 2022).

Nature (2018), "Europe's top science funder shows high-risk research pays off", https://www.nature.com/articles/d41586-018-05325-4/ (04 June 2018).

NIH (National Institutes of Health) (2022), "High-Risk, High-Reward Research", https://commonfund.nih.gov/highrisk/ (18 January 2022).

NSF (National Science Foundation) (2019), "Proposal and Award Policies & Procedures Guide", https://www.nsf.gov/pubs/policydocs/pappg19_1/pappg_6.jsp/ (25 February 2019).

NSF (National Science Foundation) (2022), "Definition of Transformative Research", https://www.nsf.gov/about/transformative_research/definition.jsp/ (18 January 2022).

SPRIN-D (Federal Agency for Disruptive Innovation) (2022), https://www.research-

in-germany.org/en/research-landscape/r-and-d-policy-framework/
agency-to-promote-breakthrough-innovations-%E2%80%93-sprind.
html/ (18 January 2022).

제 2장

연구장비산업정책

황 병 상

"

연구장비산업정책은
산업혁신시스템(SIS) 관점의 보완과 함께
과학기술 경쟁력과 산업의 양 측면에서
균형있는 정책설계와 집행이 필요하다.

"

제1절 서 론

한국의 국제적인 위상은 상당히 높은 편에 속한다. 우리나라는 2018년에 1인당 국민소득 31,349 달러를 달성하여 세계에서 일곱 번째로 이른바 30-50클럽(인구가 5,000만 명 이상이면서 1인당 국민소득이 3만 달러 이상인 국가)에 들어갔다. 2020년에는 수출 규모로 세계 7위, 교역(수출+수입) 규모로 세계 9위를 달성했다. 2021년 2월 미국의 언론사인 블룸버그 (Bloomberg)가 발표한 '2021 블룸버그 혁신지수'에서 세계 1위를 차지했으며, 동년 7월 유엔무역개발회의(UNCTAD)는 우리나라를 선진국으로 분류하였다. 아울러 유엔산업개발기구(UNIDO)의 2021년 세계 제조업 경쟁력지수(CIP index)에 따르면 우리나라가 전 세계 152개국 중 3위이다.[1]

이에 발맞추어 과학기술경쟁력도 상위를 차지하고 있다. 스위스에 있는 국제경영개발원(IMD)은 매년 64여개 국가를 대상으로 국가경쟁력을 평가하여 〈IMD 세계경쟁력연감〉을 발간하고 있는데, 2021년도 분석에 따르면 한국의 과학인프라 경쟁력은 2위, 기술인프라 경쟁력은 17위였다. 세계경

---

1) https://stat.unido.org/country-profile (2021.10.13.).

제포럼(WEF: World Economic Forum)도 매년 140여개국의 국가경쟁력을 평가하여 발표하고 있는데, 혁신역량(Innovation Capacity) 면에서 한국은 2018년에 8위, 2019년에 6위로 발표되었다.[2] 아울러 우리나라의 총 연구개발비는 2020년에 93조 717억 원인데, GDP 대비 연구개발비 비중이 4.81%로 세계 2위 수준이다(한국과학기술기획평가원, 2021: 3).

그러나 연구장비 분야에서는 아직 후진국 신세를 면치 못하고 있다. 2005년~2018년 정부 R&D 예산을 통해 구축된 실험용 연구장비의 70%는 미국·일본·독일 3개국 제품이 차지하고, 국산은 16.5%에 불과하다(국가과학기술자문회의 심의회의 운영위원회, 2020: 1). 2015년~2019년 국내 시장에서 상위 20대 연구시설·장비 제작사를 살펴보면 미국 11개, 독일 4개, 일본 3개, 영국 2개이지만, 국내 기업은 전무한 상황이다(과학기술정보통신부, 2020b: 43). 연구장비산업은 미국, 일본, 스위스, 독일 등의 기업이 핵심요소기술을 선점하고, 전 세계 시장을 주도하고 있다[3]. 반면에 우리나라는 세계적인 연구장비 기업을 하나도 배출하지 못하고 있으며, 국내 연구장비 기업들은 이들에 비해 영세한 수준을 벗어나지 못하는 실정이다(유경만·최동혁, 2018: 6-7).

국내 기업은 연구개발 역량 부족으로 저부가가치의 범용 제품 위주

---

2) e-나라지표(www.index.go.kr)의 'IMD 과학·기술 인프라'와 'WEF 혁신역량·ICT 보급' 항목에 있으며(2022. 2.25. 검색), WEF는 코로나 19로 인해 2020년과 2021년의 국가경쟁력평가보고서를 발표하지 않았다.

3) 2016년도 기준으로 미국은 연구장비 매출액 상위 25개사 중 세계 1위인 Thermo Scientific 등 9개사를 보유하고 있으며, 일본은 세계 3위의 Shimadtz를 포함한 6개사를 보유 중이다. 스위스는 Roche Diagnostics 등 3개사를, 독일은 Carl Zeiss 등 3개사를 보유 중이다(유경만·최동혁, 2018: 6).

로 생산하고 있고, 연구장비 관련 중점과학기술 수준은 최고기술국 대비 55~94%이고, 기술격차는 1.0~10.0년이다. 또한 영세한 제조기업 중심의 산업 생태계는 지속적인 산업성장을 저해하는 요인으로 작용하고 있으며, 국내 기업 상당수가 평균 영업이익 10억 원 이하의 영세 기업이다(국가과학기술자문회의 심의회의 운영위원회, 2020: 6, 7). 한국연구장비산업협회가 2017년에 실시한 국내 연구장비 제조기업에 대한 설문조사 결과 국산 연구장비 개발의 가장 큰 애로사항은 '국산연구장비의 낮은 인지도 및 신뢰성 부족'이 67.8%를 차지하고 있다(이덕희 외, 2017: 111).

연구장비의 본격적인 국산화 사례는 1980년대 말 ㈜영린기기의 액체 크로마토그래피(HPLC)라고 할 수 있다. 아울러 한국표준과학연구원의 기술개발을 토대로 2008년에 주사전자현미경(SEM: Scanning Electron Microscope)을 출시한 ㈜코셈, 의료용 MALDI TOF 질량분석기를 개발한 ㈜아스타, 원자현미경(AFM)을 개발한 ㈜파크시스템스, 전자동 단백질합성 장비인 ExiProgen™ 등을 개발한 ㈜바이오니아 등이 어느 정도 성공을 거두고 있다. 그러나 다수의 기업들이 처음에는 장비 관련 오퍼상으로 출발하여 장비개발업체로 전환된 사례가 많고, 연구장비를 개발한 경우에도 현재는 산업장비 또는 의료장비 기업으로 전환하고 있는 사례가 많기 때문에 연구장비 분야에서 세계적인 경쟁력을 갖추어 나가기에는 많은 시간이 소요될 것으로 보인다.

국내 장비시장은 2011년에서 2014년까지 연평균 4.6%로 완만히 증가하다가 2014년도 이후 연평균 10.4%로 급격히 증가하고 있고, 2018년 국내기업 내수 판매와 수입 규모를 합치면 2조 5,182억 원 규모이다. BCC Research(2018)에 따르면 세계 연구장비 시장은 2017년도 기준 833억 달러에서 2022년에는 1,158억 달러로 증가할 것으로 추정되며, 이 시기의 연평균성장율(CAGR: Compound Annual Growth Rate)은 6.8%로 예측된다.

한국은 노무현 정부부터 연구개발 시설·장비[4]에 관한 정책을 펴기 시작하였다. 연구장비를 산업 관점에서 바라보기 시작한 것은 이명박 정부부터로 볼 수 있고, 문재인 정부에 들어와 연구장비와 관련된 일련의 산업을 연구장비산업으로 명명하고 이를 진흥하기 위한 정책을 수립·시행하고 있다.[5]

과학기술 연구개발의 현장에 필요한 첨단 연구장비를 선진국으로부터 수입하여 사용하고, 그 장비가 노후화되면 또 다시 수입하여 사용하는 방식을 계속 되풀이할 수는 없다. 이는 과학기술경쟁력 뿐만 아니라 산업 측면에서도 바람직하지 않기 때문이다. 본고에서는 문재인정부의 연구장비산업 정책을 중심으로 분석하여 정책의 혁신방향을 제시하고자 한다.

---

4) 연구개발 시설·장비란 연구개발활동에 직접적으로 사용되며 연구개발에 필요한 기능과 환경을 구현하는 연구시설과 연구장비를 총칭한다. 연구장비란 1백만 원 이상의 구축비용이 소요되며, 1년 이상의 내구성을 지닌 과학기술활동을 위한 유형의 비소비적 자산을 말한다(과학기술정보통신부, 2020a: 1, 11).

5) 2017년에 통계청에서 고시한 한국표준산업분류에는 '연구장비산업'을 별도로 분류하고 있지는 않다. 대분류인 '전문, 과학 및 기술 서비스업'이나 '제조업'에 연구개발업, 과학기술서비스업이나 전기장비제조업 등이 들어 있을 따름이다.

제2절 연구장비산업정책의 개관

1. 정책의 개관

한국은 2006년에 과학기술관계장관회의에서 "범부처 연구시설·장비 공동활용 촉진방안"을 수립함으로써 연구시설장비정책을 펼치기 시작했고, 각 정부를 거치며 확대 발전되어 관련 산업의 육성까지 포함하게 되었다. 이에 필자는 연구시설장비정책을 '연구개발 시설·장비의 확충, 관리, 운영, 공동활용, 개발 및 처분뿐만 아니라 관련 인력과 산업의 육성에 관한 정책'으로 정의한 바 있다(황병상, 2020: 7). 연구장비를 산업 관점에서 바라보기 시작한 것은 이명박 정부부터이며, 문재인 정부에 들어와서는 연구장비산업 부문을 연구시설장비정책에도 포함시켰지만, 연구장비산업정책을 특화하여 별도의 정책으로 펼치기 시작하였다.

이명박정부는 2008년에 "선진일류국가를 향한 이명박정부의 과학기술기본계획"을 수립하면서 '연구시설·장비의 전략적 확충 및 활용'을 중점추진과제로 선정하고 그 세부 내용에 '연구장비 자체개발 역량 확보를 위한 첨단분석기술·장비개발사업 추진'을 명시한 바 있다. 이어 2009년에 "국가연구시설·장비 확충 및 운영관리 선진화 방안"을 수립하면서 '첨단장비 및 분석기술 개발역량 강화'를 중점과제로 선정하고, 여기에 '연구장비 산업 육성을 위한 첨단연구연구장비개발사업 추진'을 명시한 바 있다. 박근혜정부는 2013년에 "국가연구시설·장비의 운영·활용 고도화 계획('13~'17)"을 수립하면서 중점추진과제 중 하나로 '연구장비의 산업 경쟁력 확보'를 명시하였다.

문재인정부에 들어와 국가과학기술심의회 운영위원회는 2017년에 "R&D 생산성 제고 및 고급 일자리 창출을 위한 연구산업[6] 혁신성장전략(안)"(이하 '연구산업 혁신성장전략'이라 한다)을 의결했다. 이는 연구산업의 세부분야인 주문연구산업, 연구관리산업, 연구개발 신서비스산업 및 연구장비산업을 고부가가치화하여 혁신성장 동력으로 육성하겠다는 정책이다. 2018년 1월에 국가과학기술심의회 운영위원회는 '국가연구시설·장비의 운영·활용 고도화계획('18~'22)'을 의결하였고, 3대 전략 중 하나에 국내 연구장비 산업 육성을 포함하고 추진과제를 명시하였다.

이어 2020년 8월에는 '국가과학기술자문회의 심의회의 운영위원회'는 '연구장비산업 혁신성장전략'을 의결하여 연구장비산업에 특화된 정책을 마련했다. 여기서 연구장비산업은 연구장비와 그 주변시스템 및 부품을 개발하거나 개조, 유지·보수·서비스하는 산업으로서, 연구장비를 생산하는 제조업을 중심으로, 장비 연구개발과 유지·보수 서비스에까지 전략 범위에 포함하는 개념이다(국가과학기술자문회의 심의회의 운영위원회, 2020: 2). 따라서 연구장비산업정책은 '연구장비와 그 주변시스템 및 부품을 개발하거나 개조, 유지·보수·서비스하는 산업을 육성하는 정책'으로 정의할 수 있으며, 연구시설장비정책의 하위정책 중 하나로 볼 수 있다.

아울러 연구산업진흥법이 제정되었다. 이 법은 2020년 7월 15일에 이상민의원 등 10인에 의해 제안된 후 과학기술정보방송통신위원회의 심의와

---

[6] 'R&D 활동의 전후에서 R&D 단계별로 투입·산출되는 자원 및 결과물과 연계되어 R&D 활동의 생산성 제고를 촉진할 뿐만 아니라 그 자체로도 고부가가치를 창출하는 연구장비, 연구관리 등의 제품 및 서비스를 생산·공급하는 R&D 연동산업으로 정의된다(국가과학기술심의회 운영위원회, 2017: 1).

〈표 2-1〉 한국 연구장비산업정책의 경과

〈표 2-1〉 한국 연구장비산업정책의 경과

구 분	분 석	혁신방향
이명박 정부 (2008~2012)	2008. 8. 2009. 3.	• 선진일류국가를 향한 이명박정부의 과학기술기본계획 • 국가연구시설·장비 확충 및 운영관리 선진화 방안
박근혜 정부 (2013~2016)	2013. 4.	• 국가연구시설·장비의 운영·활용 고도화계획('13~'17)
문재인 정부 (2017~현재)	2017.12. 2018. 1. 2020. 8. 2021. 4.	• 연구산업 혁신성장전략 • 국가연구시설·장비의 운영·활용 고도화계획('18~'22) • 연구장비산업 혁신성장전략 • 연구산업진흥법 제정

의결을 거쳐, 2021년 3월 21일에 국회 본회의를 통과하여 동년 4월 20일에 제정된 것으로 동년 10월 21일부로 시행되었다. 이상과 같은 연구장비산업정책의 경과를 정리하면 〈표 2-1〉과 같다.

본고에서 다루는 연구장비는 바로 과학기술 연구개발용 장비를 뜻한다. 따라서 산업장비와 의료장비에 대한 개발과 산업적 접근에 대해서는 다루지 않는다. 참고로 2019년 7월에 일본이 우리나라에 대해 핵심소재 수출을 제한함에 따라 정부는 동년 8월에 '대외의존형 산업구조 탈피를 위한 소재·부품·장비 경쟁력 강화 대책'을 수립한 바 있다. 여기서 말하는 장비는 반도체, 디스프레이, 자동차, 전기·전자 등의 산업용 장비에 초점을 두고 있고 연구장비는 일부만 관련되기 때문에, 이 대책은 분석대상에서 제외하였음을 밝힌다.

2. 해외 정책 동향

외국에는 연구장비산업이라는 용어가 없고, 연구장비산업정책이라고 명명한 정책도 없지만, 연구장비와 관련 분석기술 등을 개발하기 위한 정책과

프로그램은 있다. 미국 국립과학재단(NSF)의 국가과학위원회는 2003년에 발간한 「Science and Engineering Infrastructure for the 21st Century」라는 보고서에서 "현대적이고 효과적인 연구 인프라가 S&E에서 미국의 리더십을 유지하는 데 필수적이라는 것에는 의심의 여지가 없다. 새로운 도구들이 방대한 연구 프론티어를 열고 생명공학, 나노기술, 통신 등 분야의 기술 혁신을 가속화했다"라고 강조한 바 있다(National Science Board, 2003: 1).

미국은 NSF, 에너지부(DOE), 국립보건원(NIH), 국방부(DOD) 등이 기관 특성 및 고유임무에 따라 광범위한 분야에서 연구장비 프로그램을 운영하고 있다(황병상 외, 2014: 24). NSF는 대학 및 연구기관의 장비 구축과 개발을 위한 장비지원 프로그램을 운영하고 있으며, 2016년도 연구장비 R&D 투자액은 약 5,290억 원 수준으로 미 연방정부의 전체 연구장비 R&D지원액의 약 16.5%를 차지하고 있다(국가과학기술자문회의 심의회의 운영위원회, 2020: 5). 특히 NSF는 1994년부터 MRI(Major Research Instrumentation) 프로그램을 통해 공동활용 목적의 연구장비 구입과 연구장비 개발을 지원하고 있으며, 지원 규모는 10만~400만 달러이고, 기간은 5년까지 지원하고 있다.

독일은 1952년에 분석과학연구소(Institute for Analytical Science)를 설립하고 분석과학 분야의 연구개발 및 전문인력 양성을 추진하고 있다. 장비개발을 포함한 과학기술투자를 확대하고 있으며, 2017년 광학기술, 기초연구용 대형장비 등에 약 2,650만 유로를 투자한 바 있다. 특히 장비의 도입부터 개발까지 공공연구기관들이 관여하고 있는데, 기초연구, 응용연구 및 제품화를 막스프랑크협회(Max-Planck-Gesellschaft), 프라우호퍼협회

(Fraunhofer-Gesellschaft) 등이 연계하여 하나의 흐름을 형성하고 있다 (임정희 외, 2015: 105).

일본은 1940년대부터 정부주도로 연구장비 개발을 시작하였고, 문부과학성은 2004년부터 과학기술진흥기구(JST: Japan Science and Technology Agency)를 통해 '첨단계측분석기술·기기개발사업 (SENTAN(尖端) Program)'을 시작했다. 제1기(2004~2013) 사업에는 281 억엔이 투입되었으며 2014년 이후 제2기 사업이 진행 중에 있다. 이 사업 은 요소기술 개발, 기기 개발, 실용화·실증, 성과 활용·보급 촉진 등으로 구 분되어 있다. 기기개발 부문은 최첨단의 계측분석기기를 개발하기 위해 연 구자와 기기 메이커(중소기업, 벤처기업을 포함)가 팀을 형성해서 연구현 장에서 밀접하게 제휴하여 요소기술 개발에서 응용개발, 프로토 타입에 의 한 데이터 취득까지를 일관되게 실시하여 실용화까지 지원하고 있다. 아 울러 일본 산업기술총합연구소(AIST: National Institute of Advanced Industrial Science and Technology)의 Coms-nano사업은 여러 기업들 이 함께 참여하여 개발하는 컨소시움 체제의 R&D를 추진하고 있다. 즉, 산 업계에서 과제를 제안하여 AIST를 비롯한 대학, 공공기관, 분석장비기업이 참여하여 장비 개발, 표준화·인증까지 실시하는 솔루션 개발 플랫폼을 구 축하는 것이다(유경만·최동혁, 2018: 11).

중국은 2009년에 과학기술부와 북경시의 지원으로 국산과학기기응용 시범센터(HIS: Application & Demonstration Center for Homegrown Scientific Instruments)를 설립하여 중국산 과학기기의 응용시범, 성능 평 가, 기술개발 및 홍보 등을 하고 있으며, 기기 제조업체의 품질과 응용수준 제고 및 기기 기능과 응용 영역 확대를 위한 기술 자문도 제공하고 있다(한국기초과학지원연구원, 2016: 207).

제3절 연구장비산업정책의 분석과 혁신

1. 정책기조 분석과 혁신

1) 분석

2017년에 수립한 "연구산업 혁신성장전략"은 R&D 연동산업을 연구산업으로 정의하고, 네 가지 세부 산업 중 하나로 연구장비산업을 포함하고 있다. 연구장비산업을 기술집약적 융합산업이자 우수 장비에 의해 시장이 창출되는 기술주도형 산업으로 인식하고 있으나, 국내 연구장비 시장에서 외산 의존도가 높고, 국내 관련 기업들이 영세한 상황으로 파악하고 있다. 이에 연구산업의 비전을 '국가R&D 생산성 제고 및 R&D와 연계한 혁신성장동력 발굴'로 정하였고, 연구장비와 관련해서는 '연구장비 국산화 확대'를 추진전략으로 설정하였다.

2018년에 수립한 "국가연구시설·장비의 운영·활용 고도화계획 ('18~'22)"에는 '국가연구시설장비 활용성 제고로 과학기술 기반 혁신성장 선도'를 비전으로 제시했다. 연구장비(부품) 개발 지원부터 신뢰성 평가, 판로 개척 지원까지 종합적 지원으로 본격적인 연구장비산업 진흥을 추진한다는 방향 설정에 따라 3대 전략 중 하나로 '국내 연구장비산업 육성 및 인력 양성'을 들고 있다.

2020년에 수립한 "연구장비산업 혁신성장전략"에는 연구장비를 국가 과학기술 경쟁력 제고를 위한 핵심요인이며, 정부예산으로 구축되는 연구 장비의 대부분이 외산으로 국내 장비산업의 성장에 한계가 있다고 인식하고 있다. 아울러 연구장비를 과학기술적 발견·검증의 기능을 넘어 소재·부품·장비 전 영역으로 확산·파생·환원되는 핵심 기반산업으로 인식하였다. 이에 따라 비전을 '연구장비산업 육성을 통한 글로벌 과학강국 진입 및 과학기술 일자리 창출'로 설정했으며, 3대 전략으로는 ① 연구장비 기술의 글로벌 경쟁력 확보, ② 연구장비 산업성장 생태계 조성, ③ 전략적 시장 진출 지원체계 마련으로 정했다.

위에서 정리한 연구장비산업 정책기조에 대해 주요한 문제점을 중심으로 분석하면 다음과 같다. 첫째, 글로벌 연구장비 기업들에 의해 세계 연구 장비 시장이 이미 형성된 상황에서 글로벌 기업과 국내 연구장비 기업 간의 격차를 어떻게 줄여나갈 것인가에 대한 인식이 정책기조에 분명하게 반영되어 있지 않다는 점이다.

둘째, 연구장비산업에 대한 산업혁신시스템(SIS: Sectoral Innovation System) 관점이 부족하다는 점이다. 산업혁신시스템은 국가혁신시스템(NIS)이 간과하고 있는 점을 보완·확장하기 위해 등장하였는데, 각 산업의 여건이나 특성에 따라 기술혁신의 과정이 다르게 진행된다는 이론이다. 유경만·최동혁(2018: 10)에 의하면, 연구장비산업은 기술적 불확실성과 시장의 불확실성이 큰 산업으로 이는 달리 표현하면 시장실패 혹은 시스템 실패가 일어나기 쉬운 산업임을 의미한다는 것이다. 시장실패가 일어나기 쉬운 환경에서는 기업 등의 혁신주체들이 연구개발 투자를 꺼릴 수밖에 없고 이는 기술혁신의 정체로 이어질 수 있다고 한다. 시장실패 혹은 시스템 실패가 일어나지 않으려면 혁신시스템 내에서 기초연구 투자가 꾸준히 이루어져야 하고, 기초연구의 성과를 적절히 상용화할 수 있는 기제가 작동해야 하는데, 이를 위해서는 정부의 역할이 매우 중요한 영역이라는 것이다.

셋째, 정부의 정책 문건 상으로는 연구장비를 국가 과학기술 경쟁력 제고를 위한 핵심요인으로 보거나 연구장비산업을 기술집약적 융합산업으로 보는 것에 비해 실제 정책 현장에서는 연구장비산업을 제품화나 수익성 관점에서 치우쳐서 보려는 시각이 있는 것도 사실이다. 이런 시각에 대한 개선도 필요하다.

2) 혁신방향

앞에서 설명하고 분석한 우리나라 연구장비산업정책의 정책기조에 대해 향후 혁신방향을 제언하면 다음과 같다. 첫째, 세계 연구장비 시장이 글로벌 연구장비 기업들에 의해 이미 장악된 상황에서 국내 기업과의 격차를 어떻게 줄여나갈지 그리고 몇몇 분야에서는 어떻게 앞서 나갈지 하는 점들을 정책기조에 분명히 반영하는 것이 필요하다.

둘째, 연구장비산업을 산업혁신시스템 관점에서 인식하고 정책기조를 설정하는 것이 필요하다. 산업혁신시스템 이론은 Malerba(2002, 2004), Breschiet al.(2000) 등에 의해 정립되었고, 이후 Lee(2013), Lee and Malerba(2017) 등에 의해 발전된 것이다. 산업 차원의 혁신활동에 영향을 미치는 구성요인의 수는 시기별로 다소 달라지기는 했지만 대체로 지식·기술·학습의 속성, 주체와 네트워크, 수요, 제도 등 네 가지가 주요한 것으로 정리되기에 이르렀다. 이 중에서 첫 번째 요인인 지식·기술·학습의 속성은 다른 연구에서도 많은 관심이 기울여졌고 Breschi et al.(2000)가 말하는 기술체제(technological regime)와 같은 개념으로 이해할 수 있다. 기술체제의 이론에 의하면 기술기회, 혁신의 전유성, 기술발전의 누적성, 지식기반의 특성이 산업별로 다르기 때문에 혁신의 진행방향이나 도출결과가 다르게 나타날 수 있다(김용열, 2019: 366). 바로 이 요소가 연구장비산업의 정책기조 설정에 고려되어야 할 요소로 판단된다.

셋째, 연구장비산업은 지식집약적 R&D산업이자 기반산업적인 성격을 가지고 있으므로 제품화나 수익성 측면에 치우치기 보다는 좀 더 균형 있는 시각에서 바라보는 것이 중요하다. 연구장비 개발과정에서 원천기술 확보를 통해 국가경쟁력이 제고되고 다른 산업으로의 파급효과가 일어난다는 점을 고려하는 것이 필요하다.

넷째, '연구장비산업 혁신성장전략'을 5년 단위로 세우는 것을 제도화하고, 이에 따른 시행계획을 매년 세우도록 하여 실행력을 높이는 것도 필요하다.

2. 정책목표 분석과 혁신

1) 분석

2017년에 수립한 "연구산업 혁신성장전략"에는 추진목표를 '연구산업 육성을 통한 신규 일자리 12,000개 창출('18년~'22년)'로 정했는데, 그 중 연구장비 분야는 일자리 2,500개 창출이 목표이다(국가과학기술심의회 운영위원회, 2017: 28). 아울러 ① 우수 장비기술과 연계한 기술창업 및 기업 경쟁력 강화 지원, ② 고부가가치 첨단 장비개발 및 전문인력 양성, ③ 국산장비 신뢰도 제고 및 위탁운영 신서비스 도입, ④ 연구장비 국내외 판로 확대를 통한 시장 확대를 추진과제로 정했는데 이를 세부목표로 간주할 수 있다.

2018년에 수립한 "국가연구시설·장비의 운영·활용 고도화계획 ('18~'22)"에는 목표를 구체적으로 제시한 것은 없다. 다만 3대 전략 중 하나인 '국내 연구장비 산업 육성 및 인력 양성'의 추진과제로 ① 연구장비(부품) 국산화 개발 지원, ② 연구장비 성능 신뢰성 평가(인증), ③ 국내외 판로 개척 지원, ④ 연구장비 개발·운영 인력 양성으로 설정했는데, 이를 정책목표로 간주해도 무방할 듯하다.

2020년에 수립한 "연구장비산업 혁신성장전략"에는 목표를 ① 맞춤형 투자를 통한 핵심 기술 역량 확보, ② 국내 수요를 충족시키고 세계에서 경쟁 가능한 연구장비 개발, ③ 제도 마련 및 협력 플랫폼 구축을 통한 신뢰기반 생태계 조성으로 설정하고 있다.

연구장비산업정책의 목표에 대해 주요한 문제점을 중심으로 분석하면 다음과 같다. 첫째, 몇몇 정책은 정책목표를 제시하지 않거나, 제시하더라도 막연한 목표를 제시한 경우가 있다. "연구산업 혁신성장전략"에서는 연구장비 분야는 일자리 2,500개 창출이라는 구체적인 목표를 설정한 반면에 "국가연구시설·장비의 운영·활용 고도화계획 ('18~'22)"에는 정책목표를 명시하지 않았다. 아울러 "연구장비산업 혁신성장전략"에는 구체적인 목표가 아니라 '핵심기술역량 확보', '연구장비 개발', '생태계 조성'과 같은 막연한 목표를 제시하고 있다.

둘째, 정책목표 수립에 참여하는 정책행위자가 제한적이다. 연구장비산업정책이 정부 주도적으로 수립되고 있어 학계, 연구계 및 산업계의 참여가 부족해 보인다.

셋째, 정책목표의 계층화가 미흡하다. 즉, 최종목표-중간목표-하위목표와 같은 정책목표의 계층화가 명료하게 표현되어 있지 못하다.

2) 혁신방향

앞에서 설명하고 분석한 우리나라 연구장비산업정책의 목표에 대해 향후 혁신방향을 제언하면 다음과 같다. 첫째, 연구장비산업에 특정하여 수립한 정책인 "연구장비산업 혁신성장전략"을 추후 발전시켜 수정 전략을 세울 때에는 구체적인 정책목표를 명시하는 것이 필요하다.

둘째, 정책목표 수립 시 정부 주도에서 벗어나 학계, 연구계 및 산업계의 중요한 정책행위자가 활발하게 활동할 수 있도록 좀 더 개방적인 정책결정 시스템이 필요하다. 관련 단체나 이해관계자들의 의견 수렴의 폭도 넓히고, 공청회 등을 통해 일반인들의 의견도 수렴하는 절차가 필요하다.

셋째, 달성하고자 하는 정책목표에 대한 계층화가 필요하다. 연구장비산업정책을 세울 때 최종목표, 중간목표 및 하위목표로 계층화하는 것이 필요하다.

넷째, 2022년에 차기 정부가 출범하면 기존 연구장비산업정책의 목표에 대한 달성도 평가를 한 다음에 정책목표를 수립하는 것이 필요하다. 기존 정책목표가 어느 정도 달성되었는지 그리고 저해요인이 있었다면 무엇이었는지 파악한 후 다음 목표를 수립하는 것이 중요하다.

3. 정책수단 분석과 혁신

1) 집행기구

(1) 분석

연구장비산업정책의 수립과 집행에는 과학기술정보통신부 연구산업진흥과, 과학기술일자리진흥원(COMPA), 한국기초과학지원연구원(KBSI), 한국표준과학연구원(KRISS) 등이 집행기구로서의 역할을 하고 있다. 첫째, 과학기술정보통신부 과학기술일자리혁신관 산하의 연구산업진흥과는 연구산업 관련 정책을 총괄하고 있다. 동 과는 2018년 7월에 설치된 것인데, 옛 연구성과활용정책과에서 명칭과 기능이 바뀐 것이다. '과학기술정보통신부와 그 소속기관 직제 시행규칙'에 따르면 연구산업진흥과의 분장업무 중 연구장비산업과 직접 관련되는 것은 ① 연구장비 전문인력 양성 및 지원, ② 연구장비의 개발 및 신뢰성 평가체계 구축·지원, ③ 연구장비산업 육성·지원 및 관련 일자리 창출 등이 있다.

둘째, COMPA는 2018년 2월에 옛 연구성과실용화진흥원에서 명칭을 바꾼 기관이며, 과학기술정보통신부의 연구장비산업지원사업을 집행하는 기관이다. 과학기술정보통신부가 추진하는 연구개발 사업성과의 활용·확산을 지원하는 것이 주된 임무이다.

셋째, KBSI는 연구장비개발과 연구시설장비에 대한 정보 제공 등을 하는 기관이다. COMPA가 총괄하는 '연구장비개발 및 고도화지원사업'의 '성능고도화 및 기반조성' 부문에서 KRISS와 함께 주관기관 역할을 수행하고 있으며, 연구장비엔지니어양성사업의 주관기관이기도 하다. KBSI는 일찍부터 연구장비개발에 착수하였는데, 관련 조직을 2008년 7월 연구장비개발부, 2012년 6월 첨단장비개발사업단, 2015년 2월 연구장비개발사업단으로 이어오다가 2019년 7월에 연구장비개발·운영본부로 변경하여 관련 사업을 추진 중에 있다. 또한 연구장비산업육성팀을 설치하여 ① 연구장비산업 육성 지원, 기획 및 관련사업 수행, ② 연구장비 전문인력 양성제도 기획 및 운영·관리 등을 수행하고 있다. 아울러 정부는 2008년에 KBSI 안에 국가연구시설장비진흥센터(NFEC)를 설치하여 연구시설장비 관련 정책, 연구장비 도입 심의, 연구시설장비 정보제공 및 연구장비활용 관련 지원사업을 수행하고 있다.

넷째, KRISS도 연구장비 개발 분야에서 활동하고 있다. 원내에 첨단측정장비연구소를 두고 측정장비개발을 추진하고 있으며, '연구장비개발 및 고도화지원사업'의 '성능고도화 및 기반조성' 부문에서 KBSI와 함께 주관기관의 역할을 수행하고 있다. KRISS는 2006년에 국내 최초로 주사전자현미경을 개발한 실적도 가지고 있다.

(2) 혁신방향

산업혁신시스템의 요인 중 하나는 기술혁신의 직접적인 주체인 기업과 함께 기업을 둘러싼 네트워크 즉 정부를 비롯한 유관기관이 중요한 역할을 수행한다는 것이다(김용열, 2019: 367-368). 따라서 집행기구들 간의 네트워크가 중요하다. 이런 관점에서 연구장비산업정책의 집행기구들에 대한 혁신방향을 제언하면 다음과 같다.

첫째, 과학기술정보통신부 제1차관 산하의 연구산업진흥과와 과학기술혁신본부 산하의 연구평가혁신과 간의 긴밀한 협조가 필요하다. 연구장비산업 진흥의 책무를 맡은 곳은 연구산업진흥과이지만 연구시설장비에 대한 총괄은 연구평가혁신과가 하고 있기 때문이다. 실제로 국가연구시설장비진흥센터(NFEC)는 연구평가혁신과의 감독을 받고 있다. 따라서 연구장비산업의 발전을 위해 두 부서 간의 원활한 협력이 필요하다.

둘째, 과학기술정보통신부 장관 자문기구로 가칭 '연구장비산업정책협의회'를 설치하는 것이 필요하다. 연구장비산업정책 및 관련 사업계획의 수립, 각종 유인책 마련 등에 대한 의견수렴과 자문 역할을 위해 학계, 연구계, 산업계 등의 관련 전문가로 이 협의회를 구성하여 운영하는 것이 긴요하다. 연구산업과 연구장비산업을 영위하는 기업들로 구성된 한국연구산업협회[7]의 대표자도 협의회의 위원으로 위촉하는 것이 바람직해 보인다. 산업혁신시스템(SIS)의 주요 구성요소 중 하나가 주체와 네트워크이기 때문에 연구장비산업의 주체들 간의 네트워크 차원에서도 이 협의회 설치가 중요하다. 이 협의회의 간사는 연구산업진흥과장이 맡으면 될 것으로 보인다.

셋째, COMPA의 역할 증대가 필요하다. 연구장비산업 발전의 한 축을 맡고 있는 COMPA는 원장, 본부장 1명 및 7개 팀으로 구성되어 있어 기관의 규모가 작은 편이고, 사업비 또한 적은 편이어서 역할이 제한적이다. 현재는 COMPA의 연구산업육성팀에서 연구장비산업도 같이 맡고 있는데, 앞으로 연구장비산업만을 전담하는 팀을 신설하는 등 기관의 규모와 역할 확대가 긴요하다.

넷째, 연구장비 개발과 시험·분석을 전문으로 하는 연구기관간의 협의체 설립·운영이 필요하다. KBSI, KRISS 그리고 시험·분석·검사 기관인 한국

---

7) 2007년에 설립된 한국연구산업협회와 2017년에 설립된 한국연구장비산업협회가 2022년 2월에 한국연구산업협회로 통합되었다. 이는 2021년 4월의 연구산업진흥법 제정을 계기로 추진된 결과이다.

산업기술시험원, 한국화학융합시험연구원, 한국분석시험연구원, 한국기계전기전자시험연구원, 한국건설생활환경시험연구원, KOTITI 시험연구원, FITI 시험연구원 등 실제로 장비를 개발하거나 연구장비를 시험과 분석에 활용하고 기관들이 협의체를 만들어 필요한 정보를 공유한다면 연구장비 개발 활성화에 도움이 될 것으로 보인다.

2) 재정

(1) 분석

연구장비산업에 대한 재정 투자를 분석하면 다음과 같다. 첫째, 2017년에 수립한 "연구산업 혁신성장 전략"에 명시된 재정투자 계획은 당초 계획대로 투입되지 못한 것으로 보인다. 동 전략에서 연구장비산업에 대한 재정투자 계획은 〈표 2-2〉와 같다. 세부 내역을 살펴보면 ① 핵심 연구장비 국산화율 제고 및 첨단 장비 개발·사업화를 위한 R&D 지원 892억 원, ② 연구장비기업 창업 R&D 지원 175억 원 ③ 기업 수요 기반 융합형 전문인력 양성 177억 원 등 5년 간(2018~2022) 총 1,244억 원이다.

그러나 당초 계획했던 '미래선도 연구장비 플래그쉽 프로젝트'가 계획대로 추진되지 못하면서 재정투자가 적게 이루어진 것으로 판단된다. 〈표 2-3〉에서 보는 바와 같이 KBSI와 COMPA의 2018년~2021년 예산 투자액을 합치면 총 45,737백만 원에 불과하다. KBSI는 연구장비개발사업, 국

〈표 2-2〉 연구장비산업 재정투자 계획

(단위 : 억 원)

구 분	'18년	'19년	'20년	'21년	'22년	합 계
연구장비 산업	218	259	271	243	253	1,244

출처 : 국가과학기술심의회 운영위원회, 2017: 38.

산장비신뢰성평가사업 및 연구장비 엔지니어양성사업을 수행하고 있다. 연구장비개발사업은 2015년에 첨단연구장비개발 및 실용화지원사업으로 시작한 것인데, 2017년에 국가과학기술연구회의 방침에 따라 BIG(Big Issue Group)사업으로 개편하였으며, 2025년까지 총 528.1억 원을 투자할 계획이다(한국기초과학지원연구원, 2019a: 23). 이 사업을 통해 KBSI는 공간분해능이 세계 최고인 '레이저 스캐닝 공초점 열반사현미경'을 개발하여 나노스코프시스템즈(주)를 통해 제품으로 출시한 바 있다.[8]

COMPA는 2020년부터 '연구장비개발 및 고도화지원사업'을 시작하였는데, 실험실에 필요한 분석과학장비를 산학연 협력을 통해 개발하는 사업

〈표 2-3〉 KBSI와 COMPA의 연도별 연구장비산업 재정투자 실적

단위 : 백만 원

구 분	2018년	2019년	2020년	2021년
KBSI 연구장비개발사업	5,990	5,683	4,590	4,170
KBSI 국산장비신뢰성평가사업	1,000	1,000	990	630
KBSI 연구장비 엔지니어양성사업	665	678	580	507
COMPA 연구장비 개발 및 고도화 지원 사업	–	–	7,331	10,223
COMPA 연구장비기업 역량강화사업	–	–	–	1,700
계	7,655	7,361	13,491	17,230

---

8) '레이저 스캐닝 공초점 열반사현미경'은 레이저 빛을 이용해 마이크로 크기 전자소자의 내·외부 발열을 입체적으로 측정할 수 있는 연구장비이다. 공간분해능이 300nm로 세계 최고 성능이며, 기존의 적외선 방식인 열영상 현미경에 비해 분해능(해상도)이 10배가량 뛰어나다. 시료 표면뿐만 아니라 내부의 발열 분포까지 측정이 가능해(세계 최고 수준) 반도체, 디스플레이 등의 발열문제 해결에 많이 활용될 것으로 기대된다(뉴스 1, 2019. 6.17.; 한국기초과학지원연구원, 2019b: 19). 연구책임자인 장기수박사에 따르면 2015년도에 국가과학기술연구회의 상용화기술개발지원사업으로 처음 시작하여, 2017년부터는 연구장비개발사업을 통해 수행되었다. 이 장비는 기존의 적외선 열영상 현미경이나 열반사현미경 등이 가진 기능을 확대·발전시킨 것이다. 이 연구는 '2018년도 출연(연) 10대 우수 연구성과'로 선정되어, 과학기술정보통신부 장관 표창을 받았다.

이다. 세부 사업 중 '연구장비 핵심기술 개발'은 과제당 연간 3억 원 씩 3년 간 지원하는 사업으로 2020년에 4개 과제를 선정하였고, '우수 장비기술 상용화 개발'은 연간 7억 5천만 원씩 2년간 지원하는 사업인데 2020년도 에 3개 과제를 선정하였다(유병현: 2020: 51-53).

KBSI는 2021년에 5,307백만 원을, COMPA는 11,923백만 원을 연구장 비산업에 투자했다. 이 사업비를 다른 국책사업과 비교해 보면 규모면에서 절대적으로 적다는 것을 알 수 있다. 2010년부터 시작한 글로벌프론티어사 업은 2021년까지 미래 전략기술 분야의 기초원천 연구에 집중할 15개 연 구단을 선정하여 연구단별로 매년 50억~200억 원을 투자했다. 기초과학연 구원(IBS)은 설립 초기에 사업단별 연간 평균 연구비를 100억 원으로 잡고 2012년에 8개 연구단을 출범시켰고, 요즈음은 연구비가 다소 줄어들긴 했 지만 2021년 8월 현재 31개 사업단을 운영 중에 있다는 점에서 그러하다.

둘째, "연구장비산업 혁신성장전략"에는 재정투자 계획을 명시하고 있 지 않아 정책으로서의 구체성이 약하지만, '미래선도 연구장비 플래그쉽 프 로젝트'를 추진하기 위해 예비타당성 조사 추진을 명시한 점은 특별해 보인 다. 미래에 유망한 제품·기술 분야를 대상으로 확실한 목표를 가지고 톱다 운 방식으로 원천기술부터 사업화까지 전주기로 개발을 추진하겠다는 것이 다. 즉 뇌과학·나노·인공지능·센서 등 새로운 시장을 열 수 있는 선도기술 과 연구장비 분야를 선정해 현재 산업을 한 단계 도약시키고 새로운 시장을 창출하는 선도대형연구개발사업을 추진한다는 것이다. 이를 위해 개발대상 장비 15종 중 차세대 연구장비 및 핵심기술을 도출한 후 장기간의 투자를 지원(최대 10년)할 계획이다(국가과학기술자문회의 심의회의 운영위원회, 2020: 14).

이를 위해 2019년부터 기획한 총사업비 4천억 원 규모의 예비타당성조사 요구서를 제출하였으나 2020년 8월경에 기술성평가에서 미흡으로 평가되어 선정되지 못했다. 다시 '한국주도형 선도 연구장비기술개발사업'[9]을 기획하여 제8회 소재·부품·장비 기술특별위원회를 통해 예비타당성 조사 우대사업으로 선정받기까지 하였으나, 2021년 3월경에 예비타당성조사를 통과하지 못했다. 2022년 2월 현재 한국표준과학연구원이 주관하여 예비타당성조사를 위한 사전기획을 세 번째로 준비 중이다.

셋째, KBSI의 연구장비개발사업은 개발할 연구장비를 보급형과 선도형 등으로 나누어 추진하고 있는데, 타당한 접근방식으로 보인다. '보급형'은 이용수요는 많으나 국산화가 안 되어 있는 장비로 외산장비 대비 60~80%의 가격으로 동급 수준 이상의 성능의 장비를 말한다. '선도형'은 기존 외산장비에 없던 기능을 부가하여 분해능 향상 또는 3차원 영상분석 등이 가능한 장비를 말한다(한국기초과학지원연구원, 2019a: 101-102). KBSI는 보급형으로 '보급형 투과전자현미경', '전자기 물성측정장비' 등을, 선도형으로 '다중모드 나노바이오 광학현미경', '3차원 분자이미징 질량분석기' 등을 개발하는 것을 목표로 하고 있다. 다만 KBSI가 연구장비 개발 부문에서 야심차게 2015년부터 세계최초를 목표로 투자를 시작했는데, 그것이 2019년에 종료된 후 후속 추진과제가 없는 점은 도전성 측면에서 재고가 필요해 보인다.

---

9) 2022년부터 2032년까지 11년간 총사업비 3,783억 원을 투자하는 것으로 기획된 사업이다(과학기술정보통신부, 2021: 9).

(2) 혁신방향

재정투자 현황에 대한 분석을 토대로 혁신방향을 제언하면 다음과 같다. 첫째, 연구장비산업 진흥을 위한 재정투자 규모의 확대가 필요하다. 국책연구개발사업인 글로벌프론티어사업이나 IBS의 사업비와 비교할 때 사업비 규모면에서 절대적으로 적기 때문에 연구장비산업을 위한 사업비의 확대가 필요하다. 연구산업진흥법이라는 법적인 토대도 갖추었기 때문에 연구산업 진흥을 위한 기본계획과 실행계획 속에 재정 투자계획이 충분히 반영되어야 할 것이다.

둘째, 미래선도 연구장비 플래그쉽 프로젝트를 위한 예비타당성조사보고서 작성에 개선이 필요하다. 특히 개발대상 장비 선정에 논리성 향상이 필요하다. 2020년도 전반기에 보고서 작성에 참여했던 한 전문가에 따르면 연구장비가 아니라 산업장비에 치우친 경향이 있었으며, 어떤 장비를 개발할 것인지 정하는 결정 과정에도 논리성이 다소 결여된 듯한 모습을 보였다고 한다. 국내외 시장 상황과 국내 장비개발 관련 산·학·연의 강점을 두루 고려하여 세분화된 시장에서 경쟁력과 발전가능성을 가진 연구장비를 선정하는 일이 무엇보다 중요하다는 점에서 이에 대한 좀 더 과학적이고 논리적인 접근이 필요하기 때문이다. 따라서 세 번째로 준비 중인 예비타당성조사 보고서 작성에는 이러한 점을 개선할 필요가 있다.

셋째, 연구장비개발 관련 사업을 기획할 때 산학연 간의 네트워킹과 협력을 촉진할 수 있도록 구성하는 것이 필요하다. 한국표준과학연구원에서 개발한 장비를 ㈜코셈을 통해 업그레이드한 후 양산했던 사례에서 보듯이 산학연이 각각 강점을 가지고 있기 때문이다. 이미 COMPA가 총괄하는 '연구장비 개발 및 고도화지원사업'의 연구장비 핵심기술 개발과제는 대학이나 출연(연) 등 공공연구기관이 주관하고, 연구장비 기업은 협동하도록 되어 있다. 또한 동 사업의 우수 장비기술 상용화 개발과제는 연구장비 기업이 주관하고 대학이나 출연(연) 등 공공연구기관은 협동하도록 설계되어 있다. 앞으로 세부적인 과제 기획에서 연구장비개발 주체들 간의 네트워킹과 협력이 좀 더 활성화되도록 세심한 설계가 필요하다. 이는 산업혁신시스템(SIS)의 핵심 요인 중 하나이기도 하며, 연구장비산업 생태계 전반에 개방형 혁신(Open Innovation)을 촉진하는 방안도 되기 때문이다.

넷째, 연구장비개발사업에 정부예산의 지속적인 투입이 긴요하다. 이는 황병상 외(2014: 177)가 국내의 총 7개의 장비개발 성공사례를 분석한 결과 국내 제조업체의 영세성으로 인해 기술혁신을 위해서는 정부지원사업이 매우 주요한 성공요인으로 작용했던 점에서도 확인할 수 있다. 아울러 새로운 연구장비의 개발과 선도연구 수행이 밀접한 상관관계를 가지고 있고, 그것이 장래에 연구장비 산업의 핵심이 되기 때문이기도 하다. 한국과학기술원(KAIST)의 정성윤 교수에 따르면(한국기초과학지원연구원, 2016: 240) 그런 사례를 전자현미경 분야에서 쉽게 찾아 볼 수 있다고 한다. 즉 STEM에서의 구면수차보정(Science, 2004; CEOS 및 Nion사의 장비개발), Annular Bright Field(ABF) 검출과 이미지(Nature Materials, 2011; 일본 JEOL사 참여), Differential Phase Contrast(DPC) 검출법과 이미지(Nature Physics, 2012; 일본 JEOL사 참여) 등의 예는 장비의 개발과 최첨단 분석연구가 서로 깊은 연관성을 가지고 있음을 증명한다는 것이다.

다섯째, 연구장비 개발 분야를 보급형의 범용장비와 선도형의 신규장비라는 두 가지 방식으로 접근하는 것은 타당하나, 세계 최초를 목표로 하는 도전적인 연구장비 개발도 추진되어야 한다. 세계 최초 연구장비 개발은 새로운 연구분야 개척을 가능하게 하며 노벨상 수상과도 직결되기 때문이다[10]. 아울러 보급형과 선도형 연구장비 개발을 위해 국내외 연구장비 시장에서 경쟁력 있는 품목을 선정하고 틈새를 공략하는 전략이 매우 중요하다. 기업이나 연구기관 등에서 필요로 하는 보급형 장비를 개발하는 일과 향후 기술변화를 고려한 선도형 연구장비를 개발하는 일은 성격이 아주 다르기 때문이다. COMPA는 2022년부터 선도형 장비 개발과 이를 위한 핵심기술 개발을 위한 과제를 준비 중에 있다.

3) 유인

(1) 분석

정부가 연구장비산업정책의 확산을 위해 활용하고 있는 유인 수단들은 산업혁신시스템(SIS)의 네 가지 구성 요인 중 제도에 해당하는 것으로 볼 수 있다. 그 내용을 분석하면 다음과 같다. 첫째, 전문연구사업자 신고제도이다. 연구산업진흥법 제6조에는 과학기술정보통신부장관에게 전문연구사업자로 신고하면 동 법에 따른 지원을 받을 수 있다고 규정하고 있다. 2021년 10월에 시행한 동법 시행령 제5조에 연구장비산업을 영위하는 자의 전문연구사업자 신고 요건은 다음의 두 가지 요건을 모두 충족해야 한다고 규정하고 있다. ① 전담인력 2명 이상을 상시 확보할 것, ② 연구개발에 이용되는 장비, 주변시스템 또는 부품을 1개 이상 개발할 것, ③ 장비, 주변시스템 또는 부품의 납품 실적이 연 3건 이상일 것 등이다.

---

10) 일본 문부과학성은 과학분야 (물리학상, 화학상, 생리·의학상) 노벨상의 85%가 연구장비 고도화에 따른 새로운 발견과 연계돼 있다고 분석하였다(文部科學省, 2005).

둘째, 연구장비성능평가이다. 연구산업진흥법 제8조에는 연구사업자가 개발한 연구장비의 신뢰성 확보를 위해 연구장비의 성능에 대한 평가를 실시하고, 우수한 평가를 받은 연구장비의 보급 촉진 등을 지원할 수 있도록 했다. 이를 위해 성능평가전담기관 지정과 평가방법 및 절차 등에 대해서는 현재 과학기술정보통신부가 준비 중에 있다. KBSI는 국산장비신뢰성평가 사업을 수행하고 있으며, 2022년 2월 현재 국산장비성능평가보고서로 10건, 성능향상국산장비로 4건을 등록해 두고 있다.

셋째, 연구산업진흥단지의 지정이다. 연구산업진흥법 제9조에는 연구사업자와 그 지원시설 등이 집단적으로 입주하여 있거나 입주하려는 지역을 연구산업진흥단지로 지정하고, 단지 활성화를 위한 기반시설 등을 설치·운영할 수 있게 하고 있다. 최지선(2021: 63)에 따르면 이 단지는 연구사업자의 집적 또는 집적 가능성, 수요·공급·협력 기관의 연계, 지역과 연구산업에 미치는 파급효과, 그리고 산업단지형/강소특구형 등 다양한 모델을 고려하여 요건을 확정할 예정이라고 한다. 과학기술정보통신부는 2022년 1월에 '연구산업진흥단지 지정 및 관리지침 제정고시(안)'을 행정예고 했다.

넷째, '연구장비산업 데이터 플랫폼' 구축·운영이다. 이는 국산장비를 활용한 연구데이터 등 관련 정보를 제공하고, 연구장비 소비자 커뮤니티를 운영하고, 연구장비 SW 등의 공유플랫폼을 구축하는 것이다(과학기술정보통신부, 2021: 15). 이 플랫폼은 KBSI가 구축 중에 있으며, 2022년 상반기 중 공개될 예정이다.

다섯째, 국산연구장비활용랩 운영과 국산연구장비 성능향상 지원사업이다. 국산연구장비활용랩을 통해 산학연 연구자들이 국산연구장비의 우수성을 직접 체험하고 활용할 수 있도록 장비활용기술을 자문하고, 장비교육 및 장비 무상이용을 지원(실재료비는 사용자 부담)하고 있다. KBSI는 2016년에 대덕본원(화합물 분석장비), 전주센터(광학전자영상장비/재료), 2018년에 서울센터(광학영상장비/바이오), 2020년에 춘천센터(생체영상분야)에 국산연구장비활용랩을 설치하여 운영하고 있다. 아울러 KBSI는 소속 연구원들이 장비제조업체와 함께 국산장비성능향상사업을 추진하여 연구 결과를 SCI 논문으로 게재함으로써 국산장비의 신뢰성을 높이는데 기여하고 있다.11) 2021년에 한국표준과학연구원도 국산장비활용랩을 개소하였다.

(2) 혁신방향

산업혁신시스템의 요인 중 하나는 기술혁신의 공급측면이 아닌 수요 또는 시장 측면이며, 또 다른 요인은 기술혁신에 직간접적으로 관련되는 지적재산권, 금융, 교육, 규제 등 각종 제도가 중요할 수 있다는 것을 나타낸다(김용열, 2019: 367-368). 따라서 수요 또는 시장 측면에서 유인수단이 고려되어야 하며, 각종 제도 역시 중요하다.

그러나 현재는 2021년 10월 연구산업진흥법의 시행령과 시행규칙의 제정 이후 실제적인 조치를 위해 준비를 하고 있는 단계에 있기 때문에 정부

---

11) KBSI의 이성수박사 연구팀은 ㈜토모큐브(대표 : 홍기현)와의 공동연구를 통해 '국산 3D 홀로그래피·인공지능 현미경 기술'을 개발하여 질환치료제 개발의 새로운 패러다임을 제시하였다. 연구결과는 해외 유수저널인 ACS Nano 등에 게재되어 시장의 신뢰를 얻는데 기여하였다. 이는 2017년부터 5년 간 국산연구장비 성능향상 지원사업을 통해 개발된 것으로 '2021 국가연구개발 우수성과 100선'에 선정되었디. 참고로 ㈜토모큐브는 2015년에 창업되었으며, 대덕연구개발특구 인근에 위치하고 있다. 이 회사가 만든 '3D 홀로토모그래피 현미경'은 살아있는 세포를 전처리 고정 없이 실시간 관찰할 수 있는 기술이 접목된 현미경이다. 2021년 9월 현재 18개국에 135대가 설치되어 있으며, 2021년 매출 30억 원을 기대하고 있다(한국기초과학지원연구원, 2021: 4-5; 한국기초과학지원연구원, 2022; https://www.youtube.com/watch?v=HxHcWYPt1Fk&t=76s).

의 유인수단 중 대부분은 아직 제대로 시행되고 있지 못한 상황이다. 따라서 유인수단에 대한 혁신방향을 구체적으로 논의하기에 이른 것도 사실이지만, 현 상태에서 유인수단과 관련하여 혁신방향을 제언하면 다음과 같다.

첫째, KBSI에서 수행하고 있는 국산장비신뢰성평가사업을 통해 나오는 '국산장비성능평가보고서'의 내용을 개선할 필요가 있다. 현재의 동 보고서는 글자 그대로 성능만 평가한 결과인데, 결론이 제시되지 않아 장비 구매 예정자에게 정확한 정보를 주지 못하고 있는 것으로 보인다. 예를 들면 동급의 외국산 장비와 비교하여 세부 분야별로 성능이 90% 또는 110%의 성능을 가진다고 표현하면 보다 명확해 질 것으로 생각되는데, 그런 부분이 포함되어 있지 않다. 앞으로 과학기술정보통신부에서 관련 절차를 정하여 '성능평가확인서'와 같은 것을 제공할 때 이런 부분이 개선되면 좋을 것으로 보인다.

둘째, 국산연구장비에 대한 마케팅 지원이 필요하다. "연구장비산업 혁신성장전략"에는 연구장비산업 성장을 위한 정부·민간의 판로지원체계는 매우 미흡한 실정이므로 마케팅 지원 등 국내외 판로개척을 지원하겠다고 했으나(국가과학기술자문회의 심의회의 운영위원회. 2020: 9), 구체적인 대책이 마련되어 있지 못한 실정이다. 이의 일환으로 중소기업 기술개발제품에 대한 공공기관 우선구매에 국산연구장비를 추가하는 것이 필요하다. '중소기업제품 구매촉진 및 판로지원에 관한 법률' 제13조와 제14조에 의거하여 시행 중인 중소기업 기술개발제품에 대한 공공기관 우선구매를 위해 우선구매대상 기술개발제품을 지정하고 있는데, 여기에 성능평가 전담기관의 확인을 받은 연구장비를 추가하는 것이 바람직하다. 현재 과학기술정보통신부 관할의 경우 GS인증 제품과 ICT융합품질인증제품에 대해서만

우선구매대상으로 지정이 되어 있는데, 이와 유사한 방식으로 개선하는 것이 필요하다. 아울러 '국가연구개발 시설·장비의 관리 등에 관한 표준지침'에 의거하여 3천만 원 이상 연구시설장비에 대해 심의를 하도록 되어 있는데, 동 지침에 있는 '연구시설장비 심의요청서' 양식을 수정하여 국산 연구시설장비에 대한 검토가 분명하게 드러나도록 개선이 필요하다.

셋째, 국산장비활용랩의 활성화를 위한 성능향상사업비의 증액이 필요하다. 국산장비의 성능을 향상한 후 이를 해외 학술지에 논문으로 게재함으로써 신뢰성을 높이는 것이 국산장비에 대한 국내외의 수요를 견인하는 최상의 방법 중 하나이기 때문이다.

넷째, 앞으로 지정될 연구산업진흥단지에서 연구산업의 세부 산업 간에 연계효과를 극대화할 수 있는 유인책 마련이 필요하다. 연구산업의 세부분야인 주문연구산업, 연구관리산업, 연구개발 신서비스산업 및 연구장비산업은 각각 추구하는 방향이 상이하므로 이들 간에 협력과 연계가 활성화되고 서로 도움이 되도록 유인책을 설계할 필요가 있다.

다섯째, 연구장비산업데이터플랫폼을 통해 장비개발 관련 빅데이터를 수집·분류·제공하고, 이용자들이 장비관련 문제 해결을 위해 상호 간에 지원하고 이에 대한 인센티브가 제공되는 유인책이 필요하다. 아울러 연구장비활용종합포털(ZEUS)에 들어 있는 국산장비 정보와의 연결과 활용이 중요하다. 2022년 2월 현재 ZEUS의 국산장비 홍보에 보면 국산장비 제작사 20개 기업, 국산장비 132점이 등록되어 있데, 이러한 정보를 연계하여 활용하는 것이 필요하다.

여섯째, 연구장비 개발은 과학자와 공학자 및 기술자가 협업해야 가능하기 때문에 이들의 협업을 유인하는 시스템이 필요하며, 개인별 연구실적 평가에 연구장비 개발 실적이 포함되고 확대하도록 각 기관 평가지침의 개선이 필요하다. 연구장비개발은 종합예술에 비유할 수 있을 만큼 다양한 배경과 경력을 가진 참여자들의 협력이 필수적이기 때문이다. 또한 현재 많은 연구원들이 이미 만들어진 연구장비를 사용하여 논문을 쓰는 데 집중하다 보니 새로운 분석법을 시도해본다든가 장비의 성능을 향상시키는 방법을 고민해 본다든가 하는 연구장비에 대한 체화(體化)가 미흡한 것이 사실이다. 일본 이화학연구소의 김유수박사는 "새로운 연구 성과를 내기 위해서는 기존 장비로는 한계가 있다. 지금까지 보지 못한 것을 보려면 기존의 장비에 새로운 기능을 추가해야 한다"[12] 하고 말한 바 있다. 기존 장비의 성능을 높이거나 새로운 기능을 추가하거나 장비를 개조한 실적을 이미 개인평가에 반영하고 있는 기관도 있지만, 앞으로 보다 확대가 필요하다.

일곱째, 2022년 3월 현재 KBSI의 국산연구장비 성능향상 지원사업은 중단된 상태이지만, 앞으로 과학기술정보통신부 지정 성능평가 기관을 통하여 관련 사업이 진행될 예정이므로 이 때 같은 사업을 만들어 운영하는 것이 반드시 필요하다.

4) 설득

(1) 분석

정책수단 중 설득은 정책의 수용성을 높이기 위해 도덕적인 양심에 호소하거나 강연, 협의, 자문적 성격의 조사 등 다양한 방법이 활용되고 있다(정정길, 1997: 62; Doern & Wilson, 1974: 399). 연구장비산업정책의 목표

---

12) 헬로디디, '장비개발 못하면 사서 바꾼다...세상 유일 장비로', 2018. 1.22.

〈표 2-4〉 연구장비산업 관련 컨퍼런스, 포럼 등 개최 실적

날 짜	명 칭	주 최	주관기관	개최 장소
2017.11.28.	연구산업 컨퍼런스 2018	과학기술정보통신부	연구성과실용화진흥원 등 14개 기관	라마다 서울호텔
2018.11.22.	연구산업 컨퍼런스 2019	과학기술정보통신부	과학기술일자리진흥원 등 3개 기관	The K 서울호텔
2019.11.22	연구산업 컨퍼런스 2020	과학기술정보통신부	과학기술일자리진흥원 등 6개 기관	서울가든호텔
2020. 9.18.	연구장비산업 경쟁력 강화포럼	과학기술정보통신부, 한국기초과학지원연구원	한국기초과학지원연구원	온라인
2020.12. 4.	연구산업 컨퍼런스 2021	과학기술정보통신부	과학기술일자리진흥원	온라인
2021. 5. 7.	연구산업진흥법 하위법령 제정안 공청회	과학기술정보통신부	과학기술일자리진흥원	온라인
2021. 7. 6.	연구산업 발전을 위한 대토론회	국회의원 이상민, 국회4차산업혁명포럼	과학기술일자리진흥원	한국기초과학 지원연구원
2021. 9.14.	연구장비산업 페스티벌	과학기술정보통신부, 한국기초과학지원연구원	한국기초과학지원연구원	온라인

를 달성하기 위해 설득 측면에서 활용되고 있는 수단은 다음과 같다. 첫째, 컨퍼런스, 포럼 및 페스티벌 등의 개최이다. 과학기술정보통신부는 2017년 부터 '연구산업 컨퍼런스'를 매년 개최하여 연구산업의 성과를 공유하고 향후 정책 추진방향에 대한 공감대를 형성해 오고 있다. 아울러 연구장비산업에 대한 포럼, 대토론회 및 페스티벌을 개최했다. 또한 연구산업진흥법 하위법령에 대한 공청회를 통해 의견수렴을 했다. 이상과 같은 내용을 표로 정리하면 〈표 2-4〉와 같다.

둘째, 포상이다. 연구산업 컨퍼런스에 맞추어 연구장비산업을 포함한 연구산업 진흥에 이바지한 개인과 단체에 대해 과학기술정보통신부 장관 표창을 수여하고 있다. '연구산업 컨퍼런스 2021'에서는 총 17점의 표창이

수여되었다. 2021년 '연구장비산업 페스티벌'에서는 연구장비산업 활성화에 공로가 큰 5명에 대해 과학기술정보통신부 장관 표창을 수여하였으며, 연구장비 분야 전문인력양성과정 성과발표대회에서 입상한 2명에게 과학기술정보통신부장관 상장, 4명에게 한국기초과학지원연구원장 상장을 수여하였다.

셋째, '대학생이 만든 전자현미경 경진대회'이다. 2016년부터 대학생과 대학원생을 대상으로 한국현미경학회 등이 주최하고 한국기초과학지원연구원과 한국표준과학연구원 등이 주관하는 전자현미경 경진대회가 개최되고 있다. 학생들이 팀을 이뤄 전자현미경을 직접 제작하고, 심사위원들이 설계·성능·이미지측정 등을 평가하여 시상하는 대회이다. 2018년의 경우 충북대와 경북대 팀이 공동 1위로, 다른 경북대 팀이 3위로 입상한 바 있다.

(2) 혁신방향

설득 수단과 관련하여 혁신방향을 제언하면 다음과 같다. 첫째, 연구장비산업 관련 컨퍼런스나 페스티벌 등을 통해 산학연의 주체들이 실질적으로 소통하고 협의할 수 있도록 내실화 증진이 필요하다. 2021년 연구장비산업 페스티벌의 경우 관련 사업 및 제도 소개, 연구장비 동향 발표, 국산연구장비 기업박람회, 연구장비 관련 일자리 박람회 등으로 프로그램이 구성되어 있다. 연구장비 개발이나 연구장비산업과 관련한 심도 있는 학술토론회를 개최하여 실질적인 정보 교류와 협력이 일어나는 장으로 업그레이드하는 것이 바람직해 보인다.

둘째, 연구장비개발 경진대회를 여러 장비로 확대하는 것이 필요하다. 지금은 전자현미경만 경진대회를 열고 있는데, 관련 학회, 정부출연(연), 대학, 연구장비기업 등이 힘을 합쳐 여러 장비에 대한 경진대회를 통해 학생들과 대학원생들의 관심을 끌어내고 실력을 쌓을 수 있는 기회를 제공하는 것이 바람직하다.

셋째, 연구장비기업 창업자들을 위한 기업가 정신 함양교육 프로그램 확대가 필요하다. 연구실 창업을 통해 연구장비 시장에 진출하기 위해서는 긴 호흡과 긴 시간이 필요한 만큼 기업가 정신 함양이 필수적이다. 이를 위한 교육프로그램의 확대가 중요하다.

제4절 요약 및 결론

1. 연구결과 요약

위에서 분석한 내용과 제안한 혁신방향을 표로 정리하면 〈표 2-5〉와 같다.

〈표 2-5〉 연구결과 요약

구분	분석	혁신방향
정책 기조	• 글로벌 연구장비 기업과의 격차에 대한 인식이 정책기조에 분명하게 반영되어 있지 않음 • 연구장비산업에 대한 산업혁신시스템(SIS) 관점이 부족 • 연구장비산업을 제품화나 수익성 관점에 치우쳐서 보는 시각도 있음	• 그 격차를 어떻게 줄여나갈지, 몇몇 분야에서는 어떻게 앞서 나갈지를 정책기조에 반영 필요 • 연구장비산업을 산업혁신시스템 관점(SIS)에서 정책기조 설정 필요 • 연구장비산업은 지식집약적 R&D산업 등의 성격을 가지므로 균형적 시각 필요 • '연구장비산업 혁신성장전략'을 5년 단위로 세우도록 제도화하고, 매년 실행계획을 수립

구분		분석	혁신방향
정책 목표		• 정책목표를 제시하지 않거나, 제시하더라도 막연한 목표를 제시한 경우가 있음 • 정책목표 수립에 참여하는 정책행위자가 제한적임 • 정책목표의 계층화가 미흡함	• '연구장비산업 혁신성장전략'에 대한 수정전략 수립 시 구체적인 정책목표를 명시 • 학계, 연구계 및 산업계의 중요한 정책행위자가 활발하게 활동하는 개방적인 정책결정시스템 필요 • 달성하고자 하는 정책목표에 대한 계층화 필요 • 차기정부가 출범하면 기존 정책에 대한 목표달성도 평가 후 새로운 정책목표 설정 필요
정책 수 단	집 행 기 구	• 과학기술정보통신부 연구산업진흥과에서 정책 총괄 • COMPA는 연구장비산업지원사업을 집행 • KBSI와 KRISS는 연구장비개발과 관련 세부사업을 수행 중	• 과학기술정보통신부 제1차관 산하의 연구산업진흥과와 과학기술혁신본부 산하의 연구평가혁신과 간의 긴밀한 협조 필요 • 장관 자문기구로 가칭 '연구장비산업정책협의회' 설치 • COMPA의 역할 증대 필요 • 연구장비 개발과 시험·분석을 전문으로 하는 기관 간이 협의체 설립·운영 필요
	재 정	• "연구산업 혁신성장 전략"에 명시된 재정투자 계획이 당초 계획대로 투입되지 못했음 • 미래선도 연구장비 플래그쉽 프로젝트를 추진하기 위해 이 사업에 대한 예비타당성 조사 추진을 명시한 점은 특별함 • KBSI는 연구장비 개발을 보급형과 선도형으로 나누어 추진 중	• 연구장비산업 진흥을 위한 재정투자 규모의 확대와 연구장비개발 예산의 지속적인 투입이 긴요함 • 예비타당성조사보고서 작성에 개선이 필요함. 특히 개발대상장비 선정에 논리성 향상 필요 • 연구장비개발 관련 사업을 기획할 때 산·학·연 간의 네트워킹과 협력을 촉진할 수 있도록 구성 필요 • 세계 최초를 목표로 하는 도전적인 연구장비개발 추진 필요. 보급형과 선도형 연구장비 개발은 경쟁력 있는 품목 선정과 전략 필요
	유 인	• 연구장비산업 분야 전문연구사업자 신고제도 • 연구장비성능평가 • 연구산업진흥단지의 지정 준비 중 • 연구장비산업 데이터 플랫폼 구축을 준비 중	• 국산장비평가보고서의 내용 개선 필요 • 국산장비에 대한 마케팅 지원 필요. 중소기업 기술개발제품에 대한 공공기관 우선구매에 국산연구장비 추가 필요. 연구시설장비 심의요청서 양식 개선 • 국산장비 성능향상 사업비의 증대 • 연구산업진흥단지의 세부산업 간 연계효과 유인책 필요 • 연구장비산업 데이터 플랫폼 구축 시 연구장비 개발 관련 빅 데이터 수집 및 제공, 이용자 간의 문제 해결 상호 지원 필요. ZEUS 국산장비 정보 연계 필요

구분		분석	혁신방향
정책수단	유인	• 국산연구장비활용랩 5개소 운영 및 국산 연구장비 성능향상 지원사업	• 과학자, 공학자 및 기술자의 협업을 유인하는 시스템과 개인별 연구실적 평가에 연구장비 개발 실적이 포함되도록 평가지침 개선 • 국산연구장비 성능향상 지원사업의 지속적 운영 필요
	설득	• 컨퍼런스, 포럼 및 페스티벌 등의 개최 • 장관 표창 등 포상 • 2016년부터 대학생이 만든 전자현미경 견진대회 개최	• 연구산업컨퍼런스 등에서 학술토론회를 개최하여 실질적인 정보교류 필요 • 연구장비개발 경진대회의 확대 • 연구장비기업 창업을 위한 기업가 정신 함양 프로그램 확대

2. 결론

국내에 설치되는 첨단 연구장비의 경우 외국의 연구장비 기업에 '선주문 후제작' 형태로 도입되는 경우가 많다. 이런 장비를 제작하는 데 평균 3~5년이 소요되며, 제작과정에서 장비제작을 위한 새로운 아이디어, 분석방법, 구현하려는 성능, 국내 연구자가 가진 노하우 등이 자연스럽게 제작사에 넘어가는 것이 사실이다. 게다가 외국에서 제작된 연구장비로는 독창적 연구에 한계가 있을 수밖에 없다. 따라서 연구장비를 국내에서 자체 제작할 때만이 외국에 장비 관련 아이디어 등이 유출되지 않고, 독창적 연구를 한 층 더 가능하게 해줄 것이다. 그럼에도 불구하고 우리나라에서 외산 연구장비가 차지하는 비중은 계속 증가하는 반면에 국산장비 내수 판매는 정체하는 추세에 있다.

새로운 연구장비나 기능이 향상된 연구장비는 기존에 해결하지 못한 새로운 연구기회를 제공하여 신규 분석 수요를 창출하고 창의적 연구를 가능하게 하며, 첨단연구장비 개발 인력과 유지보수 인력의 육성 및 배출을 통한 고용문제 해결에도 기여하게 된다. 국산연구장비의 보급이 늘어나면 고가의 연구장비에 대한 수입 대체 효과로 국가 연구개발 투자 예산의 효율적 운영이 가능해진다. 아울러 연구장비를 기반으로 한 융합연구는 연구장비산업 진흥과 과학기술 경쟁력 제고에 기여할 수 있다.

이런 측면에서 문재인 정부가 연구장비와 관련된 일련의 산업을 '연구장비산업'으로 명명하고 이를 진흥하기 위해 연구산업진흥법을 제정하고 "연구산업 혁신성장 전략"과 "연구장비산업 혁신성장전략"을 마련하여 추진하고 있는 것은 매우 고무적이다.

그러나 수립된 연구장비산업정책을 정책기조, 정책목표 및 정책수단(정책수단은 다시 집행기구, 재정, 유인, 설득으로 구분) 측면에서 분석한 결과 연구장비산업에 대한 산업혁신시스템(SIS) 관점이 다소 부족하다는 것을 알 수 있었다. 산업 차원의 혁신활동에 영향을 미치는 구성요인은 대체로 지식·기술·학습의 속성, 주체와 네트워크, 수요, 제도 등 네 가지가 중요하므로 이를 정책 수립에 좀 더 반영해야 할 것이다.

아울러 연구장비산업은 지식집약적 R&D산업이자 기반산업적인 성격을 가지고 있으므로 균형적인 시각에서 바라보는 것이 바람직하다. 연구장비는 과학기술의 기반이므로 1차적인 경제적 효과보다는 2차적인 파급효과도 중요하므로 산업뿐만 아니라 과학과 기술, 기반과 인프라 역할에도 초점을 두고 정책을 발전시켜야 한다. 물론 연구장비 개발기술을 축적하는 데는 시간이 필요하므로, 지속적인 투자에 이어 충분한 시간을 가지고 기다려야 첨단장비 개발과 수출이 가능할 것이다. 연구장비산업정책은 과학기술 경쟁력과 산업의 양 측면에서 균형 있는 정책 설계와 집행이 필요하다.

참고문헌

과학기술정보통신부 (2021), "연구장비산업 혁신성장을 위한 R&D 사업 추진계획".

관계부처 합동 (2019), "대외의존형 산업구조 탈피를 위한 소재·부품·장비 경쟁력 강화 대책".

국가과학기술심의회 운영위원회 (2013), "국가연구시설·장비의 운영·활용 고도화계획(안)
('13~'17)". 국가과학기술심의회 운영위원회 제1회 제5호 안건.

_____ (2016), "연구개발서비스 활성화 방안 – 연구개발 전문기업 육성
계획–".

_____ (2017), "R&D 생산성 제고 및 고급 일자리 창출을 위한 연구산업
혁신성장 전략(안)".

_____ (2018), "국가연구시설·장비의 운영·활용 고도화계획(안)
('18~'22)". 제33회 운영위원회.

_____ (2009), "국가연구시설·장비 확충 및 운영관리 선진화 방안".

국가과학기술자문회의 심의회의 운영위원회 (2020), "연구장비산업 혁신성장전략(안)".

과학기술정보통신부 (2020a), "국가연구개발 시설·장비의 관리 등에 관한 표준지침".

_____ (2020b), 「2019년도 국가연구시설장비 조사·분석 보고서」.

기획재정부 외 (2008), 「선진일류국가를 향한 이명박정부의 과학기술기본계획」.

김용열 (2019), "산업별 혁신시스템과 R&D 지원서비스 : 엔유씨전자 사례를 중심으로", 「기술혁신
학회지」, 22(3): 362-381.

박재민 (2018), 「연구산업 미래변화 대응 창직·창업 지원방안 연구」, 과학기술정보통신부.

성태경 (2005), 「혁신시스템 이론의 비교분석과 정책적 시사점」, 과학기술정책연구원.

연구산업진흥과 (2021), "2021년도 연구산업육성사업 시행계획".

유경만·최동혁 (2018), "국내 연구장비산업 혁신시스템 활성화 방안", KISTEP Issue Weekly
2018-25, 한국과학기술기획평가원.

유병현 (2020), "연구장비산업 육성을 위한 지원사업", 「2020 연구장비산업 경쟁력 강화 포럼」,
과학기술정보통신부·한국기초과학지원연구원.

임정희 외 (2015), 「공공연구부문 국산장비 활용 촉진을 위한 연구」, 국가연구시설장비진흥센터.

정정길 (1997), 「정책학원론」, 대명출판사.

최동혁 외 (2018), 「국내 혁신 생태계의 경쟁력 강화를 위한 연구산업 활성화 정책 연구 : 수요 중심의

연구산업 정책을 위한 탐색 연구」, 한국과학기술기획평가원.

최지선 (2021), "연구산업진흥법 하위규정 제정 방안". 2021. 5. 7. 연구산업진흥법 하위법령 제정안 공청회 발표자료.

한국과학기술기획평가원 (2021), "2020년 우리나라와 주요국의 연구개발투자 현황", KISTEP 통계 브리프, 2021년 제19호.

한국기초과학지원연구원 (2016), 「분석과학기반 연구장비 개발사업」.

_____ (2019a), 「분석과학기반 연구장비 개발사업」.

_____ (2019b), 「연구장비 개발 기획부터 활용까지」.

_____ (2021), 「국산장비활용랩 2020」.

_____ (2022), 'KBSI 뉴스레터', Vol 110.

한국연구재단 (2018), "연구장비가 노벨과학상 수상에 미친 영향", NRF ISSUE REPORT 2018_8호.

황병상 (2019), "한국 제4차 산업혁명 정책의 발전방향 논고 – 정책문제 정의 및 정책의 구성요소를 중심으로–", 「과학기술정책」, 2(1): 5–30, 과학기술정책연구원.

_____ (2020), "한국 연구시설장비정책의 변동 분석 및 발전방안", 한국기술혁신학회 2020년 추계 학술대회.

황병상 외 (2014), 「국가적 연구장비 개발 현황분석 및 발전방안 연구」, 한국기초과학지원연구원.

文部科學省 (2005), "先端計測分析技術·機器開發事業の槪要".

BCC Reseaarch (2018), *Analytical Laboratory Instruments manufacturing: Global Markets to 2022*. BCC Publishing.

Breschi, S. and F. Malerba (1997), "Sectoral Innovation Systems: Technological Regimes, Schumpeterian Dynamics and Spatial Boundaries," in C. Edquist (ed.), op. cit., pp. 130-156

Doern, G. B. and Wilson, V. S. (1974), "Conclusions and Observations," in G. Bruce Doern, G. B. (eds.), Issues in *Canadian Public Policy*. Toronto: Macmillan.

Lee, K. (2013), Schumpeterian Analysis of Economic Catch-up: Knowledge, Path-creation and the Middle Income Trap, New York, Cambridge University Press.

Lee, K. and Malerba, F. (2017), "Catch-up Cycles and Changes in Industrial Leadership: Windows of Opportunity and Responses of Firms and Countries in the Evolution of Sectoral Systems", *Research Policy*, 46: 338-

351.

Malerba, F. (2002), "Sectoral Systems of Innovation and Production," *Research Policy*, 31(2): 247-264.

Malerba, F. (2004), *Sectoral Systems of Innovation: Concepts, Issues, and Analyses of Six Major Sectors in Europe*, New York, Cambridge University Press.

Malerba, F. and L. Orsenigo (1993), "Technological Regimes and Firm Behavior," Industrial and Corporate Change, l2(1): 45-71.

Malerba, F. and L. Orsenigo (1995), "Schumpeterian Patterns of Innovation," Cambridge Journal of Economics, 19(1): 47-65.

National Science Board (2003), Science and *Engineerng Infrastructure For The 21ˢᵗ Century*, National Science Foundation.

제3장

국가 성장동력 정책*

이 찬 구

> 66
>
> 우리나라의 국가 성장동력 정책은 제4차 산업혁명 및 전염병 대유행과 같은
> 패러다임 전환의 정책환경에 대응하면서 높아진 민간의 혁신역량을 반영할 수 있도록,
> 통합혁신의 관점에서 부단한 정책혁신과 과감한 정책종결의 추구와 함께
> 합리적인 정책 유지와 정책승계의 균형을 도모해야 한다.
>
> 99

* 이 글은 기술혁신학회지 제25권 2호(2022.04.30.)에 이찬구 등 4인 공저로 "국가 성장동력 정책의 변동 분석 : 정책문제와 정책혁신 방향"이라는 제목으로 게재 확정된 논문으로서, 편집위원회와 공동 저자들의 동의하에 교육 및 연구용으로만 활용하는 조건으로 발표함을 밝힙니다.

제1절 서 론

이 논문은 지난 20년여 동안 4개 정권이 지속적으로 추진하였던 국가 성장동력 정책을 대상으로, 정책변동 관점에서 우리나라 성장동력 정책의 문제점을 도출하고 이를 해결하기 위한 정책혁신 방향을 논의하기 위하여 작성되었다.

우리나라가 2018년도에 1인당 국민소득 3만 달러를 달성할 수 있었던 것은, 1970~1980년대의 중화학공업육성 정책과 1990년대의 G7 프로젝트 등 과학기술 기반의 경제성장 정책의 성공이 출발점이라고 할 수 있다. 이러한 성공 경험은 2000년대에 들어서도 모든 정권이 성장동력 정책을 추진하는 정책학습으로 이어져 왔다. 그러나 선진국에 진입한 2021년 현재에도 우리나라는 여전히 경제성장의 정체라는 문제에 직면하고 있다. 따라서 노무현 정권 이후에 국가 성장동력 정책을 지속해서 추진했음에도 불구하고, '20여 년이 경과한 현재에도 이 정책문제가 해결되지 못하는 이유가 무엇일까?' 하는 의문을 제기할 수 있을 것이다.

이와 같은 문제인식에 근거하여 그동안 다양한 학문배경을 가진 연구자들이 국가 성장동력 위기의 원인규명과 해결을 위한 연구를 수행하여 왔으나, 만족할만한 해결방안 도출이 쉽지 않은 것 또한 현실이다. 따라서 이 논문에서는 기존 연구들과는 다른 관점인 정책학의 정책변동론과 정책혁신이론, 그리고 혁신연구의 통합혁신(integrated innovation) 논의를 결합하여 성장동력 정책의 정책문제 도출과 정책혁신 방안을 모색해 보고자 한다.

정책과정 관점에서의 정책은 다양한 내·외부의 정책환경 변화와 정책대상자의 수요를 합리적으로 반영하여 시기적절하게 정책변동을 추구하는 것이라고 할 수 있다(정정길 등 2011; 강근복 등, 2016). 이런 점에서 국가 성장동력 정책에서도 당시의 대내·외 환경변화와 핵심 정책대상자인 국민과 기업의 정책수요를 적절히 반영한 합리적인 정책승계나 정책유지 혹은 과감한 정책종결과 정책혁신 등이 일어났는가를 분석함으로써, 향후 유사한 정책 분야에서의 정책효과를 극대화할 수 있는 정책교훈을 얻을 수 있을 것이다.

그동안 우리나라에서는 국가발전과 경제성장을 동일시하는 사회·문화적 환경 속에서, 과학기술 혁신을 통한 신산업 창출과 기존 산업의 고도화에 정책역량이 집중되었다. 그러나 과학기술을 활용한 경제성장 중심의 국가발전 전략은 혁신의 성과가 고숙련 노동자와 자본에 집중됨으로써 사회 양극화의 원인으로 작용하기도 하며(문혜선, 2006; 장영배, 2009; 정혁, 2014; 주원·서행아, 2017), 고령화와 저출산, 기후변화 및 자연재해, 원자력 안전, 미세먼지 등의 다양한 사회문제를 발생시켜 과학기술의 새로운 역할과 사회적 기여에 대한 재정립이 요구되는 상황이다.

이처럼 과학기술을 활용한 국가 성장동력 정책이 경제성장과 사회발전을 동시에 추구하기 위해서는 정책환경 변화를 반영한 정책변동과 정책혁신이 필요하게 될 것이다. 그럼에도 우리나라의 국가 성장동력 정책은 각 정권 간에 연속성을 가지고 추진되거나 새로운 정책수요에 대응하기 위한 노력이 부족하였다. 또한 정책을 통한 기술혁신과 경제혁신 및 사회혁신에의 기여 정도를 평가하지 않고 정권변동과 함께 정치적 이유로 단절되어 추진된 것으로 분석되고 있다.

한편 그동안 우리나라에서는 학계와 연구기관을 중심으로 정권별 개별 성장동력 정책의 도입 필요성과 성공전략 등에 대한 미시 수준의 연구는 다양하게 이루어졌다(이정원, 2004; 김상봉 등, 2007; 장석인, 2010; 김도훈, 2015; 서중해, 2018). 그러나 국가 전체적인 관점에서의 범정권간 정책의 성공을 위한 정책환경, 정책기조, 거버넌스, 예산운용 등의 포괄적·거시적 측면에서의 연구는 부족한 실정이다. 따라서 이 논문에서는 정책변동과 통합혁신을 연계하여, 거시적 관점에서 국가 성장동력의 정책문제 도출과 혁신방향을 논의하고자 한다.

이 연구의 분석대상은 각기 다른 이름으로 추진된 차세대 성장동력(노무현), 신성장동력(이명박), 미래성장동력(박근혜), 혁신성장동력(문재인)으로 한정하였다. 이처럼 2000년대 이후의 성장동력 정책만을 분석대상으로 설정한 이유는, 민주화 이후에 5년 단위로 추진된 국가 성장동력 정책이 과거와 비교하여 정책효과가 제한적이라는 논의가 끊이지 않기 때문이다.

이 논문에서는 분석대상이 20여 년에 걸쳐 있어 당시의 전체적인 정책과정과 정책내용을 정확하게 파악할 수 있는 1차 자료의 확보가 쉽지 않은 상황이다. 따라서 기존 연구결과를 재분석하고 그 의미를 재해석하는 메타분석(meta analysis)과 연구종합(synthesis of research)의 질적 연구방법을 주로 활용하였다. 이를 위해 기본적으로 정책자료, 예산안, 보도자료 등 해당 정부의 발간물, 관련 선행연구, 정책보고서 등을 분석하였고, 정책추진

당시의 환경과 이해관계자 의견 등을 파악하기 위하여 언론기사를 추가적으로 분석하였다. 한편 연구결과에 대한 적실성과 실현성을 높이기 위하여, 이공계열과 사회계열 전문가, 정부출연(연) 등의 현장 연구자와 대학교수 등이 함께 활동하는 관련 학회 회원의 자문을 받았다.[1]

제2절 배경 이론 및 분석틀 설계

이 절에서는 논문의 이론적 배경인 정책변동과 통합혁신을 간략히 논의한 다음에, 4개 정권의 성장동력 정책의 정책변동, 정책문제, 정책혁신을 공통의 기준으로 판단 및 논의하기 위한 분석변수와 분석내용을 도출하고자 한다.

1. 정책변동의 개념과 유형

1) 정책변동의 개념과 중요성

정책변동은 정책결정과 정책집행을 통해 정책결과가 나타난 후에, 정책환경과 정책문제의 새로운 변화요인을 인식하여 이를 다음의 정책과정에 환류하여 기존 정책을 상황에 맞게 수정 및 종결하는 활동을 의미한다(정정

---

1) 구체적으로는 한국기술혁신학회의 2019년 11월의 추계 학술대회에서 관련 분야 전문가를 대상으로 중요집단면접(FGI)을 1회 실시하였다.

길 등, 2011; 강근복 등, 2016). 즉, 정책변동은 정책결정, 정책집행, 정책평가의 각 단계에서 획득한 새로운 정보를 다음 단계의 정책의제설정 및 정책형성, 정책집행 활동에 환류하여 정책과정 전체를 더욱 합리적이고 효율적으로 만들기 위한 정책활동이라고 할 수 있다. 따라서 정책변동은 분석적 관점에서는 정책과정의 마지막 단계로 인식할 수 있으나 실제로는 정책과정 전체에서 발생하게 된다(유훈, 2009: 130).

정책과정을 경로의존적인 과거의 추격형에서 미래지향적인 선도형으로 전환하기 위해서는 합리적이고 효율적인 정책변동 관리가 무엇보다 중요해져야 한다. 선도형 정책에서는 과거와 비교할 수 없을 정도로 급격하고 광범위한 대내·외 환경 변화에 정책이 적절하게 대응 및 적응할 수 있어야 하고, 이의 중심활동이 합리적·효율적으로 정책변동을 관리하는 것이기 때문이다. 정책과정을 유발시키는 사회문제는 정치체제의 환경이 변화함에 따라 성격이 달라지며, 정책집행의 결과로서 나타나는 정책효과나 기타 영향이 문제의 성격을 변화시키기도 한다. 따라서 정책과정에서 환경과 정책문제의 변화를 적시에 인지하고 파악하여 정책변동을 관리하는 것은 정책효과를 극대화하기 위한 방안의 하나가 될 것이다(정정길 등, 2011: 609-700).

이런 관점에서 정책평가에서 특정 정책의 효과가 미흡한 것으로 밝혀졌다면, 다음의 정책의제 설정에서는 해당 정책이나 하위 사업을 종결시키거나 재구성하는 결정을 해야 하며, 정책형성에서는 기존 정책목표와 정책수단의 당위성과 실현성 등에 대한 검토가 필요하고, 정책집행 단계에서는 정책수단의 능률성 및 정책목표와의 정합성을 판단하는 작업이 필요할 것이다.

2) 정책변동 유형과 상호관계

정책변동은 변화를 추구하는 정도와 범위 등에 따라 변동관리 전략도 달라져야 하므로 정책변동의 유형을 논의하는 유용성이 있을 것이다. 이와 관련하여 Hogwood와 Peters(1983: 27)가 제시한 정책혁신, 정책유지, 정책승계, 정책종결이 정책변동의 일반적인 유형으로 가장 많이 논의된다(양승일, 2014: 50). 여기에서는 연구목적에 부합되는 범위 내에서 핵심 내용을 간략히 논의하고자 한다.

첫째, 정책혁신은 정부가 이전에는 개입하지 않았던 분야에 진출하여 새로운 정책을 수립·집행하는 것으로서, 해당 정책과 관련된 법률, 조직, 예산 등이 없는 경우이다. 이론적 의미에서의 순수한 정책혁신은 현실에서는 드물지만, 정책변화의 상대적 크기에 따른 개념으로 이해할 필요가 있다. 이런 관점에서 Hogwood와 Peters(1983)는 정책혁신을 창조형과 반복형으로 대별하고 있다. 둘째, 정책유지는 환경변화에 따라 기존 정책의 핵심 내용은 그대로 유지하되, 본래의 정책목표를 달성하기 위하여 정책대상자 조정과 집행수단의 변경 등을 추구하는 것이다. 이를 위해 정부는 관련 법령을 개정하고 예산을 조정한다는 점에서, 정부는 환경변화에 대한 수동적 적응 이상의 활동을 한다(유훈, 2009: 141). 정책유지는 정책대상자의 반응 정도에 따라 순응형과 불응형으로 분류할 수 있다(양승일, 2014: 51-52). 셋째, 정책승계는 정부가 동일 분야에서 기존 정책을 새로운 정책으로 대체하는 것이다. 새로움을 추구한다는 점에서 정책혁신과의 유사성이 있으나, 정책승계는 정부가 새로운 분야에 처음으로 진출하는 것이 아니라는 점에서 차이가 있다. 정책승계는 정책을 수정·조정하는 과정에서 다양한 세부 유형이 나타나는데, 선형형, 비선형형, 정책통합형, 정책분할형, 부분종결형으로 논의할 수 있다(양승일, 2014: 51-52). 넷째, 정책종결은 기존 정책을 의도적으로 중지하거나 종결하는 것을 말한다. 현실에서는 완전한 정책종결보다는 부분 정책종결이나 정책유지·정책승계와의 타협적인 형태로 나타나는 경우가 많으며, 세부 유형으로는 폭발형, 점감형, 혼합형으로 분류할 수 있다(유훈, 2009: 138-139; 정정길 등, 2011: 842-843). 이상에서 논의한 정책변동의 4가지 유형과 각각을 발생시키는 기본성격, 법률, 조직, 예산의 내용을 종합하면 〈표 3-1〉과 같다.

〈표 3-1〉 정책변동의 종합적 유형

구 분	정책혁신	정책유지	정책승계	정책종결
기본성격	의도적	적응적	의도적	의도적
법률측면	기존 법률 부재	기존 법률 유지	법률 제정 및 개정	기존 법률 폐지
예산측면	기존 예산 부재	기존 예산 유지	기존 예산 조정	기존 예산 폐지
조직측면	기존 조직 부재	기존 조직 유지 또는 보완	기존 조직 개편	기존 조직 폐지
세부유형	창조형, 반복형	순응형, 불응형	선형형/비선형형, 정책통합형/분할형, 부분 종결형	폭발형, 점감형, 혼합형

자료 : Hogwood and Peters(1983), 양승일(2014)을 활용하여 재구성

한편 여러 정책변동 유형 간의 관계는, 정책이 처음으로 만들어지는 정책혁신 이후에 환경변화에 따라 정책산출물이나 정책대상자 등에 대한 낮은 수준의 수정·보완인 정책유지가 이루어진다. 이러한 정책유지는 환경변화에 따라 높은 수준의 수정·변경인 정책승계로 이어지거나 지속 필요성이 없는 정책은 종결된다. 또한 승계된 정책은 다시 환경변화에 따라 정책이 유지되거나, 종결된 정책은 새로운 정책환경에 대응하기 위한 또 다른 정책혁신의 출발점으로 작용하기도 한다(정정길 등, 2011: 709).

2. 기술·경제·사회·정책의 통합혁신 정책[2]

최근 국내·외적으로 제4차 산업혁명에 대한 논의가 활발하게 진행되면서, 국가 성장동력 정책의 패러다임 전환이 요구되고 있다. 제4차 산업혁명은 파괴적 기술혁신을 통해 경제혁신과 사회혁신을 달성하고자 한다는 점에서, 향후의 국가 성장동력 정책은 제4차 산업혁명이 유발하는 혁명적인 사회변화를 적절하게 반영할 수 있는 정책변동이 수반되어야 한다. 즉, 제4차 산업혁명의 성공이 국가 성장동력의 확보로 연계되기 위해서는, 국가 성장동력 정책의 기조와 방향이 기술개발과 경제성장의 실현을 넘어 사회통합 및 정책역량 증진과 같은 새로운 가치까지도 포함할 수 있어야 할 것이다. 이러한 관점에서 이하에서는 미래 사회의 핵심 정책변동 요인으로 작용하게 될 제4차 산업혁명의 혁명적 변화상을 논의하고, 이를 뒷받침하기 위한 통합혁신의 필요성을 제안하고자 한다.

1) 혁명적 사회변화로서의 제4차 산업혁명

정책변동의 관점에서 분석할 때, 제4차 산업혁명은 혁명적인 사회변화(societal change)의 한 유형으로, 정책체계에 과거와는 다른 범위와 속도로 작용하는 핵심적인 환경변화로 인식할 수 있다. 첨단 과학기술과 이들의 상호작용 및 융·복합으로 인해 나타나는 파괴적이고 급진적인 기술혁신이, 산업과 경제, 사회와 문화, 정책과 제도에 미치는 영향과 파급효과가 과거와는 전혀 다른 모습으로 전개될 것으로 예측되기 때문이다(Schwab,

---

2) 이 내용은 이찬구 등(2018, 12-34)을 이 연구주제에 맞게 재구성하여 사용하였다.

2016).

따라서 제4차 산업혁명의 성공과 정착을 위해서는 정책과정 및 정책체계에 투입요소로 작용하는 기술·경제·사회 영역에서의 다양한 혁신활동이 상호 연계되어야 한다. 즉 제4차 산업혁명이 성공하기 위해서는, 첫째, 파괴적 혁신을 이끌어 낼 수 있는 새로운 과학기술 지식의 발견과 응용(기술혁신), 둘째, 급진적인 기술혁신의 결과를 활용할 수 있는 산업구조와 경제체제로의 변화(경제혁신), 셋째, 기술혁신이 수반하는 각종 변화를 수용할 수 있는 개인과 집단 차원에서의 인식과 관련 제도의 전환(사회혁신), 넷째, 혁신을 지원하기 위한 관련 정책 및 제도의 설계와 정책과정 자체의 혁신(정책혁신) 등이 긴밀하게 연계되어야 한다. 따라서 제4차 산업혁명의 환경변화에 대응하기 위한 국가 성장동력 정책은 기술혁신의 성공이 경제혁신, 사회혁신, 정책혁신으로의 순방향 또는 역방향의 환류로 이어지는 혁신의 '전환'과 '통합'을 가능하게 해야 할 것이다.

2) 제4차 산업혁명 시대의 국가 성장동력 정책 : 통합혁신 정책

이미 논의하였듯이, 제4차 산업혁명이라는 환경변화는 다양한 기술 분야의 동시다발적인 혁명적 진화를 기반으로 경제혁신, 사회혁신, 정책혁신 등이 총체적으로 이루어지는 패러다임적 변화와 진화라고 할 수 있다.

과거 3차례에 걸친 산업혁명에서는 기술혁신, 경제혁신, 사회혁신, 정책혁신의 과정이 단계적이며 순차적으로 장기간에 걸쳐 나타나는 선형모형(linear model)이었다. 따라서 개인·기업·사회·정부 등 각각의 혁신주체들은 다가올 환경변화를 예측하여 이에 대응할 수 있는 시간적 여유가 있었다. 이 때문에 과거의 산업혁명 시대에서는 혁신체계 전체적인 관점에서의 통합·연계된 대응보다는 특정 혁신활동에서의 분야별·기능별 대응방식이 상대적으로 효율적이었다.

그러나 앞으로의 제4차 산업혁명에서는 기술·경제·사회 영역에서의 혁신이 동시다발적으로 발생하면서 상호 영향성을 가지게 된다. 따라서 제4차 산업혁명 시대의 정책환경 변화는 선형모형에 의한 분석과 처방으로는 적실성과 타당성을 확보하지 못할 것이다. 또한 제4차 산업혁명에서는 각 분야의 혁신활동이 그 자체로서 종결되지 않고 다른 분야의 새로운 혁신을 유발하는 핵심 동인으로 작용할 것이다. 이처럼 제4차 산업혁명에서는 혁신 자체의 전환이 필요함은 물론 영역별 혁신 간 통합이라는 현상이 동시에 발생할 것으로 예측되고 있다.

이상과 같은 혁신의 전환 및 통합이라는 관점에서 성장동력 확보를 위한 미래의 정책은 과거의 선형모형과는 달리 (그림 3-1)과 같이 기술·경제·사회·정책 혁신의 '통합모형'(integrated innovation model) 관점에서 설계할 필요가 있다.

(그림 3-1) 기술·경제·사회·정책 혁신의 통합모형

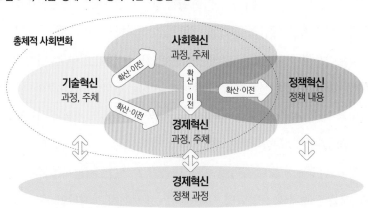

3. 국가 성장동력 정책의 선행 연구 검토

국가 성장동력 정책에 대한 선행연구는 〈표 3-2〉와 같이 개별 정부의 정책을 대상으로는 연구가 수행되었으나, 성장동력 전체에 대한 범정부적 관점의 선행연구는 없는 것으로 파악되고 있다. 이를 통해 볼 때 대부분의 선행연구는 현상분석을 통해 정책평가를 하고 문제점 분석과 개선방안을 제시하고 있다. 그러나 현상분석과 정책대안 논의의 근거가 되는 배경이론이나 연구방법 등을 포함하고 있는 선행연구는 소수로 파악되고 있다. 또한 정책분석으로 분류할 수 있는 연구도 분석기준인 배경이론이 없이 현황분석만을 수행한 경우가 대부분이다.

따라서 기존의 선행연구들은 미시적 차원에서 개별 정부 차원의 성장동

〈표 3-2〉 국가 성장동력 정책의 선행연구 종합

구분	저자	분석관점	내용	비고
차세대 성장 동력	이정원 (2004)	기술 혁신	차세대 성장동력 배경, 기획과정의 문제점 분석 및 개선방안과 차세대 성장동력 확보를 위한 기술혁신 전략 제시	논문
	최윤희 등 (2005)	정책 분석	차세대 성장동력산업의 성공을 위해 기술 특성과 산업 성장 단계에 따라 차별화된 시장창출과 지원전략 제시. 이를 위해 차세대 성장동력의 경쟁력, 파급효과, 시장전망 등 분석	연구 보고서
	이장재 등 (2006)	정책 분석	차세대 성장동력사업 추진을 위한 세부기술 기획, 부처간 협력 및 조정체계 구축 방안 제시	연구 보고서
	정종인 등 (2007)	정책 분석	차세대 성장동력 사업 개관, 사업 추진현황 및 추진실적, 주요국의 추진현황 분석, 향후과제 제안 등	한은 조사 보고서
	김상봉 등 (2007)	정책 집행	참여정부 주요 R&D 사업 요약 및 정책갈등과 조정과정 분석	학회 발표
	안승구 등 (2008)	R&D 평가	차세대 성장동력사업의 목적, 기획과정, 추진체계 및 전략과 투자성과 분석, 설문조사를 통한 범부처 대형 연구개발사업 추진의 개선점 도출	연구 보고서

구 분	저 자	분석관점	내 용	비 고
신성장 동력	전용수 등 (2009)	정책 분석	신성장동력 육성정책의 현황, 추진전략, 투자현황 등, 정책 성공을 위한 과제 및 관련 입법과제 제시	연구 보고서
	장석인 (2010)	정책 평가	신성장동력 창출 전략 추진성과 평가, 투자성과 분석, 추진 체계와 추진전략, 정책목표와 신성장동력 창출과의 부합성 검토 등	논문
	김난영 (2011)	–	신성장동력 정책추진에서 정부 역할, 주요국의 신성장동력 현황, 신성장동력 정책의 성공요인 제안	연구 보고서
	장윤종 등 (2012)	정책 평가	신성장동력 정책 200대 과제의 추진성과, 경제적 효과 평가 및 발전 방향 제시	연구 보고서
	김석필 등 (2015)	–	성장동력 정책의 변화와 주요 특징, ICT 분야 신성장동력 정책의 투자현황, 연구개발사업 파급효과, 총괄평가	연구 보고서
	최한림 등 (2015)	–	국내외 성장동력 추진현황, 우리나라 성장동력 분야의 경쟁 력과 산업생태계 분석, 미래성장동력 육성전략 현황 및 주요 추진실적 분석	연구 보고서
미래 성장 동력	손석호 (2013)	–	역대 성장동력 정책의 분석과 미래성장동력 정책의 방향 제시	포럼 발표
	장석인 등 (2014)	정책 평가	성장동력정책의 성과와 영향 평가, 향후의 효과적인 정책 추진방안	연구 보고서
	임길환 (2016)	정책 평가	미래성장동력 정책의 추진 연속성, 투자 분야별 효과성, 투자전략의 적정성 등 분석·평가	연구 보고서
	김도훈 (2015)	정책 평가	미래성장동력(산업)의 정책평가를 토대로 향후 성장동력 정책에서의 정부와 기업 역할 논의	학회 발표
	이태규 (2015)	정책 평가	성장동력산업 정책의 성과평가로 해당 산업의 세계시장에 서의 위치 분석	연구 보고서
	권성훈 (2017)	–	성장동력 발굴·육성체계의 문제점과 개선 방향 제시	이슈 페이퍼
	장석인 등 (2017)	정책 평가	성장동력과 신산업 창출과의 관계, 정부·기업의 역할분석을 통한 범부처 성장동력 정책·사업 평가와 개선방안	연구 보고서
혁신 성장 동력	강인수 (2017)	정책 평가	역대 정부의 성장동력 정책평가와 새로운 정책 방향	세미나 발표
	방연호 (2017)	–	정부의 혁신성장동력 추진전략	이슈 페이퍼
	서중해 (2018)	–	혁신성장 정책연구의 방향과 과제	정책 브리프

력 정책의 효율화에는 기여했으나, 종단적 관점에서 국가 전체적인 정책기조의 전환과 정책방향의 재설정과 같은 거시적 측면에서의 정책지식의 제공에는 한계가 있었던 것으로 파악된다. 국가 성장동력 정책과 같은 장기적 관점의 정책설계가 필요한 분야에서는 거시적 방향 제시의 타당성과 미시적 해결의 효율성이 조화를 이룰 필요가 있고, 이런 관점에서 이 연구가 지향하는 환경변화에 따른 정책변동 분석의 유용성이 인정될 수 있을 것이다.

다른 한편으로 정책연구에서는 다양한 이론이나 논리가 채용될 수 있지만, 이 연구는 정책변동과 통합혁신의 이론을 병행적으로 활용하여 성장동력 정책의 문제도출과 정책혁신 방향을 논의하고자 한다. 현상분석과 정책대안의 모색을 동시에 달성해야 하는 정책연구에서 이론에 기반한 연구는 논리전개의 일관성과 체계성을 확보할 가능성을 좀 더 높이는 방안의 하나가 될 것이다.

4. 분석틀 설계 : 분석요소 및 분석절차

이 연구의 분석요소는 정책변동의 분석요인인 정책기조, 법률, 거버넌스, 예산을 원용하였으며,3) 이를 분석절차와 연계하면 〈표 3〉과 같다.

정책변동은 정책환경의 영향을 받고 정책변동의 결과는 정책구조에 영향을 미치는 상호 연계성을 가지고 있다. 따라서 이 연구에서는 정책변동의 기본 내용을 정책변동 분석, 정책문제 도출, 정책혁신 방안을 통합적으로 논의

---

3)   Hogwood와 Peters(1983)의 초기 연구에서는 정책변동의 분석요소로서 기본 성격, 법률, 조직, 예산의 4가지를 논의하였다. 이 연구에서는 내용상으로는 앞의 관점을 유지하되, 분석대상과 국내 정책의 상황적 특성을 반영하여 정책기조, 법률, 거버넌스, 예산으로 재구성하여 적용하였다.

<표 3-3> 분석절차와 분석요소 및 내용

분석 절차	분석 요소	분석 내용
1. 정책변동 분석	정부와 민간의 역할 분담	• 경제성장의 기본 관점
	정책기조	• 국정과제 등
	법률 제·개정	• 성장동력 추진 법적 근거
	거버넌스 설계	• 성장동력 추진체계
	예산운영	• 성장동력 예산의 별도 편성 여부
	종합	• **정책변동 유형 분류(혁신, 유지, 승계, 종결)**
2. 정책문제 도출	정책환경 관점	• 정부주도형의 민간과 정부 관계 • 미래사회 변화에의 대응성
	정책변동 관점	• 정책의 경로의존성 • 분절적 정책관리
	정책구조 관점	• 정책기조, 근거 법령, 거버넌스, 예산체계
3. 정책혁신 방안	전제 조건	• 권력분립과 분산 강화
	정책환경	• 민간·정부 역할 재정립 • 통합혁신 정책 추구
	정책변동	• 정책혁신과 정책종결 강화 • 정책유지와 정책승계 균형
	정책구조	• 정책기조 확장, 법령 제·개정 효율화, 협력적 거버넌스, 총괄예산 제도 활성화 등

하기 위한 핵심 분석요소로 활용하였다. 이는 정책변동의 실질적인 결과는 정책변동 이후에 나타나는 정책문제를 통해 확인할 수 있으며, 정책문제를 해결하기 위한 정부의 종합적인 노력은 정책혁신으로 구체화되기 때문이다. 한편 정책변동의 가장 큰 유발 요인으로 작용하는 정책환경에서는 정부와 민간 역할 및 통합혁신 정책을 중점적으로 논의하고자 하였다.

이상의 분석요소를 반영한 구체적인 분석순서는 다음과 같다. 첫째, 4개

정권의 성장동력 정책을 정책내용의 변화에 초점을 맞추어 세부적인 정책 변동 유형으로 분석한다. 둘째, 개별 정권의 성장동력 정책의 변동 결과를 활용하여 성장동력 정책의 정권별 문제점과 범정권 간의 정책문제를 도출한다. 도출된 정책문제는 정책환경, 정책변동 및 정책구조의 관점으로 범주화하여, 정책혁신 논의를 위한 기초자료로 활용할 것이다. 셋째, 우리나라 국가 성장동력의 정책문제를 해결하기 위한 정책혁신 방향을 논의·제시한다.

제3절 국가 성장동력 정책의 정책변동과 정책문제

여기서는 먼저 성장동력 정책의 개관을 통해 분석에 필요한 최소한의 지식을 공유하고자 하며, 이를 바탕으로 미시적 관점에서 개별 정권의 정책변동을 분석하고자 한다. 다음에는 이를 활용하여 거시적 관점에서 우리나라의 국가 성장동력 정책이 내포하고 있는 정책문제를 종합적으로 도출할 것이다.

1. 성장동력 정책 개관

성장동력(growth engine)은 특정 시점에서 주력산업의 성장한계를 극복하고 미래 주력산업으로 발전할 수 있어 양질의 일자리 제공과 세계시장 선점을 통해 경제의 지속성장과 삶의 질 향상에 기여할 수 있는 유망 핵심

원천기술, 신제품, 신서비스로 정의할 수 있으며(국민경제자문회의, 2018), 이를 범국가적인 역량을 동원하여 장기간에 걸쳐 추진하는 것을 국가 성장동력 정책이라고 할 수 있다.

우리나라의 국가 성장동력 정책은 1990년대 초의 G7 프로젝트를 시작으로, 〈표 3-4〉와 같이 차세대 성장동력, 신성장동력, 미래성장동력, 혁신성장동력으로 변화·유지되어 왔다. G7 프로젝트는 성장동력 확보를 위한 최초의 범부처 정책이었지만(이찬구, 2008), 1990년대 말의 세계 금융위기 여파로 지속되지 못하였다. 노무현 정권 이후에는 정권별로 정책 브랜드를 차별화하면서 중점 기술 및 산업 분야를 발굴·추진하는 형태로 문재인 정권까지 이어져 오고 있다.

당시 각 정권이 성장동력 정책을 추진한 직·간접인 경제·사회 환경은 글로벌 경쟁 격화, 세계 경제위기, 주력산업의 경쟁력 저하, 일자리 감소 등으로 종합할 수 있다. 이로 인해 국가 차원에서는 미래 성장동력이 불투명해

〈표 3-4〉 정권별 성장동력 정책의 개관

구 분	차세대 성장동력	신성장동력	미래성장동력	혁신성장동력
	노무현 정권 (2003-2008)	이명박 정권 (2008-2013)	박근혜 정권 (2013-2017)	문재인 정권 (2017-2021 현재)
경제·사회 환경	기술진보 가속화, 글로벌 경쟁 격화	글로벌 경제위기, 지구환경 변화	일자리 창출, 미래 먹거리 발굴	신산업 발굴, 일자리 창출
국정 과제	과학기술 중심사회 구축	선진 일류국가 도약	창조경제 실현	사람 중심의 4차 산업혁명 구현
과학기술 정책기조	제2의 과학기술 입국	실용화 577전략	창조적 과학기술	과학기술·ICT로 안전하고 풍요로운 삶 실현
주무 부처	과학기술부	교육과학기술부	미래창조과학부	과학기술정보통신부
중점 분야	10대 기술 분야	17대 기술·산업 분야	19대 기술 분야	13대 기술 분야

지고 경제성장 및 사회발전과 부합하게 개인의 삶의 질이 향상되지 않는 구조적인 문제에 봉착하면서, 정부는 과학기술과 정보통신기술을 활용하여 경제성장과 삶의 질 향상을 증진하려는 국정과제를 제시하였다. 이러한 국정과제는 과학기술부, 교육과학기술부, 미래창조과학부, 과학기술정보통신부와 같은 과학기술 관련 부처가 중심이 되어 성장동력 정책으로 구체화하여 각 정권 기간에 추진하였다. 정책의 구체적인 내용과 중점대상은 정권마다 차이가 있지만, 공통적으로는 국가 연구개발사업을 통하여 미래 핵심·원천기술을 개발하고 이를 주력산업의 경쟁력향상과 일자리 창출로 연계하려는 정책목표를 가지고 있었다.

2. 정권별 정책변동 분석

여기서는 먼저 분석틀에 근거하여 개별 정권의 성장동력 정책의 변동을 분석하고, 이를 종합하여 범정권간 정책변동의 내용과 특징을 도출·논의하고자 한다.

1) 차세대 성장동력 정책 : 노무현 정권

노무현 정권의 차세대 성장동력 정책은 당시의 경제상황 악화와 IT경기 후퇴, 주력 산업분야에서 중국 등 후발국의 추격과 같은 정책문제를 극복하기 위하여(대통령자문 정책기획위원회, 2008: 3), 향후 국가경제를 이끌어갈 차세대 기술과 산업을 확보하기 위하여 추진되었다(장석인 등, 2014: 73).

먼저 차세대 성장동력 정책에서는 정부와 민간이 주도할 기술 분야를 구분하고 두 주체의 협력체계를 구축하는 것으로 정책방향을 설정하였다. 이는 민간이 실질적인 기술개발이나 제품생산을 담당하고, 정부는 이에 필요한 규제완화, 인력양성, 연구개발 투자 등을 수행하는 것이었다(안승구 등, 2008: 57). 그러나 원칙적인 정책방향과 달리 실제의 정책과정에서는 정부와 민간의 역할이 명확하게 구분되지는 않았다. 이는 정부가 초기의 짧은 기간에 기획과정을 주도하여 상대적으로 민간의 적극적인 참여가 부족했고, 민간에서는 이미 성장동력과 관련된 분야의 기술개발을 추진하고 있었기 때문이다(최윤희 등, 2005: 192).

노무현 정권은 인수위원회 시절부터 국정과제로서 과학기술 중심사회를 제시하면서, 과학기술혁신을 통해 산업, 노동, 교육, 지역 등의 다양한 정책문제를 해결하려는 정책혁신을 강조하였다(성지은·송위진, 2006: 34). 그러나 이러한 최상위 국정과제의 혁신 지향성과는 달리, 이를 구체화한 성장동력 정책에서는 여전히 과학기술을 경제성장의 도구로 보는 시각에서 벗어나지 못하였다.

한편 차세대 성장동력 정책은 중점 분야 선정을 위한 사업기획 단계에서 과학기술부, 산업자원부, 정보통신부 등이 각각 미래 유망산업, 차세대 성장산업, 정보통신산업을 각자 제시함으로써 최종 정책내용이 확정될 때까지 부처 간 갈등이 존재하였다. 이는 차세대 성장동력의 추진이 별도의 근거법 없이 기존 과학기술기본법에 관련 조항을 추가하는 형태로 법적 기반을 마련하였기 때문이다. 또한 이러한 법적 정비마저도 사업기획이 시작된 이후에 이루어져 3개 부처 간의 갈등을 사전에 조율하지 못하였고, 이를 중재·조정하기 위한 조직이 4차례 이상 변화되는 등 정책의 안정화에 많은 시간이 소요되었다(이정원, 2004: 2; 안승구 등, 2008: 135; 대통령자문 정책

기획위원회, 2008: 10-11).

차세대 성장동력의 정책변동에서 가장 주목할 사항은 거버넌스의 변화라고 할 수 있다. 초기 단계부터 발생한 부처 간 갈등을 조정하기 위해 노무현 정권은 전체 과학기술정책을 총괄·조정하는 새로운 거버넌스를 구축하였다(안승구 등, 2008: 54). 이에 따라 과학기술부 장관이 국가과학기술위원회 부위원장을 맡으면서 국가과학기술위원회의 사무국으로 과학기술혁신본부가 신설되었다.

신설된 과학기술혁신본부는 과학기술부를 포함한 정부 부처의 모든 연구사업을 조정하였을 뿐만 아니라 연구사업 평가와 예산조정, 연구개발비 지출 한도 설정과 중점 투자방향 제시 등 과학기술정책의 종합조정에 관한 독자적인 권한을 보유하였다. 또한 과학기술혁신본부는 연구개발 예산편성권의 일부를 재정경제부로부터 이관받음으로써 정책의 실행력을 확보한 정책혁신 사례라고 할 수 있다.

예산운영은 차세대 성장동력을 위한 신규예산을 추가로 배정하지는 않고 관련 부처의 기존 예산을 활용하였다. 이에 따라 사업기획 단계에서는 약 3조 원의 예산투입이 예상되었으나(국회예산정책처, 2009: 86), 집행과정에서는 중점대상 기술과 산업의 축소 및 통합에 따라 약 2조 원 규모로 감소되었다(정종인·박장호, 2007: 9). 또한 정책 기간 동안에 정부 투자액 대비 민간투자액 비율이 47.6%로서(정종인·박장호, 2007: 13), 정부가 환경조성을 통해 민간의 투자를 유도하고 관련 기술 및 시장의 활성화를 유도한다는 정책방향과는 다른 결과가 나타났다.

종합적으로 노무현 정권의 차세대 성장동력 정책은 최상위의 국정과제에서 과학기술혁신의 중요성 천명, 신설 과학기술혁신본부에 과학기술정책

총괄 기능 부여, 예산편성권의 과학기술혁신본부로의 이관 등을 통해 당시의 정책환경 변화에 효율적으로 대응한 정책혁신의 성공적인 사례라고 할 수 있다. 다만 정책의 실행력을 담보할 수 있는 예산운영에서는 경로의존성을 극복할 수 있는 신규예산의 배정이 없었고, 정부 주도적인 연구개발 투자로 민간의 수요를 충분히 반영할 수 없었다는 한계를 가지고 있었다.

2) 신성장동력 정책 : 이명박 정권

이명박 정권은 출범과 함께 2005년을 전후로 유엔과 국제사회에서 대두된 녹색성장을 국정과제에 반영하여 경제와 환경을 동시에 고려하는 '녹색성장' 국가전략을 제시하였다. 녹색성장은 녹색기술과 청정에너지에 대한 투자로 신성장동력을 육성하고 이를 통해 일자리를 창출하여 경제를 발전시키려는 최상위의 국가발전 전략으로서, 과학기술 분야에서는 신성장동력 정책으로 구체화하였다.

먼저 신성장동력 정책 역시 정부와 민간의 역할 구분을 통해 정책효과를 극대화하고자 하였으며, 이를 위해 정책기획의 초기 과정에서는 민간을 대상으로 수요조사 등을 통해 민간 참여를 강조하였다. 그러나 본격적인 정책 과정에서는 정부 주도로 빠르게 정책결정과 집행이 진행되어, 민간참여가 현실화되지 못하는 한계가 나타났다(김난영, 2011: 97). 더욱이 경제와 환경의 양립이라는 정책기조에 산업계와 정부가 입장을 달리하면서 민간 참여를 저조하게 하는 원인의 하나로 작용하였다.

다음으로 신성장동력의 정책기조는 환경문제와 경제발전과의 조화를 도모함으로써 기존 정책들과의 차별화를 추구하였다. 그러나 현실에서는 경제적 목표와 환경적 목표가 종종 갈등을 일으키고, 이의 조정과정에서는 경제성장이 좀 더 강조되는 경향이 나타났다. 따라서 명목상 정책기조와 실제가 불일치하였고, 과학기술은 여전히 경제성장의 도구로 인식·활용되는 정책기조가 이어지게 된다.

이명박 정권은 신성장동력 정책의 법적 근거로 '저탄소녹색성장 기본법'을 제정하였다. 그러나 이 법은 제정과정에서부터 정부와 산업계, 환경단체 간의 갈등이 있었으며, '에너지기본법', '지속가능발전 기본법', '에너지이용 합리화법' 등과 중복되거나 충돌되는 문제가 있었다(이상희, 2010: 155). 또한 저탄소 녹색성장 기본법의 세부 조항에 상위계획인 녹색성장국가전략과 함께 실행계획인 기후변화대응 기본계획, 에너지 기본계획, 지속가능발전 기본계획 등을 5년마다 수립·시행하도록 명시함으로써 계획 간의 위계 문제가 발생하였다(전용수, 2010: 20). 새로운 근거법의 제정은 정책변동을 뒷받침하는 효율적인 방법임에도 불구하고, 신성장동력 정책에서는 정책기조 간 갈등과 기존 법률과의 중복 및 충돌로 인해 정책집행 과정에서 혼란과 형식화를 초래하는 일이 발생하였다.

신성장동력 정책에서는 빈번한 과학기술 행정체제의 변경으로 거버넌스가 안정화되지 못하는 결과가 나타났다. 먼저 정권 출범과 함께 이전 정권에서 강력한 과학기술정책 조정기능을 수행하던 과학기술혁신본부를 폐지하여 연구개발 예산의 조정·배분권을 다시 기획재정부로 이관하였으며, 국가과학기술위원회는 비상설 위원회로 전환하여 권한과 기능을 축소하였다. 또한 교육인적자원부와 과학기술부를 교육과학기술부로 통합하고, 산업기술 연구개발 정책과 산업기술 분야 정부출연(연)의 관리기능을 교육과학기술부에서 지식경제부로 이관하였다(김성수, 2008: 52). 이런 과정을 거쳐 이명박 정권의 신성장동력 정책은 교육과학기술부와 지식경제부로 이원화되어 추진되었다. 그러나 교육과학기술부가 정권 초기부터 자율형 사립고 신설과 같은 교육 현안에 휩싸이면서 신성장동력 정책은 지식경제부가 주도하게 되었다. 이처럼 지식경제부가 신성장동력 정책을 주도하면서 단기적인 성과에 집중하고 기초연구를 상대적으로 소홀히 하는 문제가 나타났다.

한편 잦은 행정체계 개편과 이원화된 정책추진 체계는 과학기술정책의 총괄적인 종합·조정 기능이 부재하다는 지속적인 문제 제기로 이어졌다(박상욱, 2010; 성지은, 2010: 7). 결국 이명박 정권은 2011년에 연구개발사업의 조정기구로서 국가과학기술위원회를 행정부처로 상설 조직화하여 다시 한번 신성장동력 정책의 거버넌스와 연구개발예산 배분체계에서 변화가 일어나게 된다.

예산운영은 신성장동력 정책을 위한 신규예산을 추가로 배정하지는 않고 지식경제부와 교육과학기술부 등 관련 부처의 예산을 활용하는 방법으로 추진되었다(전용수 등, 2009: 21; 김난영, 2011: 94). 또한 정부는 민간의 투자 유치를 적극적으로 추진하여 기획단계에서 민간의 투자 규모를 91조 5,000억원으로 예상했다(전용수 등, 2009: 25). 그러나 정부의 민간 연구개발 투자에 대한 세제지원의 강화에도 불구하고, 신성장동력 분야에 대한 민간의 자금 투입은 미진한 것으로 나타났다(장석인, 2010: 23; 장윤종 등, 2012: 16).

종합적으로 이명박 정권의 신성장동력 정책은 초기에 환경과 경제의 조화를 도모하는 녹색성장 전략을 제시하여 형식적으로는 정책혁신의 모습을 보였다. 그러나 정권 초기의 혁신적인 정책방향은 실제의 정책과정에서는 민간 참여의 부재, 급히 제정된 근거 법률의 중복과 충돌, 빈번한 행정체제 개편 및 이원화된 거버넌스, 신규 예산의 미확보와 민간투자 저조 등으로 혁신성을 살리지 못하는 한계를 보였다. 따라서 신성장동력 정책의 구체적인 내용에서는 이전 정권과의 차별성을 찾기 어렵고 현상 유지에 가까운 정책유지의 성격이 강하게 나타났다.

3) 미래성장동력 정책 : 박근혜 정권

박근혜 정권은 출범과 함께 핵심 국정과제로 일자리 중심의 '창조경제'를 제시하였다. 이는 우리나라가 강점을 가진 과학기술과 정보통신(ICT)에 개인의 상상력과 창의성을 접목한 경제 운영으로 새로운 성장동력과 시장, 일자리를 창출하려는 국가발전 방향이었다(관계부처 합동, 2013). 이와 같은 국가발전 패러다임을 성장동력 분야에 적용하는 과정은 미래성장동력 정책으로 구체화되었다.

미래성장동력 정책은 정부 주도로 2014년에 미래성장동력 발굴·육성계획을 발표하면서 본격적으로 추진되기 시작하였다. 그러나 정책의 성공을 위해서는 민간기업의 전략적 투자 필요성이 제기되면서, 정책추진 3차연도인 2016년에 민간의 역할을 강조하는 종합계획을 발표하였다(관계부처 합동, 2016). 당시 이러한 정부 주도의 정책에 대해 산업계 일부는, 시장경제에서 정부 역할은 기업의 산업발전을 뒷받침하는 제도 설계와 투자여건 조성 등에 그쳐야 한다는 비판을 제기하였다(김도훈, 2015: 55). 이런 관점에서 박근혜 정권의 미래성장동력 정책 역시 형식적으로는 적극적인 민간 참여를 설계했으나, 실제로는 과거 정권과 마찬가지로 정부 주도의 정책을 탈피하지 못하는 한계를 보여주었다.

정책기조에서 미래성장동력 정책은 선도형으로의 패러다임 전환을 강조함으로써, 기본적으로는 이명박 정권의 신성장동력 정책과 맥을 같이 하였다. 그러나 기술과 산업 분야뿐만 아니라 중소 벤처기업 육성 등 경제의 구조적 문제와 복지 수요 및 안전 문제 등 사회적 문제해결도 고려하는 정책기조의 확장성이 나타났다(장석인 등, 2014: 123). 한편 박근혜 정권에서는 미래성장동력의 발굴·육성을 위한 종합계획이 정권 출범 후 1년이 지나서야 발표되는 정책지연 현상이 발생하였다. 이로 인해 신성장동력 정책의 중·상위 목표에는 패러다임 전환의 정책기조 변화가 어느 정도 반영되었으나, 세부 실행계획 단계에서는 선도형으로의 전환에 따른 세부 정책목표와 수단과의 정합성이 미흡하여 정책기조의 전환이 충분하지 못한 한계를 나타내었다(장석인 등, 2014: 123).

미래성장동력 정책에서는 정책추진의 근거인 관련 법률의 정비가 지연되면서 정책추진의 이원화 현상이 발생하였다. 먼저 주무 부처인 미래창조과학부는 집행정책(executive policy)인 미래성장동력 발굴·육성 종합계획의 수립이 지연되자, 법적 근거의 미흡을 보완하기 위하여 2014년 5월에 과학기술기본법을 개정하였다. 한편 산업통상자원부는 이명박 정권에서 개정된 산업기술혁신촉진법에 근거하여 기존의 미래산업 성장동력을 계속 추진하고 있었다. 이처럼 박근혜 정권에서 두 부처가 각기 다른 이름으로 성장동력 정책을 추진하였지만, 정책목표나 실질적인 내용에서는 차별화가 어려운 상황이었다.

거버넌스 측면에서는 정권 출범과 함께 2013년에 미래성장동력 정책의 주무 부처로서 미래창조과학부를 신설하고, 범부처 과학기술정책의 심의·조정을 담당하는 국가과학기술심의회를 설치하였다. 그러나 이미 논의한 종합계획의 수립 지연과 추진체계의 이원화 등으로 정권 중반 이후에는 정책추진의 신속성과 전략적 대응의 필요성이 제기되었다. 이에 따라 국가연구개발사업의 종합·조정 기능을 강화하기 위해 미래창조과학부 내에 과학기술전략본부를 설치하고, 대통령이 주재하는 과학기술전략회의를 신설하는 등 과학기술정책의 컨트롤타워 기능을 강화하였다. 그런데도 미래성장동력 정책에서는 국가과학기술심의회의 기능 축소, 정권 중반기의 과학기술 행정체계 개편, 대통령 주재의 과학기술전략회의 신설 등으로 거버넌스의 중복과 혼란이 계속되었다(김성수, 2013; 임길환, 2016).

미래성장동력 정책의 예산은 추진체계의 이원화로 인해 미래창조과학부과 산업통상자원부를 중심으로 하는 7개 부처에 분산되어 있었다. 이로 인해 부처 간 중점대상 분야 및 사업의 중복이 발생하여 19대 기술 분야의 재조정이 이루어졌다. 구체적으로는 2016년도 예산(안)에서 4개 분야의 연구개발사업 예산이 전년 대비 감액 조정되고, 총 53개 사업에서 8개 사업의 예산이 감액되었다. 그러나 이 과정에서 부처 간 역할 분담과 분야별 사업의 구조조정이 미진하여, 신성장동력 정책의 종합계획, 연구개발 투자방향, 예산편성 및 배분이 괴리되는 문제가 발생하였다(임길환, 2015: 110).

이상의 논의를 종합하면, 박근혜 정권의 미래성장동력 정책은 창조경제 실현이라는 국정기조를 달성하기 위하여 의도성을 가지고 추진된 정책변동으로서 정책승계라고 할 수 있다. 구체적으로는 정책결정 단계에서는 정권 출범과 함께 새로운 정책주체로서 미래창조과학부를 신설하였으며, 정책집행 단계에서는 종합·조정 역량을 강화하기 위하여 과학기술전략본부와 과학기술전략회의를 신설하였다. 이외에도 미래성장동력 정책의 추진 근거를 만들기 위하여 기존 과학기술기본법을 개정하여 관련 조항을 추가하였으며, 예산운영에서는 신규예산의 편성보다는 기존 부처들의 예산을 재구성함으로써 정책승계의 특징이 나타나고 있다.

4) 혁신성장동력 정책 : 문재인 정권

2017년 5월에 출범한 문재인 정권은 2016년 1월의 다보스 포럼에서 시작된 제4차 산업혁명의 세계적인 흐름을 국정과제에 신속하게 반영하였다. 즉 문재인 정권은 정권 출범과 함께 박근혜 정권이 2016년 6월부터 정책의 제화를 추진하던 제4차 산업혁명 정책을 5대 국정목표에 포함하면서 최상위의 국정과제로 채택하였다. 그리고 최상위 국정과제인 제4차 산업혁명 정책은 2017년 11월에 제4차 산업혁명 대응계획이 발표되면서 혁신성장동력 정책으로 구체화되었다.

혁신성장동력 정책에서는 제4차 산업혁명을 추동하는 인공지능과 ICBM(IoT, Cloud, Big Data, Mobile) 등의 기술혁신을 경제 및 사회혁신으로 확산시켜 국민의 삶의 질과 연계하고자 하였다. 따라서 정부의 역할도 민간의 혁신 역량을 키우는 조력자, 미래사회 변화에 대응하는 지원자로서의 역할을 강조하였다. 이를 위해 문재인 정권에서는 원칙적으로 민간이 주도하는 제4차산업혁명위원회가 혁신성장동력 정책의 컨트롤타워 기능을 수행하고, 정부 부처가 정책집행을 담당하는 형태로 정부와 민간 간의 역할 분담 체계를 구성하였다.

문재인 정권의 혁신성장동력 정책은 '사람 중심 경제'를 제시함으로써 정책기조의 대폭적인 확장이 이루어졌다. 과거에는 성장동력 정책의 정책기조가 기술과 산업 중심이었다면, 문재인 정권에서는 기술혁신과 경제발전은 최종적으로 국민의 삶의 질 향상으로 연결되어야 한다는 점을 강조하고 있다. 이는 과거의 성장동력 정책이 경제발전을 통해 산업화에는 성공할 수 있었으나, 산업화 이후의 다양한 사회문제까지는 해결할 수 없었기에 과감한 정책기조의 전환으로 국민의 삶의 질 향상을 추구한 것이었다(관계부처 합동, 2017: 2; 황병상, 2019: 12).

혁신성장동력 정책의 법적 근거는 다른 정권과 달리 법률이 아닌 시행령에 근거하고 있다. 문재인 정권은 2017년 8월에 대통령령으로 '4차산업혁명위원회의 설치 및 운영에 관한 규정'을 공포·시행하였다. 그러나 이 규정은 정책추진에 필요한 조직의 설치와 운영을 담고 있을 뿐, 정책의 핵심인 정책목표와 정책수단 등은 포함하고 있지 않다. 따라서 이 시행령은 정책의 정당성이나 방향성을 천명하는 상위규범이 아니라, 정책자원의 하나인 조직의 구성과 운영만을 명시한 실행규범이어서 정책 자체에 대한 실효성이 제기되었다.

혁신성장동력 정책의 거버넌스는 총괄 컨트롤타워로서의 4차산업혁명위원회, 주무 부처로서의 과학기술정보통신부, 연구개발 예산의 배분과 조정을 위한 과학기술혁신본부 등을 중심으로 구성되어 있다. 문재인 정권은 민간 위원 중심으로 4차산업혁명위원회를 구성하여 제4차 산업혁명 관련 주요 정책을 심의·조정하는 권한을 부여하였다. 한편 박근혜 정권에서 미래성장동력과 ICT 업무를 담당했던 미래창조과학부를 과학기술정보통신부로 변경하였다. 또한 과학기술정보통신부의 별도 조직으로 2017년 7월에 과학기술혁신본부를 설치하여, 과학기술정책 총괄, 연구개발예산 심의·조정, 연구성과 평가 업무를 전담하게 하였다. 이처럼 혁신성장동력 정책의 거버넌스는 민간 부문의 컨트롤타워와 정부 부처의 집행기능으로 이원화되어 있어 일관된 정책결정과 집행이 어려운 실정이다.

혁신성장동력 정책의 예산운용은 각종 사회문제 해결 수요에 대응하기 위하여 국가 연구개발 예산의 전략적 배분을 실행하고 있다. 구체적으로는 4차 산업혁명 대응 및 성장동력을 확충하기 위한 기초·핵심·기반기술과 융합기술 예산이 2018년의 15,397억 원에서 2019년에는 17,467억 원으로 13.4% 증가하였다. 또한 혁신성장을 선도할 8대 사업 분야에는 2019년에 8,476억 원을 책정하였다(국가과학기술자문회의, 2018: 320-322). 또한 과학기술혁신본부의 예산배분·조정 역할을 강화하여, 개별 기술 단위의 기존 예산체계에서 핵심기술, 지능형 인프라, 인력양성 등 관련 사업의 유기적인 연계·통합을 위한 예산배정을 추구하고 있다.

종합적으로 문재인 정권의 혁신성장동력 정책은 제4차 산업혁명의 핵심기술을 통해 경제성장과 함께 사회변화를 추구하는 의도적인 정책기조의 확장이 이루어졌고, 새롭게 민간 중심의 컨트롤타워가 거버넌스에 참여하고 있으며, 일부 신규 예산이 책정되는 등 정책승계의 모습을 보인다. 그러나 혁신성장동력 정책의 내용 면에서는 이전 정권들과 크게 다르지 않다.

5) 정권별 정책변동의 원인 및 유형 종합

앞서 살펴본 정권별 성장동력 정책의 변동 원인과 관련 주요 내용을 논의하고 이를 종합하여 최종적으로 정책변동의 유형을 정리하면 다음의 〈표 3-5〉와 같다.

노무현 정권에서는 적극적으로 성장동력 정책을 추진하는 동시에 전체 과학기술정책에 대한 총괄·조정기구를 신설함으로써 혁신적인 정책변동을 추구하였다. 이후 이명박 정권에서는 과학기술 행정체제의 큰 변화에도 불구하고, 이전 정권에서 추진했던 사업 대부분이 신성장동력에서도 유지되었다. 뒤를 이은 박근혜 정권과 문재인 정권에서도 창조경제 종합계획이나

4차 산업혁명 대응계획을 추진했지만, 전 정권의 핵심 성장동력 분야나 사업이 대부분 승계되었다고 할 수 있다. 물론 각 정권별로 성장동력 정책을 추진하는 과정에서는 새로운 정책기획이나 종합계획을 추구했지만, 결정된 내용은 기존과 큰 변화 없는 정책의 유지·승계가 나타났다. 또한 모든 정권이 전 정권과의 차별화를 도모하면서 성장동력 정책을 추진했다는 점에서 형식적인 '의도성'은 높다고 할 수 있다.

〈표 3-5〉 정권별 성장동력정책의 변동유형 및 주요 내용

구분	차세대 성장동력 노무현 정권 (2003-2008)	신성장동력 이명박 정권 (2008-2013)	미래성장동력 박근혜 정권 (2013-2017)	혁신성장동력 문재인 정권 (2017-2021 현재)
국정기조	과학기술 중심사회 구축	선진 일류국가 도약	창조경제 실현	사람 중심의 4차 산업혁명 구현
정책기조	기술 중심	기술+고부가가치산업	기술+서비스산업	기술+산업+사람
	전반적인 정책기조의 확대			
법률 제·개정	• 기존 법률 개정 (과학기술기본법)	• 신규 법률 제정 – 저탄소녹색성장 기본법 • 기존 법률과의 중복 및 충돌 발생	• 근거법 마련 지연으로 법체계 이원화 – 과학기술기본법 개정 – 산업기술혁신 촉진법 유지	• 법률 제·개정 없음. • 시행령 제정으로 추진 근거 마련 – 4차산업혁명위원회 설치·운영 규정
거버넌스 설계	• 조직 신설 및 예산 편성권 이관 – 과학기술혁신본부 • 과학기술부 위상 강화(부총리 부서)	• 잦은 거버넌스 변화 – 과기혁신본부 폐지 – 교육과 과학기술 통 합(교육과학기술부) – 국가과학기술위원 회 상설화 • 교과부와 지경부의 이원화 추진체계	• 거버넌스 중첩 – 국가과학기술 심의회 – 과기혁신전략본부 – 과학기술전략회의 • 추진체계 이원화 – 미래창조과학부 (과학기술 성장동력) – 산업통상자원부 (미래산업 성장동력)	• 조직 신설 – 4차산업혁명위원회 • 거버넌스의 형식과 실제 괴리 – 콘트롤타워: 4차 산업 혁명위원회 – 집행: 과기정통부 등 – 조정: 과기혁신본부
예산운영	• 신규 예산 부재 (기존 예산 활용) • 민간투자 미흡	• 신규 예산 부재 (기존 예산 활용) • 민간투자 저조	• 기존 부처예산 재구성 (7개 부처에 분산) • 분야·사업 예산 중복	• 기존 예산 활용 • 예산 배분의 전략성 강조
정책변동 종합	정책혁신	정책유지	정책승계	정책승계

이러한 유사성에도 불구하고 우리나라의 성장동력 정책에서는 정책기조의 확장이 나타나고 있다. 역대 정권은 공통적으로 성장동력 정책을 통해 경제성장과 사회발전을 추구하였다. 그러나 초기에는 성장동력이 한정된 기술과 산업 중심으로 구성되었으나, 점차로 관련 서비스나 사람까지 포함하고 있다. 이는 성장동력의 발굴·추진이 단순한 기술개발이나 이를 활용한 산업발전에 그치는 것이 아니라, 그로 인해 파생되는 경제·사회 서비스나 이를 활용하는 사람까지 고려해야 하는 정책의 올바른 방향성을 보여주는 것이라고 할 수 있다.

한편 모든 정권은 전반적인 정책기조의 확대에 따라 이를 담보하기 위한 법적 기반을 마련하였다. 노무현 정권과 박근혜 정권에서는 기존 과학기술기본법의 개정을 통해 법적 근거를 마련하였으나, 이명박 정권에서는 신규로 법률을 제정하였다. 그러나 문재인 정권에서는 상위법의 제·개정보다는 추진체계와 관련된 시행령 제정으로 법적 근거를 마련하였다.

성장동력 정책에서 가장 큰 정책변동이 발생한 분야는 거버넌스이다. 노무현 정권과 이명박 정권, 박근혜 정권에 이르기까지 매 정권에서 성장동력 정책을 둘러싼 거버넌스가 매우 급진적으로 변화하였다. 역대 정권의 성장동력 정책은 내용에서는 큰 변화가 없는 정책유지와 정책승계라고 할 수 있다. 그러나 정책을 추진하는 거버넌스는 새로운 조직의 신설과 폐지, 관련 부처의 통합과 분리가 반복되었다. 이러한 거버넌스의 급격한 변화는 새로운 환경변화나 국정기조를 반영하기 위한 것일 수도 있으나, 지난 20여 년간 지속된 정책을 평가·환류하는 정책과정을 단절시켜 정책효과 발생을 저해하는 요인으로 작용하였다.

3. 정책문제 도출

국가 성장동력의 정책문제는 정책환경 등 다양한 측면과 연계되어 있어 비합리적인 정책변동으로 정책표류 현상이 나타나고 있다. 이는 단순히 성장동력 정책 자체에만 기인하는 것이 아니라 넓게는 우리나라의 정치 환경 및 제도와 깊이 연계되어 있기 때문이다. 따라서 이 논문에서는 성장동력의 정책문제를 정책환경, 정책변동, 정책구조의 다차원적 관점에서 도출하였다.

첫째, 정책환경은 성장동력 정책에 직·간접적으로 영향을 미치는 현 대한민국의 사회문화와 정치구조를 포함하였다. 이러한 정책환경은 단기적으로는 정책실패의 간접적인 원인으로 작용하면서, 장기적으로는 새로운 사회변화를 수용하는 과정에서 장애 요인으로 작용하기 때문이다. 둘째, 정책변동은 통상 정책과정의 마지막 단계와 첫 단계를 동시에 포함하는 정책활동으로 정의할 수 있다. 이런 관점에서 성장동력 정책의 변동관리는 정책의 재설정과 정책형성 단계에서는 새로운 사회변화와 국민의 수요를 반영할 수 있도록 부단한 정책혁신과 시의적절한 정책종결이 이루어져야 하며, 정책집행 과정에서는 정책의 안정성과 지속성을 위하여 필요한 범위 내에서의 합리적인 정책유지와 정책승계가 필요하다. 셋째, 정책구조는 정책환경을 반영한 정책변동을 구체화하고 실현하는 수단적인 성격을 갖는다. 이 부분은 특히 행정부의 정책형성과 집행정책 형성과 관련된 사항들로서, 정책기조, 관련 법령, 거버넌스 및 예산을 포함한다.

이상과 같이 성장동력의 정책문제와 관련된 영역 간의 관계를 범주화하면 (그림 3-2)와 같이 종합할 수 있고, 정책혁신 방향과 이를 구체화하는 정책과제도 이러한 범주에 근거하여 논의하고자 한다.

(그림 3-2) 성장동력의 정책문제 범주화

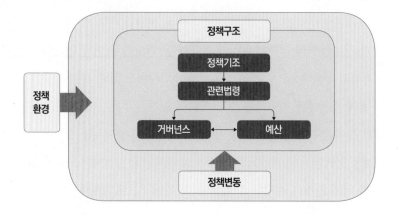

1) 정책환경 관점의 문제

(1) 정부 주도형의 민간·정부 관계

정책은 정책의제설정 과정에서 환경변화 및 정책대상자의 요구가 정확하게 파악되어야 하나, 성장동력 정책에서는 공무원이 주도권을 행사하여 정부 주도형의 민간·정부 관계가 지속되었다. 성장동력 발굴의 중요 수단인 과학기술의 핵심적인 공급 주체는 기업, 대학, 연구기관 등 민간 부문이지만, 정책과정에서 이들의 의견수렴이 없거나 있어도 형식적으로 이루어졌다고 할 수 있다. 더욱이 파괴적 혁신을 통한 혁신성장은 민간의 강점임에도 불구하고, 국가발전 방향을 설계하는 성장동력 정책의 결정과 집행에서 민간은 수동적 역할에 그쳤다.

우리나라의 성장동력 정책에서 정부의 연구개발 투자는 명목적으로는 민간의 기술개발을 직·간접적으로 지원하고자 하였다. 그러나 실제로는 (그림 3-3)과 같이 민간의 연구개발 투자는 2008년 이후에 연평균 10.2%의 증가세를 나타내어 2017년에는 62조 5,600억 원으로 약 2.4배 증가하

였다. 이에 따라 국가 연구개발에서 차지하는 민간의 비중은 (그림 3-4)와
같이 2017년에 79.4%로 매우 높게 나타나고 있다(한국과학기술기획평가

(그림 3-3) 민간부문 연구개발 투자액

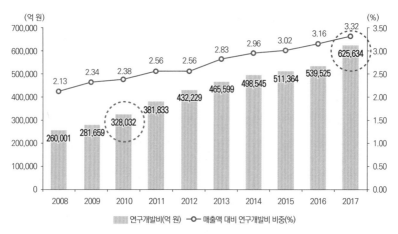

자료 : 한국과학기술기획평가원(2018)을 활용하여 작성

(그림 3-4) 수행주체 별 연구개발 투자 비중(2008-2017)

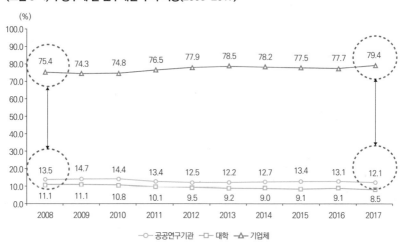

자료 : 한국과학기술기획평가원(2018)을 활용하여 작성

원, 2018: 3-11). 이처럼 민간의 연구개발 투자가 공공연구기관이나 대학보다 월등히 높아 국가 전체의 혁신역량에 높은 기여를 하고 있음에도, 지난 4개 정권의 성장동력 정책에서는 민간의 높아진 역량을 활용하기보다는 정부 주도로 정책과정을 반복하는 현상이 나타나고 있다.

(2) 미래 사회 변화에의 대응성 부족 / 경제 위주의 양적 성장 중심 정책

우리나라의 성장동력 정책은 정권마다 미래환경 분석 및 기존 정책을 평가하지 않은 상태에서 정책 발표가 반복되었다. 총괄평가와 과정평가를 통해 확보한 정책정보를 다음 정책에 반영해야 하나, 모든 정권은 명칭만 변경하여 새로운 정책을 발표하여 '계획만 있고, 실행이 없다'라는 비판을 받고 있다. 기후변화, 저출산 심화, 계층·산업·세대·지역 간 격차 심화 등의 새로운 환경변화에 대응하기 위해서는 근거 중심의 미래예측과 새로운 정책의제 발굴이 필요하지만, 성장동력 정책은 정책환경의 변화보다는 정치 변화에 적응하는 모습을 보였다.

또한 각 정권에서 추구해온 성장동력 정책은 과학기술과 혁신을 경제성장의 도구로 보는 정책기조를 유지하였다. 과거 추격형의 성장기에는 과학기술이 양적 성장을 위한 도구로 충분했지만, 제4차 산업혁명 시대의 과학기술은 과거와는 다른 기술·경제·사회적 변화에 대응해야 한다. 따라서 성장동력 정책이 진정한 혁신성장으로 이어지기 위해서는 과학기술, 산업경제, 사회제도의 각 분야에서 일어나는 혁신이 연계와 공진화를 통해 사회 전체로 파급될 수 있어야 할 것이다. 지금처럼 과학기술을 경제성장의 도구로만 인식한다면 정책유지와 승계의 형태로 유사한 정책이 반복적으로 추진될 수밖에 없으므로, 새로운 환경변화에 대응할 수 있도록 과학기술에 대한 새로운 인식과 공감대 형성을 통해 합리적인 정책종결과 과감한 정책혁신을 추구할 필요성이 있다.

2) 정책변동 관리관점의 문제

(1) 정책혁신과 종결을 저해하는 정책의 경로의존성

역대 정권의 성장동력 정책은 유사한 내용이 반복되는 경로의존성이 강하게 나타나고 있다. 새로운 정권이 들어설 때마다 형식적으로는 새로운 성장동력 정책을 표방했지만, 실질적으로는 기존 정책에 대한 평가과정 없이 전 정권과의 차별화를 추구하면서 유사한 정책내용이 반복되고 있다.

(그림 3-5) 성장동력 정책의 경로의존성

주 : 4개 정권에서 계속 진행된 분야를 빨간색으로 표기

이는 (그림 3-5)와 같이 역대 정권이 중점적으로 육성하고자 했던 기술이나 산업을 비교·분석하면 명확해진다. 산업 분야가 추가된 이명박 정권을 제외한 3개 정권의 중점 기술 대상은 20여 년 동안 반복적으로 추진되었음을 알 수 있다. 구체적인 사례의 하나로서, '지능형 로봇'은 노무현 정권 이후 계속 성장동력에 포함되고 있다. 특히 이명박 정권은 2008년 6월에 '지능형 로봇개발 및 보급촉진법'을 제정하고, 이에 근거하여 한국로봇산업진흥원 설치와 '제1차 지능형 로봇 기본계획'을 수립하였다. 그 후 문재인 정부는 2019년 8월에 '3차 로봇기본계획'을 발표하고 지능형 로봇개발 및 보급촉진법을 개정하였다. 그러나 10여 년이 지나 2019년에 개정된 법에서는 제정 당시의 로봇랜드 조성 조항은 계속 유지하면서도, 최근 새롭게 정책현안으로 대두된 로봇의 인격권 부여, 로봇세 등에 관한 내용은 포함하지 않아 전형적인 경로의존성을 보여주고 있다.

또한 과거부터 계속 성장동력에 포함된 분야라 하더라도 선도형 전략에 맞게 재기획해야 하고, 이 과정에서 불필요한 내용과 규정들은 과감히 종결할 필요가 있다. 그러나 기득권 유지와 매몰비용 등의 이유로 기존 제도를 종결하지 못하여 혁신의 확산이 지체되는 현상이 나타나고 있다. 사례의 하나로서, 문재인 정권의 8대 혁신성장 선도사업에 포함된 핀테크를 들 수 있다. 핀테크는 디지털 기술을 활용한 혁신적인 금융기법이지만, 관련 법령인 신용정보법과 자본시장법은 기존 관행을 계속 유지하고 있어 새로운 금융개념이 경제 및 사회 영역으로 확산하지 못하고 있다. 파괴적 기술혁신을 통해 신산업 영역이 출현하면 기존 산업과의 분쟁 가능성이 클 수밖에 없고, 이때 정부는 혁신의 조정자로서 시대에 뒤처진 사항은 과감하게 종결하고 필요한 사항은 결단력 있게 새로 도입할 필요가 있다.

(그림 3-6) 성장동력 정책의 분절적 정책변동

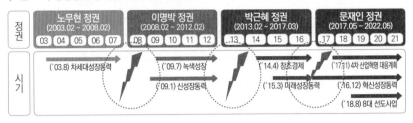

(2) 합리적 정책유지와 승계를 저해하는 분절적 정책관리

우리나라는 5년 임기의 단임 대통령제 정치구조로 인해 대부분의 정부 정책이 5년 주기로 단절되고 정체되는 현상이 반복적으로 발생하고 있다. 더욱이 장기적 관점에서 정책기획 및 투자결정이 필요한 연구개발과 혁신에서도, 정권이 바뀔 때마다 새로운 성장동력을 발표하면서 핵심사업의 단절과 지체가 반복되고 있다. 즉, 정권교체와 함께 국정과제가 바뀌고 이를 구체화하는 성장동력 정책도 큰 변화를 겪으면서 정책추진을 위한 안정적인 생태계의 유지가 어려워지는 것이다.

과거의 성장동력 정책은 (그림 3-5)를 통해 알 수 있듯이, 구체적인 기술분야는 4개 정권 모두에서 중복과 반복 현상이 나타나고 있다. 그러나 한편으로 (그림 3-6)과 같이 정권 출범과 함께 연구개발사업의 재구조화를 추진하면서 사업추진이 1~2년씩 지체되는 현상이 반복되고 있다. 이러한 현상은 같은 보수정권을 표방한 이명박 정권과 박근혜 정권에서도 예외는 아니었다. 이는 결국 장기적 관점에서 추진해야 할 성장동력 정책이 명목적으로 정책의 재구조화를 표방하지만, 실질적으로는 전 정권과의 차별화만을 추구함으로써 합리적인 정책승계나 정책유지를 전혀 고려하지 않는 것이다.

3) 정책구조 관점의 문제

(1) '경제성장' 중심의 정책기조

우리나라의 성장동력 정책은 과학기술 혁신을 통한 경제성장에 좀 더 치중하였다. 전통적으로 Schumpeter(1942)의 혁신론에 기반한 연구들은 기술혁신이 경제성장의 중요한 원천임을 강조하고 있다. 우리나라도 헌법에서 과학기술을 통한 경제성장을 천명하고 있으며, 이를 반영하여 과학기술기본계획도 기술혁신을 통한 경제성장을 추진하고 있다. 또한 1980년대 이후의 국가혁신체계(NIS) 연구는 국가 단위의 혁신 활동에서 정부 역할을 강조하고 있다(Freeman, 1987; Nelson, 1993). 이러한 이론들은 그동안 우리나라의 성장동력 정책에서 정부가 주도하는 경제성장 중심의 정책기조를 유지·강화하는 근거가 되었다.

그러나 경제성장에 집중된 성장동력 정책의 성과가 국민 전체가 아닌 고숙련 노동자와 자본에 집중됨으로써 사회 양극화의 원인이 될 수 있다는 주장이 제기되고 있다(문혜선, 2006; 장영배, 2009; 정혁, 2014; 주원·서행아, 2017). 또한 고령화와 저출산, 기후변화 및 자연재해, 원자력 안전, 미세먼지 등의 사회적 난제에서 과학기술을 통한 문제해결의 기대가 점차 높아지고 있다. 이런 관점에서 우리나라의 성장동력 정책도 기술개발 중심에서 벗어나, 기술혁신, 경제혁신, 사회혁신, 정책혁신이 공진화하는 통합혁신의 관점으로 성장동력 정책의 정책기조가 전환될 필요가 있다(이찬구 등, 2018).

(2) 관련 법령 제·개정의 지체와 부재

자유민주주의 국가에서 모든 정책은 명확한 법적 근거에 의해 추진된다.

정권 변동으로 대통령의 국정과제로 추진된다 해도 하위 조직까지 정책이 명확하게 전달되기 위해서는 법적 기반 정비가 필요하다. 그러나 우리나라의 성장동력 정책에서는 국정과제 변화와 정책기조의 전환을 뒷받침할 수 있는 관련 법률의 제정과 개정이 신속하게 이루어지지 못하였다. 대통령 또는 전담 부처가 정책의 법적 근거를 마련하기 위한 법률의 제·개정 노력을 하지만 당시의 정치적 상황에 의해 무산되거나, 대안으로 기존 법령의 부분 개정을 시도하지만 이만으로는 정책 전체의 통합성과 일관성을 갖추기가 쉽지 않은 측면이 있다.

우리나라는 원칙적으로 성문법 체계이고 이에 따라 관련 법령의 제·개정이 적시에 이루어지지 않으면, 정책형성이 이루어졌다 하더라도 정책집행이 어려워지는 상황이 발생하게 된다. 또한 상위법의 미비는 광의의 정책결정인 행정법규의[3] 수립과 집행을 어렵게 하고, 공무원이나 관리기구 직원들은 법적 근거가 없다는 이유로 정책에 순응하지 않는 악순환을 초래할 수 있다.

차세대 성장동력 정책에서는 기존 과학기술기본법의 일부를 개정하여 법적 근거를 마련하였으나, 이명박 정권에서는 관련 내용을 다시 개정하였다. 한편 이명박 정권에서는 녹색성장기본법을 제정하여 법적 근거를 마련했으나, 신성장동력은 녹색성장의 일부로서 정책에 필요한 내용을 충분히 포함하지 못하는 한계가 있었다. 그리고 문재인 정권에서는 법적 근거가 시행령으로 되어 있어, 실질적으로 정책집행에서 한계가 발생하는 상황이다.

---

3) 중앙부처의 행정법규는 포괄적인 상위정책을 현장의 집행활동으로 전환할 수 있는 수준으로 구체화·특정화한 집행정책(executive policy)으로서, 시행령, 시행규칙, 시행세칙, 규정, 고시, 준칙, 예규, 훈령, 기본계획, 5개년 계획 등을 포함한다(강근복, 2016: 263; 267).

(3) 협치가 아닌 지시와 통제의 거버넌스

노무현 정권 이래 성장동력 정책의 참여 부처가 확대되면서 국가 전체적인 관점에서 합리적이고 효율적인 종합·조정을 위한 거버넌스의 중요성이 커지고 있다. 중립적이고 독자적 권한을 보유한 상위 거버넌스의 필요성에도 불구하고, 성장동력 정책에서는 주무 부처 중심의 거버넌스가 운용됨으로써 여러 가지 한계가 나타나고 있다. 먼저 형식상으로는 최상위의 종합·조정 기구인 국가과학기술자문회의 등은 비상설 자문기구로서, 부처 간의 첨예한 갈등 사안을 강력하게 조정하기 어려운 구조적인 한계를 가지고 있다. 다음으로 최상위 종합·조정 기구의 사무국 역할을 담당하는 주무 부처는 집행과 조정의 기능 중첩에 대한 비판이 계속 제기되고 있다. 이처럼 최상위 종합·조정 기구의 형식성과 실질적인 기구의 소위 '선수심판론'에 대한 비판은 정권이 바뀔 때마다 반복되는 논쟁이지만, 여전히 해결되지 못하고 임기응변식의 처방이 계속되었다.

한편 성장동력 정책의 거버넌스에서 주로 참여 부처 간의 역할 분담과 종합조정을 중시하는 수평적 거버넌스에 논의가 집중되었으나, 앞으로는 거버넌스의 수직성에 대한 논의가 필요한 상황이다.

수평적 거버넌스는 범국가적인 성장동력 정책의 종합 및 조정에 필요한 합리적이고 체계적인 조직 구성과 역할 분담에 관한 사항을 의미한다. 범국가 차원에서 성장동력 정책의 실현에 필요한 지식, 예산, 인력, 확산 등의 자원을 가장 합리적으로 활용할 수 있는 거버넌스의 설계가 필요한 것이다. 2021년 기준으로, 과학과 기술은 과학기술정보통신부와 산업통상자원부에, 예산은 재정 총괄부처인 기획재정부와 연구개발 수행부처인 과학기술정보통신부, 산업통상자원부 등에, 인력양성 및 활용은 교육부, 과학기술정보통신부, 산업통상자원부, 고용노동부에, 성과 확산을 위한 사업화는 과학기술정보통신부, 산업통상자원부, 중소벤처기업부에 역할이 분산되어 있다. 따라서 성장동력 정책 전체적으로 정책기획, 정책결정, 예산배분, 성과평가, 지식확산 등이 연계되지 못하는 한계가 나타나고 있다.

다음으로 수직적 거버넌스는 정부 부처, 관리기구, 출연연·대학·기업체 등의 연구주체 간의 역할 관계를 설정하는 것을 의미한다. 지금까지 이들의 관계는 수직적인 관계에서 통제와 관리에 초점이 맞추어져 왔다. 그러나 앞으로 민간의 창의와 혁신이 필요한 선도형 정책에서는 각 주체의 역할은 상하 관계의 명령과 지시가 아닌, 각기 다른 일을 하되 공통의 목적 달성을 추구하는 동반자 관계로의 인식 전환이 필요하다. 현재는 부처가 정책결정과 집행은 물론 현장에서의 일상적인 관리업무까지도 관여하고 있어, 관리기구와 연구주체의 자율성을 침해함은 물론 막대한 관리비용이 발생하는 상황이다.

(4) 공무원 중심의 예산배정 및 집행

우리나라의 성장동력 정책에서는 예산권한의 이원화, 품목별·단년도 예산의 한계, 부처 이기주의 등이 제기되는데, 이러한 사항들은 공무원이 과학기술의 전문성과 장기성에 대한 이해가 부족한 것에서 출발하는 문제라고 할 수 있다.

우리나라에서는 기획재정부가 총괄 예산부서로서 모든 예산의 편성 및 조정권을 가지고 있다. 그러나 성장동력 분야에서는 과학기술의 특수성을 반영하여 과학기술혁신본부에 예산편성권을 일부 이관 또는 폐지하는 반복적인 정책변동이 있었다. 이처럼 명목상으로 이원화된 예산권에도 불구하고, 실제로는 과학기술의 전문성을 반영할 수 있는 장기적이고 전략적 관점의 예산배정이 어려운 것이 현실이다. 즉, 관련 부처와 과학기술혁신본부가 전문적 관점에서 연구개발 예산을 편성하고 민간 전문가로 구성된 국가과학기술자문회의 등이 심의를 해도, 기획재정부의 최종 예산조정 단계에서 변경되는 경우가 많이 발생하기 때문이다.

또한 품목별 및 단년도 예산배분의 비효율성이 심각하게 나타나고 있다. 장기적 투자와 전문성이 필요한 연구개발 예산은 단년도 중심의 품목별 예산과는 상치되기 때문이다. 특히 품목별 예산제도는 회계 책임성(accountability) 중심의 경직된 예산집행 관행과 맞물리면서 연구현장의 자율성과 혁신성을 위축시키는 요인으로 작용하고 있다.

성장동력의 정책문제는 정부 내 여러 부처와 관련되어 있어 단일 부처가 전담하여 해결하기 어려운 특징을 가지고 있다. 따라서 관련 부처 간의 연계 또는 통합된 예산구조가 필요하나, 핵심 정책수단인 연구개발 예산은 각 부처로 나뉘어 있어 전략적이고 역동적인 재분배가 원천적으로 어려운 구조이다. 이는 부처 이기주의가 강하여 한 부처에서 시급하지 않은 예산이라도 우선순위가 더 높은 분야나 부처로의 이관을 원하지 않기 때문이다.

제4절 국가 성장동력 정책의 정책혁신 방향

이 절에서는 정책변동 분석을 통해 도출된 성장동력 정책의 문제를 해결하기 위한 정책혁신 방향과 구체적인 정책과제를 논의하고자 한다. 역대 정권이 추진했던 성장동력 정책은 정책환경과 정책변동, 정책구조 등과 복합적으로 연계되어 다층적인 관계를 형성하고 있었다. 따라서 정책혁신 방향과 과제도 기본적으로는 3가지 영역을 개별적으로 다루면서도 상호 연계성을 고려해야 할 것이다.

한 국가의 특정 정책은 전체적으로 그 사회의 가치체계와 권력구조 등을 규정하는 헌법과 같은 상위규범의 영향을 받을 수밖에 없게 된다. 이와 같은 상위규범 체계는 이 연구의 범위를 넘어서는 것이기는 하나, 본질적인 문제를 도외시한 정책혁신은 필연적으로 한계에 직면하게 되고 성장동력 정책의 개선과 발전 방향에 관한 논의도 내재적 한계를 가질 수밖에 없다. 따라서 이 연구에서는 헌법구조 등에 관한 논의를 전개하되, 성장동력 정책의 혁신방향을 위한 전제(前提)로서 필요한 최소한의 사항으로 한정하여 논의하고자 한다. 이 연구에서 논의하고자 하는 성장동력 정책의 혁신 체계도는 (그림 3-7)과 같이 제시할 수 있다.

(그림 3-7) 성장동력 정책의 혁신 체계도

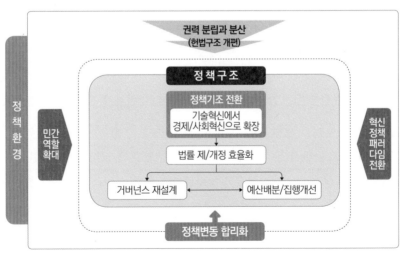

〈표 3-6〉 정책문제와 정책혁신의 연계도

관 점	도출된 정책문제	정책혁신 방향 및 과제
정책 환경	• 정부 주도형의 민간·정부 관계 • 미래사회 변화에의 대응성 부족 • 경제 중심의 양적 성장 정책	• 민간·정부 역할 재정립 : 민간의 파괴적 혁신 장려 • 국정철학의 전환 : 혁신정책의 통합성 추구
정책 변동	• 정부 주도형의 민간·정부 관계 • 정책유지·승계를 저해하는 분절적 　정책변동	• 꾸준한 정책혁신과 과감한 정책종결 • 증거기반의 정책변동 관리 : 합리적 정책 승계·유지
정책 구조	• 기술혁신 중심의 정책기조 • 관련 법률 제·개정의 지체와 부재 • 협치가 아닌 지시와 통제의 거버넌스 • 공무원 중심의 예산배정 및 집행	• 기술혁신에서 경제혁신·사회 혁신으로 정책기조 확장 • 법률 제·개정의 적시성과 구체성 확보 • 수평적·수직적 거버넌스 재설계 • 총괄예산제도 활성화로 연구 자율성 강화

한편 각 정권 성장동력의 정책변동 분석을 통해 도출된 정책문제를 정책
혁신의 방향 및 과제와 연계하면 〈표 3-6〉과 같이 종합할 수 있다.

1. 정책혁신 논의의 전제 : 권력 분립과 분산의 강화

정책혁신을 위한 논의의 전제로서 헌법구조와 관련된 정치 권력의 분립
과 분산을 위한 혁신 방향은 다음과 같이 제시할 수 있을 것이다.

첫째, 정권의 변동에 따라 대통령이 정책에 강력한 영향을 미치는 현상
을 극복할 필요성이 제기된다. 즉, 국가사회의 성장동력 정책이 장기적 시
각으로 일관성을 유지할 수 있도록 정치체제의 변화가 필요하다. 예를 들
어, 정책의 일관성 유지에 유리한 권력구조로는 대통령제보다는 의원내각
제일 수 있고 따라서 장기적으로는 이와 같은 변화를 고려해볼 수 있다. 대
통령을 비롯한 최고정책결정자가 변하더라도 정책은 연속성을 갖고 추진되
어야 하고, 특히 연구개발 투자가 혁신성장의 궤도에서 안정적으로 추진될
수 있는 시스템으로의 변화가 필요하다. 정책의 합리적인 승계와 유지가 필

요한 부분에서는, 정권이 바뀌면 정책내용은 변화가 없음에도 불구하고 슬로건과 구호만 변화되는 현상을 최소화해야 한다.

둘째, 현행 우리나라 법률 체계는 성문법주의를 취하고 있다. 정책집행 현장에서 법률의 명시적인 근거가 없으면 움직이지 않는 복지부동과 책임 회피를 극복하기 위해서는 성문법주의의 보완을 통해 권력분산을 추구할 필요가 있다. 즉 집행 현장에 상위 법령에 저촉되지 않는 범위에서 행정법 규 제정과 시행의 자율권 부여가 보장되어야 한다. 이와 함께 다양한 집행 상황에 대응할 수 있는 집행권한의 자율성도 확보되어야 한다. 한편 다부처 가 참여하는 성장동력 정책 같은 경우에는 정책과정의 일관성 유지를 위해 부처에 상관없이 기본 규정을 적용할 필요가 있다. 예를 들면, (가칭)성장동 력기본법과 같은 별도의 법률을 제정하여, 국가·사회의 혁신성장이라는 합 일된 목표를 추구함과 동시에 집행의 자율권을 보장하여야 할 것이다.

2. 정책환경의 발전 방향

1) 민간과 정부 역할 재정립 : 민간의 파괴적 혁신 장려

정부와 민간의 역할과 관련한 논의는 몇 번의 변화가 있었다. 1980년대 에는 미국식 경제성장주의인 워싱턴 컨센서스의 확산으로 작은 정부를 지 향하는 움직임이 있었으나, 2000년대에는 중국식 정부 개입의 효율성을 논의하는 베이징 컨센서스가 나타나기도 하였다(강선주, 2011: 196-206; Williamson, 2018). 이후 20년 이상이 지난 현재는 자본주의 4.0으로서 불 확실성의 시대라고 할 수 있다. 높은 불확실성의 시대에는 국가발전의 두 축인 정부와 민간의 역할 재정립이 필요하게 된다. 특히 민간의 혁신역량이 크게 증진되어 국가·사회의 발전을 주도하는 상황에서는 민간의 파괴적 혁신을 적극적으로 장려할 필요가 있다.

우리나라에서도 혁신의 기폭제가 되는 연구개발 투자를 이미 민간이 주도하면서 민간의 역할이 확대되고 있다. 2017년 기준으로 민간 연구개발 투자는 62조 5,600억 원으로 정부 연구개발 투자인 19조 3,000억 원의 3.2배를 넘어섰다. 이로써 국가 연구개발 투자에서 민간의 비중은 2017년에 79.4%를 차지하였으며, 2008년 이래 10년간 민간의 투자는 연평균 10.2%씩 증가하여 국가 총 연구개발 투자의 연평균 증가율 9.6%보다 높은 수준이다(한국과학기술기획평가원, 2018).

이러한 상황에서는 정부는 성장동력 확보를 위한 기술발전을 더 이상 선도할 수 없으며, 기술변화를 따라잡는 것마저도 어려운 상황이 될 수 있다. 정부는 연구개발 투자 결정에 필요한 정보수집이나 시장 예측에서 민간과 경쟁하기가 어려우며, 미래 변화에 대한 대응성도 느릴 수밖에 없는 구조적 한계를 가지고 있기 때문이다. 따라서 정부는 국가 전체적인 입장에서 민간의 파괴적 혁신을 경제혁신 및 사회혁신으로 연계하는 혁신의 확산에서 그 역할을 찾아야 할 것이다. 기술혁신에 기반한 새로운 경제 및 사회 구조는 기존 정책이나 제도와 상충할 가능성이 크다. 이를 해결하기 위해 정부는 기술혁신이 경제혁신과 사회혁신으로 확산하는데 필요한 규제개혁 정책들을 마련하는 업무에 집중할 필요가 있다.

2) 패러다임 전환 : 혁신정책의 통합성 추구

그동안 우리나라의 성장동력 정책은 과학기술을 경제성장의 도구로 활용하는 관점이 강하였다. 그 결과 정부는 연구개발 투자를 통한 기술개발 중심의 패러다임을 추구하였고, 혁신 활동 역시 선형적 모델에 근거하여 제조업과 대기업 중심의 기술혁신이 중심이었다. 그러나 국가·사회의 발전을 위한 성장동력은 과학기술에만 국한되지 않고, 경제구조 및 사회제도와 밀접하게 연관되어 있다. 또한 제4차 산업혁명 시대의 새로운 융·복합기술은 기술 자체의 발전뿐만 아니라 경제구조 및 사회제도에도 새로운 변화를 가져오고 있다. 기술의 융·복합에서 시작된 혁신이 지식·기술·산업간 경계를 허물고, 핀테크나 공유경제처럼 경제구조의 변화를 유발하고, 플랫폼 노동자 등 일자리의 변화를 포함한 사회구조의 변화를 가져오는 것이다. 따라서 미래의 성장동력 정책은 기존의 기술개발 중심에서 경제혁신 및 사회혁신을 통합할 수 있는 패러다임 전환을 추구해야 할 것이다.

이와 같은 통합혁신으로의 패러다임 전환 필요성은, 정부가 2018년에 혁신성장을 과학기술 혁신, 산업·경제 혁신, 교육·훈련 혁신, 사회·제도 혁신으로 제시하면서 일부 나타나고 있다(기획재정부, 2018). 그러나 혁신성장의 정책영역 및 추진과제로 제시한 내용은 각 부처의 기존사업을 종합한 수준으로 영역 간의 통합 관점은 부족한 것으로 분석된다(서중해, 2018: 5-6). 이처럼 파편화되어 있는 정책과제들을 기술혁신과 경제 및 사회혁신의 관점에서 통합하기 위해서는 관련 정책 및 사업 간 연계성을 강화하고 부처 간 연계·협력을 높여야 한다. 이를 위해서는 먼저 정부와 민간이 장기적 시각에서의 미래예측을 기반으로 한 국가 장기비전 및 전략을 공유하고, 정부 내에서는 성장동력 관련 위원회, 정부 부처, 산하기관 간의 연계와 협력 체계를 구축하는 것이 출발점이 될 것이다.

3. 정책변동 관리 관점의 혁신과제

1) 부단한 정책혁신과 과감한 정책종결 : 정책의 경로의존성 극복

성장동력 정책은 파괴적인 기술혁신을 국가·사회적인 차원에서 촉발 및 촉진하고, 이를 활용하여 신산업 창출과 경제구조를 전환하는 경제혁신을 추구하면서, 새로운 기술혁신과 경제혁신을 뒷받침하기 위한 사회제도와 시민의식의 전환을 동시에 이루어야 하는 매우 어려운 정책의 통합과정이라고 할 수 있다. 이러한 혁신의 통합성으로 인해 성장동력 정책은 미래의 사회변화에 적극적으로 대응하면서 국민의 욕구를 적시에 반영해야 하는 혁신성을 기본적으로 내포하고 있다. 그럼에도 불구하고 (그림 3-5)를 통해 이미 제기하였듯이, 우리나라의 성장동력 정책은 정권변동 때마다 명목적인 정책의 명칭과 새로운 목표를 제시하였으나, 실질적인 정책내용은 과거 정부를 답습하는 강한 경로의존성을 보여 왔다.

앞으로 우리나라는 성장동력 정책을 통해 제4차 산업혁명 또는 전염병 대유행 등으로 나타난 정책문제를 우리 스스로 해결할 수 있어야 한다. 따라서 기존 제도 및 정책의 경로의존성을 극복하기 위해서는 대내·외 정책 환경 변화에 대응할 수 있는 부단한 정책혁신과 과감한 정책종결 노력을 해야 할 것이다.

2) 증거기반의 정책변동 관리 : 정책유지와 정책승계의 균형

우리나라의 성장동력 정책은 그동안 정권 변화에 따라 과거에 대한 평가와 미래에 대한 예측 없이 명칭을 바꾸는 등 정책의 단절과 지체가 반복되었다. 또한 성장동력의 내용이 그대로 유지되더라도, 정권 변동기에는 일정

기간 정책이 단절되는 현상이 나타나고 있다. 물론 중요한 환경변화가 발생하거나 성과가 부족한 경우에는 과감한 정책종결이 필요하다. 그러나 정권변동과 함께 번번이 성장동력 정책을 다시 수립하고 집행하는 소모적인 정치행태는 지양되어야 한다.

이를 극복하기 위해서는 성장동력 정책이 증거기반의 정책변동 관리 전략에 의해 추진되어야 한다. 국가·사회의 성장과 발전은 지속적이고 일관성 있는 정책추진과 제도 마련이 전제되어야 하고, 구체적으로는 거시적 관점의 정부 연구개발 투자의 합리적인 승계와 유지에 의해 뒷받침되어야 한다. 특히 연구개발 투자가 일관성과 지속성을 갖고 성장동력 정책을 지원하기 위해서는 최소 10년 이상의 중장기적 관점에서 추진하는 것을 의무화하는 방안을 검토할 필요가 있다. 또한 정책의 장기적 일관성과 안정성을 확보하기 위해서는 협회, 연구조합 등 중간조직의 활성화를 통해 현장의 사회적 요구를 정책목표 및 정책수단과 연계시키는 방안도 고려할 필요가 있다 (이세준 등, 2011: 25).

4. 정책구조 관점의 혁신과제

1) 정책기조 전환 : 기술혁신에서 경제혁신, 사회혁신으로 확장

정부는 국가 성장동력 정책의 정책기조를 기존의 기술혁신 중심에서 경제혁신과 사회혁신으로 확장해야 한다. 국가의 성장동력은 주력 산업의 경쟁력뿐만 아니라 노동·복지·재난·안보 등의 경제·사회적 문제와도 밀접하게 연계되어 있기 때문이다. 따라서 향후의 성장동력 정책에서는 우선적으로 정책기조를 경제혁신과 사회혁신을 포괄할 수 있게 확장하고, 이를 정책

비전과 목표에 담아 구체적인 정책내용으로 반영해야 한다.

특히 최근의 국내·외적인 정책문제는 기술, 경제, 사회의 한 영역 지식만으로는 해결하기 어려운 복잡성과 중첩성을 가지고 있다. 예로서 승차공유 서비스 도입은 현재의 기술 수준으로도 문제가 없으나, 기존 경제구조 및 이해관계자와의 충돌로 공유경제 업체와 기존 업체 간의 갈등이 지속되는 것이다. 또한 코로나19의 전 세계적인 확산과정에서 전염병의 종식은 빠른 백신 개발뿐만 아니라, 백신 효용에 대한 시민사회의 인식과 수용, 방역과 백신접종을 위한 과학적이고 체계적인 정부의 대응 역량 등에 좌우될 수 있음을 보여주고 있다.

이렇게 확장된 정책기조를 실현하기 위해서 정부는 기존의 정책결정과 집행 업무를 넘어 선제적인 미래예측과 범국가 차원의 정책기획 업무에 집중할 수 있는 기능과 부서를 강화해야 할 것이다. 이를 위해서는 성장동력 정책에의 참여 부서를 기존의 과학기술과 산업 및 경제부처에서 다양한 영역의 사회부처로 확대하면서, 이들이 국가·사회의 통합혁신 관점에서 적극적으로 관련 정책의제를 발굴하게 해야 할 것이다.

2) 법령 제·개정 효율화 : 적시성과 구체성 확보

국가 성장동력 정책의 법적 근거가 명확하지 못하여 정책이 표류하거나 지체되는 문제를 해결하여야 한다. 이를 위해서는 정권 변동과 관계없이 장기적으로 성장동력을 위한 과학기술 및 연구개발 투자를 지속할 수 있도록 기존 법에 관련 조항을 신설하거나 (가칭)성장동력기본법 등을 제정할 수도 있다.

또한 선언적 수준에 그치고 있는 과학기술기본법 제16조의5가 규정하고 있는 성장동력 발굴·육성의 의무 조항을 좀 더 구체화하여, 성장동력의 선정 주기를 명시하고 이를 통해 국가연구개발사업의 안정성과 연속성을 확보할 필요가 있다. 또한 국가재정법의 시행령을 개정하여 성장동력정책을 총액으로 계상하는 방안도 검토할 필요가 있다(양승우 등, 2017).

나아가 정책집행의 지연과 표류 방지를 위해 집행정책인 행정법규의 신속한 제·개정을 강제하는 법제화가 필요하다. 법령의 부재로 연구현장에서의 정책집행이 지체되고 공무원들의 업무 지연을 방지하기 위하여 관련 정부 부처가 필요한 시행세칙, 규정, 고시, 준칙, 예규, 훈령, 기본계획, 5개년계획 등의 행정법규를 일정 기간 내에 제정하도록 강제 또는 권고 규정을 상위의 관련 법률에 명문화하는 방안도 검토할 수 있다.

3) 협력적 거버넌스의 모색

성장동력 정책의 거버넌스는 '견인과 통제중심 거버넌스'에서 '지원과 생태계 조성의 협력적 거버넌스'로의 재설계가 필요하다. 특히 정책과정 전체에서 장기적으로는 민간과 하위 단위의 역할을 강화해야 하며, 이런 관점에서 거버넌스의 수평적·수직적 측면을 동시에 고려하여야 한다.

수평적 거버넌스는 성장동력 정책과 관련 있는 부처들의 기능과 역할을 조정하는 범부처 종합조정 기능을 의미한다. 수평적 거버넌스는 지금까지도 중심적인 논의사항이었지만(홍성주 등, 2015: 658; 양승우 등, 2016: 88-105; 권성훈, 2017: 1-3), 국가 성장동력을 위한 과학기술이 모든 경제·사회 부문으로 확대되면서 더욱 중요성이 커지고 있다. 따라서 종합조정 기구는 관련 부처에 대한 종합·조정력과 정책의 지속성·안정성 확보라는 두 역할을 동시에 충족할 수 있도록 설계·운영되어야 한다. 이를 위해서는 종합조정 기구의 권한 및 위상이 정권 변동에 따라 부침하지 않도록 과학기술 기본법 또는 정부조직법에 위상, 기능, 권한 등을 명시할 필요가 있다.

수직적 거버넌스는 성장동력 정책의 정책결정자인 정부 부처, 정책집행 자인 중간기구 및 관리기관, 정책대상자인 출연연·대학·기업체 간의 역할 관계를 설정하는 일이다. 수직적 거버넌스에서는 그동안의 통제와 관리를 협업의 관계로 전환하는 방안이 마련되어야 한다. 구체적으로는 연구주제 설정과 연구방법 등의 자유로운 선택을 보장하는 연구 현장의 자율성 확보, 정부 주도의 하향식 연구주제 선정을 지양하고 연구자 참여형의 상향식 기 술기획 및 연구기획 체제의 강화, 연구비 사용 관련 규제의 최소화, 장기적 관점에서의 정책목표와의 정합성을 판단할 수 있는 연구평가 제도의 정비 등을 고려할 수 있을 것이다.

4) 예산배분 및 집행 개선 : 총괄예산 제도 활성화와 연구자 자율성 강화

예산제도 역시 성장동력 정책의 장기적 시각을 반영할 수 있도록 배분과 집행 체계가 전적으로 개선되어야 한다. 먼저 성장동력 정책의 예산배분은 품목별보다는 총괄예산 제도로 전환하는 것이 좀 더 합리적일 것이다. 성장 동력 발굴을 위한 연구개발 사업은 대부분이 목표가 불확실하고 장기적이 라 연구현장에서의 예산사용의 실질적인 자율성이 필요한데 이를 위해서는 총괄예산 제도가 좀 더 적합하기 때문이다. 연구개발에서 총괄예산 제도의 효과를 담보하기 위해서는 각 부처의 연구개발 사업이 상위 정책과의 부합 성 여부를 판단하고 이의 결과를 예산편성에 반영하는 명시적 규정을 마련 할 필요가 있다. 또한 정부 연구개발사업에 프로그램 예산제도(PPBS)를 실 질적으로 적용하여 관계 부처가 기술기획 단계부터 서로 협력하는 범부처

프로그램을 강화해야 한다.

다음으로 예산집행에서도 연구자의 자율성을 강화하고 행정부담을 경감하여 연구에만 전념할 수 있는 환경을 조성하는 것이 필요하다. 이러한 필요성에서 정부는 2021년 1월부터 국가연구개발혁신법을 시행하여 기존 국가연구개발사업의 관리 등에 관한 규정을 대체하였다. 그러나 이러한 상위법에도 불구하고 연구현장의 구체적인 연구개발비 사용과 관리는 200여 개가 넘는 세부 연구관리규정에 의하여 이루어지고 있다. 특히 연구비 사용의 부정 방지를 위한 많은 세부 규정이 있는데, 이는 연구자 불신으로 인한 거래비용의 증가로 이어지고 있다. 불신으로 인한 거래비용을 줄이고 자율적이고 창의적인 연구를 장려하기 위해서는 연구비 관련 규정의 단순화를 통한 합리적인 개선이 필요하다.

제5절 결 론

이 논문은 지난 20여년 간 추진된 4개 정권의 성장동력 정책을 정책변동과 통합혁신의 이론을 활용하여 분석하였다. 분석결과는 정책변동 관점에서는 경로의존성을 가지고 있으면서도 분절적인 정책변동이 반복되어, 정책혁신보다는 정책유지와 정책승계가 계속되고 있다. 또한 통합혁신 관점에서는 기술개발 중심의 기술혁신에 한정된 성장동력 정책이 추진되었음을 밝혀낼 수 있었다. 따라서 미래의 국가 성장동력 정책은 제4차 산업혁명 및 전염병 대유행과 같은 전혀 새로운 정책환경에 대응하면서 혁신역량이 높아진 민간의 정책수요를 반영할 수 있는 형태로 정책변동 관리전략을 마련해야 할 필요성을 확인할 수 있었다.

이런 관점에서 여기서는 성장동력 정책의 혁신방안을 정책환경, 정책변동, 정책구조의 3개 범주로 구분하여 논의하였다. 먼저 정책환경 측면에서는 민간의 파괴적 혁신역량을 적극적으로 장려하며, 기술·경제·사회 혁신을 연계하는 통합혁신 정책을 추구해야 함을 강조하였다. 정책변동 관점에서는 정책의 경로의존성 극복을 위해서는 부단한 정책혁신과 과감한 정책종결이 필요하며, 분절적인 정책변동을 극복하기 위해서는 평가결과 등을 활용하는 증거기반의 정책변동 관리전략을 통해 합리적인 정책유지와 정책승계가 균형을 이루어야 함을 논의하였다. 마지막으로 정책구조를 개선하기 위한 혁신으로는, 기술혁신에서 경제혁신 및 사회혁신으로의 정책기조 확장, 관련 법령 제·개정의 적시성과 구체성 확보, 견인과 통제 중심에서 지원과 생태계 조성의 협력적 거버넌스로 재설계, 예산운영에서는 총괄예산 제도 활성화와 연구자 자율성 강화를 제안하였다.

이 연구의 이론적 기여는 먼저 정책변동 측면에서는 세부 변동유형의 원인과 형태를 장기간에 걸쳐 진행된 성장동력 정책에 적용함으로써 정책변동 이론의 적실성을 확인할 수 있었다. 다음으로 통합혁신의 논의에서는 기술·경제·사회 혁신의 통합성을 실제의 정책사례에 적용하여 검증했다는 점이다. 한편 이 연구의 정책적 기여도는 향후 과학기술과 혁신을 활용하여 국가적 성장동력의 지속성을 확보하고자 하는 입법부와 행정부의 다양한 정책참여자들에게 관련 정책의 기획과 설계를 위한 거시적 관점의 시각을 제공할 수 있을 것이다.

이상과 같은 이론적·정책적 기여에도 불구하고, 이 논문은 2차 자료를 활용하여 문헌분석 중심으로 질적 연구를 수행한 한계가 있다. 이는 성장동력 정책에 대한 체계화된 총괄평가나 과정평가가 없는 상황에서, 20 여년의 정책기간을 동일 기준으로 판단할 수 있는 양적 자료를 확보할 수 없었기 때문이었다. 그러나 문헌분석 중심의 질적 연구방법은 양적 연구방법에 비하여 상대적으로 연구자의 주관적 판단이 개입될 여지가 높은 것이 사실이다. 따라서 이 연구에서는 연구진의 주관적 해석을 최소화하고자, 분석결과와 혁신방안에 대하여 다양한 분야의 전문가를 대상으로 중점집단면접(FGI)을 실시하여 보완하였다.

참고문헌

강근복·김재관·박근후·박정택 (2016), 「정책학」, 서울: 대영문화사.

강선주 (2011), "글로벌 금융위기와 개발협력", 「세계정치」, 15:183-263.

강인수 (2017), 「신성장동력 정책 평가와 새로운 정책 방향」, 서울: 현대경제연구원.

관계부처합동 (2013), 「창조경제 실현계획(안): 창조경제 생태계 조성방안」.

_____ (2016), 「2016년도 미래성장동력 종합실천계획(안)」.

_____ (2017), 「혁신성장을 위한 사람 중심의 4차 산업혁명 대응계획」.

국가과학기술자문회의 (2018), 「2019년도 정부연구개발사업예산 배분·조정(안)」.

국민경제자문회의 (2018), "알림 마당_주요 활동_혁신경제_성장동력 발굴·육성 정책", (https://www.neac.go.kr/board/(2021.06.16.)

국정기획자문위원회 (2017), 「문재인 정부 국정운영 5개년 계획」(2017.07).

국회 예산정책처 (2009), 「신성장동력 육성 정책: 예산과 입법과제」, 서울.

권성훈 (2017), "정부의 성장동력 발굴·육성체계의 문제점과 개선 방향", 「이슈와 논점」(2017.01. 25.), 서울: 국회 입법조사처.

기획재정부 (2018), "혁신성장 전략투자 방향 발표", 보도자료(2018.08.13.).

김난영 (2011), 「신성장동력 육성정책 비교·분석 및 감사 시사점」, 감사연구원.

김도훈 (2015), "미래의 성장동력 모색을 위한 과제와 해법", 「한국경제학회 춘계 정책심포지움 발표자료」(2015.05.15.).

김상봉·이상길 (2007), "국가R&D사업 과정에 있어서 정부부처간 조정에 관한 연구: 참여정부 신성장동력사업 선정을 중심으로", 「한국행정학회 학술발표 논문집」, 135-156.

김석필·이상남·김동현·이주희·김선재·이미화·임영선·김미화 (2015), 「국가 성장동력 정책과 R&D사업의 상관관계 분석을 통한 전략적 투자방안 제시: ICT분야를 중심으로」, 서울: 한국과학기술기획평가원.

김성수 (2008), "과학기술 행정체제 개편의 특성 및 정책운영 쟁점 분석", 「한국공공관리학보」, 22(1):49-75.

_____ (2013), "미래창조과학부: 과학기술 행정체제의 진화와 역행", 「한국사회와 행정연구」, 24(2): 509-539.

대통령자문 정책기획위원회 (2008), 「차세대 성장동력산업 육성: 미래산업 창출을 위한 블루오션

전략」(참여정부 정책보고서 2-07).

문혜선 (2006), 「기업 R&D의 양극화 현황진단과 정책과제」, ISSUE PAPER 06-01, 서울 : 한국
　　과학기술기획평가원

박상욱 (2010), "국과위 개편, '과기부 부활'에 그쳐선 안 된다", 사이언스온 (2010.09.15.), (http://
　　scienceon.hani.co.kr/35662) (2021.07.10.)

방연호 (2017), "정부의 혁신성장동력 추진전략", 「KIET 산업경제」. 2017(11): 71-74.

서중해 (2018), "혁신성장 정책연구의 방향과 과제", 「Research Brief」, (2018-07), 세종: 경제·
　　인문사회연구회 혁신성장연구단.

성지은·송위진·정병걸·장영배 (2010), 「미래지향형 과학기술혁신 거버넌스 설계 및 개선방안」,
　　서울: 과학기술정책연구원.

성지은·송위진 (2006), "참여정부 과학기술정책과 제도의 변화 분석: 정책 아키텍처의 변화", 「서울
　　행정학회 2006년 춘계학술대회 발표논문집」.

손석호 (2013), "미래성장동력 발굴 정책의 변화와 시사점", 제2회 KISTEP 창조경제 포럼 발표
　　자료(2013.04.11.).

안승구·박세인·황지호·강진원·이도형·김용정·이상혁·천세봉·권정은·홍세호·홍은경·김혜영·
　　한유미 (2008), 「차세대 성장동력사업의 종합분석을 통한 부처 공동 연구개발사업의 전략적
　　추진방안 수립에 관한 연구」, 서울: 한국과학기술기획평가원.

양승우·이민형·이명화·신은정·(2016), 「정부 R&D 전략과 추진체계 개선방안」(정책연구 2016-
　　03), 세종: 과학기술정책연구원.

양승우·홍성주·신은정·우청원·최지선·김영린 (2017). 「혁신정책의 변인 수용과 과학기술 법제 간
　　정합성 제고 방안」, 세종: 과학기술정책연구원.

양승일 (2014), 「정책변동론: 이론과 적용」, 서울: 박영사.

유훈 (2009), 「정책변동론」, 서울: 대영문화사.

이상희 (2010), "저탄소 녹색성장기본법의 제정과 심사 경과", 법제처, 「법제」, 2010(7): 151-162.

이세준·홍사균·황석원·양승우·김치용·오동훈·신나윤 (2011), 「국가 과학기술정책 및 R&D 예산
　　조정체계 개선방안」, 세종: 과학기술정책연구원.

이장재·김치용·안승구·박수동·김인호·류영수·빅금주·엄천일·정태영·조경목·박태진·장수익·
　　황지호·최광희·정동덕·박준서·정상기·이종석·김병수·이승훈·유경만·김현철　(2006),
　　「차세대 성장동력사업을 위한 세부 기술기획에 관한 연구」, 서울: 한국과학기술기획평가원.

이정원 (2004), "차세대성장동력 확보를 위한 기술혁신전략의 방향", 과학기술정책연구원, 「과학

기술정책」(통권 145), 1-12.

이찬구 (2008), "선도기술개발사업(G7)의 정책결정 과정 분석 : 범부처간 추진 과정 및 민간 전문가 역할을 중심으로", 「기술혁신연구」, 16(2): 167-200.

이찬구·이장재·고용주·최병철·황규희·황병상 (2018), 「한국 제4차 산업혁명 연구」, 대전: 임마누엘.

이태규 (2015), 「성장동력정책의 현황과 정책적 시사점」(정책연구 2015-14), 서울: 한국경제 연구원

임길환 (2015), 「국가 R&D 정책 평가: 지원체계 및 재정 운영을 중심으로」, 서울: 국회 예산정책처.

임길환 (2016), 「미래성장동력 정책 평가」, 서울: 국회 예산정책처.

장석인 (2010), "신성장동력 창출을 위한 국가전략과 과제", 「상장협연구」, 61: 14-31.

장석인·정은미·박승록 (2014), 「한국의 성장동력정책 평가와 향후 발전 과제」, 세종: 산업연구원.

장석인·정은미·서동혁·김종기·김경유·이상헌·이자연·권문주 (2017), 「범부처 성장동력 정책·사업 평가 및 개선방안 연구」(과학기술종합조정지원사업 보고서, 2017-07), 서울: 과학기술 정보통신부.

장영배 (2009), 「과학기술정책과 사회적 불평등」, 서울: 과학기술정책연구원.

장윤종·서동혁·정은미·곽대종·김경유·김종기·박광순·이경숙·주대영·최윤희·홍성인·이임자· 문혜선·최재영·진혜진·박정수·조현승·박문수·이경희·노영진 (2012), 「산업현장에서 바라본 신성장동력 정책의 추진성과 및 발전방향」, 세종: 산업연구원.

전용수 (2010), 「신성장동력 산업 육성의 재정법적 과제」, 세종: 한국법제연구원.

전용수·유인규·강삼규·김성은·변재연·이형진·한정수 (2009), 「신성장동력 육성 정책: 예산과 입법 과제」, 서울: 국회 예산정책처.

정정길·최종원·이시원·정준금·정관호 (2011), 「정책학원론」, 서울: 대명출판사.

정종인·박장호 (2007), "차세대성장동력사업 추진현황과 과제"(한은조사연구 2007-21.), 서울: 한국 은행 조사국 산업지역팀.

정혁 (2014), 「ICT와 불평등」(KISDI Premium Report 14-11), 진천 : 정보통신정책연구원

주원·서행아 (2017), 「포용적 성장과 과학기술 정책 방향」, 서울: 한국과학기술기획평가원.

최윤희·이항구·박정수·문선웅·유현선·오형나·안기철 (2005), 「차세대 성장동력산업의 경쟁력 현황과 시장전략」, 서울: 산업연구원.

최한림·오세홍·김기봉·이인혜·정수현·정혜경·황서연 (2015), 「미래성장동력 육성 실행계획 수립 및 이행관리에 대한 기획연구」, 서울: 미래창조과학부.

한국과학기술기획평가원 (2018), "우리나라 민간기업 연구개발 활동 현황" (KISTEP 통계 브리프

2018년 제20호), 서울.

홍성주·이정원·엄미정·이상엽·오승환·홍창의 (2015), 「전환기의 한국형 과학기술혁신 시스템」, 세종: 과학기술정책연구원.

황병상 (2019), "한국 제4차 산업혁명 정책의 발전방향 논고: 정책문제 정의 및 정책의 구성요소를 중심으로", 과학기술정책연구원, 「과학기술정책」, 2(1): 5-30.

Freeman, Christopher (1987), *Technology Policy and Economic Performance*: Lessons from Japan, London: Bloomsbury Publishing Plc.

Hogwood, Brain W. and Guy B. Peters (1983), *Policy Dynamics*, N.Y.: Martin's Press.

Nelson, Richard(ed) (1993), *National Innovation Systems: A Comparative Analysis*, Oxford: Oxford University Press.

Schwab, Klaus (2016), *The Fourth Industrial Revolution*, Genova: World Economic Forum.

Schumpeter, Joseph (1942), *Capitalism, Socialism and Democracy*, New York: Harper and Brothers.

Williamson, John (2018), "Beijing Consensus versus Washington Consensus", in Robert E. Looney(ed.) *Handbook of Emerging Economies*, New York: Routledge.

"

Creation of Science and
Technology Innovation Ecosystem

"

제2부

과학기술 혁신생태계 조성

제**4**장

과학기술계 정부출연연구기관 정책

이 민 형

"

국가 혁신생태계 발전을 위해서는
정부출연연구기관 정책의 자율과 책임의 기조를 명확히 확립하고
관련 정책과 제도들의 적합성 제고가 필요하다.

"

제1절 서 론

지식과 기술이 경제사회 발전과 글로벌 시장경쟁력을 좌우하게 됨에 따라 연구개발을 통한 새로운 지식의 창출과 활용이 중요하다. 그러나 연구개발은 성과창출의 위험성이 높으며 투자 성과에 대한 전유성이 약해 시장에 맡겨놓을 경우 과소투자가 발생할 수 있다. 이에 정부는 공공연구개발 투자를 통해 민간이 투자하지 않는 부분을 보완하거나 투자 동기부여가 약한 연구개발의 시장실패를 보완하고 민간 연구개발 활동을 촉진한다.

정부의 연구개발 투자는 연구 인프라 지원, 중소기업 연구개발 지원 등 민간의 연구개발 투자 및 연구활동 촉진을 위해 이루어진다. 또한 공공성이 강하고 위험성이 높은 부분에 대해 정부가 직접적인 연구개발을 수행해 그 결과를 이전하거나 정부와 민간이 공동으로 연구개발을 추진한다. 특히 기초연구, 국가 안보 등 공공임무 분야의 장기적이고 안정적인 연구개발활동을 위해 공공연구기관을 설립해 운영한다.

우리나라의 정부 연구개발예산은 공공 R&D투자 확대 수요가 증가함에 따라 매년 크게 증가하고 있다. 매년 높은 비율로 증가했던 정부 R&D 예산이 2010년부터는 증가율이 감소하기 시작해 2016년에서 2018년은 1%대

증가율에 머무르기도 하였다. 그러나 다시 증가폭을 확대해 2019년에 정부 R&D 예산은 20.5조원으로 20조원 시대를 열었다. 2020년 정부연구개발예산은 총예산 대비 4.69%이며 예산규모는 24.1조원으로 크게 증가하였다. 이러한 규모는 국가 GDP 대비 정부 R&D예산 비중이 세계 1위~2위에 해당하는 높은 수준이다[1] 그러나 정부연구개발예산이 크게 증가하는 것에 비해 공공연구성과의 생산성이 개선되지 못하고 있다는 문제가 지속적으로 제기되고 있다[2].

공공 R&D의 낮은 생산성 문제는 여러 요인들이 관련되어 있지만 그 중에서 정부 부문의 연구개발 수행을 직접 담당하고 있는 정부출연연구기관(이하 '정부출연(연)'이라 한다)의 낮은 생산성 문제가 주요 정책적 대상이 되어 왔다. 정부출연(연)은 정부 R&D예산의 40%(19년)를 사용하고 있으며 이 중 국가과학기술연구회 산하 정부출연(연)은 19%로 약 4조원을 사용하고 있다. 공공 R&D의 많은 투자에 비해 낮은 성과를 나타내는 '한국형 R&D 패러독스'는 연구회 산하 정부출연(연)의 연구성과 문제와 밀접히 연계되어 논의되고 있다.

정부는 정부출연(연)의 생산성 제고를 위해 정부출연(연)의 역할 재정립, 연구몰입환경 제고 및 공공기관 운영지침 준수 요구까지 정부출연(연) 관리를 위한 다양한 내용의 정책과 제도를 도입해 적용하고 있다. 또한 지속적으로 정책과 제도의 문제점을 파악하고 제도개선을 위한 조치들을 취하고

---

1)   18년 기준 GDP대비 정부 R&D예산 투자규모는 세계 1위이다.

2)   공공 R&D체계의 저 생산성 구조에 대해 '한국형 R&D 패러독스'라고 불리우고 있다. 이는 1990년대 스웨덴에서 기초연구 R&D에 적극 투지했음에도 경제적 성과로 이어지지 못한 현상을 스웨덴 패러독스(Swedish Paradox) 라고 명명한 것에서 유래된다.

있다. 그러나 정부의 정책과 제도 개선 조치에도 불구하고 연구성과는 크게 개선되지 못하고 있다[3]. 따라서 정부의 정부출연(연) 정책분석을 통해 정책의 문제점과 원인을 살펴보고 정책의 효과 제고를 위한 개선방안 검토가 필요하다. 본 장에서는 우리나라 과학기술계 정부출연(연) 정책의 주요 내용을 살펴보고 정책요소별 분석을 통해 혁신방향을 제시하고자 한다.

제2절 정부출연(연) 정책의 개관

1. 정책의 개관

1) 정부출연(연)의 연구회 체제로의 발전

우리나라 정부출연(연)은 1966년 KIST 설립으로부터 출발한다. 그 배경에는 산업발전과 과학기술 연구기반 조성에 대한 수요가 발생하고, 선진국의 과학기술을 도입한 이후에 기술문제 해결이 필요해 짐에 따라 정부연구기관에 대한 국가적인 역할 기대가 있었다. 또한 정부출연(연)은 정부 보조금이 아닌 출연금으로 설립되었는데 이는 국립연구기관이 갖는 연구의 경직성 및 관리의 경직성에서 벗어나 자율적인 연구 활동에 의한 연구 성과 창출을 목표로 했기 때문이다(이민형외, 2012). 이후 1970년대에 정부연구

---

3) 언론 기사에서 정부출연(연)의 보유특허 10개중 약 6개가 장롱특허이며 C등급 이하의 낮은 질적 평가를 받은 특허가 50%를 넘고 있다. '코리아 R&D 패러독스, 머니투데이, 2021.7.15.

개발의 중요성이 확대되면서 정부출연금을 받는 전문분야별 연구기관의 설립이 가속화되었다. 기존 KIST 조직에서 분화되거나, KIST 연구진을 중심으로 새로운 연구소를 설립하거나, 국공립연구소를 개편하여 각 기관들이 해당 정부부처 산하에 설립되었다(한국과학기술연구원, 2006).

그러나 부처별로 정부출연(연)을 설립함에 따라 정부출연(연)의 수가 크게 증가하고 비효율성 문제가 제기되면서 1981년에 주요 연구기관의 과학기술처 이관 및 통폐합이 추진되었다(과학기술부, 2008).

지금의 연구회체제는 1997년 외환 위기 이후인 1999년에 도입되었다. 이를 지원하는 법으로서 '정부출연연구기관 등의 설립·운영 및 육성에 관한 법률'이 제정되었고 과학기술분야 3개 연구회(기초기술연구회, 공공기술연구회, 산업기술연구회)와 2개의 경제인문사분야 연구회(경제사회연구회, 인문사회연구회)가 설치되었다. 관리감독 부처는 국무총리실로 일원화되었다. 그러나 정권이 교체될 때마다 연구회 체제는 관리 부처 및 구조상의 변화가 이루어졌다. 2004년 과학기술분야 연구회는 국무총리실에서 과학기술부로 이관되었고 2008년에는 공공기술연구회가 해산되고 기초기술

(그림 4-1) 출연연 지배구조의 변화과정

구조적 분화	과기부 일원화 체제	출연(연) 공동활용 체제	부처 이원 체제	통합연구회 체제
• 다수 출연(연) 분화 독립	• 통폐합(16→9개)(1981년)	• 연구회체제 도입(1999년) • 3개연구회(기초, 공공, 산업)	• 교과부, 지경부 이원체제 • 출연(연) 이원체제 (기초, 산업연구회 구분)	• 교과부, 지경부 이원체제 • 출연(연) 이원체제 (기초, 산업연구회 구분)
	• 정부 운영비지원(통제강화) • PBS도입(1996년) • 기관평가제도도입(1991년)	• 정부직접통제 완화 • 경쟁체제(PBS) 강화 • 기관평가 강화	• PBS제도 보완 기관평가제도 보완	• 융합연구단 사업 • 임무중심형 기관평가제도 도입

1960-1970년대	1980-1990년대	2000년대	2008-2012년	2014년~
산업체 직접지원	국가 R&D 주도	산학연 경쟁	대학중심	

자료 : 이민형 외, 2017.

연구회는 교육과학기술부로, 산업기술연구회는 지식경제부로 이관되어 이원화된 연구회체제가 운영되었다. 2013년 두 연구회는 미래창조과학부 산하로 이관되고 2014년 6월 통합되어 국가과학기술연구회 통합체제가 출범되었다. 2021년 현재 통합연구회는 과학기술정보통신부 산하에 위치하고 있으며 25개 정부출연(연)이 소속되어 있다(이민형외, 2018). 이러한 정부출연(연)체제의 변화과정을 요약해 정리하면 (그림 4-1)과 같다.

2) 정부출연(연) 조직운영체계의 구성과 특징[4]

정부출연(연)은 일반 기업조직 및 공공조직과 달리 조직활동과 운영상의 차별화된 특성을 가지고 있다. 정부의 정부출연(연) 정책이 효과적으로 작동하기 위해서는 정부출연(연)의 독특한 특성에 대한 고려와 적합성이 높은 정책 적용이 중요하다.

우선 일반적인 공공 행정조직과 달리 연구개발 활동을 주요 조직적 활동으로 하고 있다. 일반적인 행정활동은 규정에 기초한 매뉴얼화된 활동이 중심이며 업무 효율성을 목표로 추진된다. 반면 연구개발은 창의적이며 도전적인 과정을 통해 독창적이면서 유용한 성과창출을 목표로 한다. 연구개발과정은 새로운 시도와 실패가 반복되고 성공의 불확실성이 높다. 또한 새로운 독창적인 연구에는 고도의 전문성이 필요해 전문성이 높지 않은 일반인에 의한 관리는 적절하지 않다. 그래서 연구활동 몰입에 방해가 되는 불필요한 프로세스나 제도를 제외한 최소한의 프로세스 하에서 창의적이고 도전적인 성과창출을 목표로 운영된다. 따라서 일반적인 행정조직과는 달리

---

4)   이민형 외 (2018: 25-27)를 중심으로 작성함.

조직운영에 자율에 의한 책임 운영, 즉, 자율과 책임 원칙이 강조된다.

둘째, 정부출연(연)은 정부부문의 제도적 환경에 중요한 영향을 받는다. 정부출연(연)은 정부부문에 속한 공공조직이므로 민간 연구기관과는 달리 법적 기반 및 재정 조달 측면에서 정부에 의존하고 있다. 그에 따라 조직 설립에서부터 운영에 이르기까지 정부의 관리통제와 지배를 받는 구조이다. 여기서 중요하게 고려해야 하는 점은 정부의 제도적 환경이 일반 공공조직을 대상으로 하고 있어 일반 공공조직 활동과는 차별화된 연구개발활동에 적합하지 못한 것이다. 즉, 일반 공공조직에 적용되는 정부의 효율성 중심의 경직적인 관리통제 정책이 정부출연(연)의 조직활동에 비효과적으로 작용하므로써 연구성과 창출에 방해가 될 수 있다는 것이다.

모든 조직이 생존을 위해서는 환경에의 적응이 필수이다. 정부출연(연)도 조직 생존을 위해 외부환경에의 적응이 중요하다. 그런데 정부출연(연)이 대응해야 할 환경요소는 다소 복잡하다. 즉, 경제사회환경, 시장환경, 과학기술환경 등과 같은 거시적 환경 변화에 적절히 대응해야 한다. 분야별로 정부출연(연)은 해당 분야의 연구생태계 및 혁신환경 변화에 적응해야 한다. 그리고 정부의 제도적 환경 변화에 적극적으로 대응해야 한다. 특히 정부출연(연)은 법적 환경과 지배구조에 의해 정부의 직접적인 관리통제 대상이기 때문에 정부의 제도적 환경에 중요한 영향을 받는다. 그래서 정부출연(연)이 조직 외부의 혁신환경 변화에 적극적으로 대응해야 하지만 정부가 관여하는 제도적 환경에 대응하는 것이 무엇보다 중요하다. 제도적 환경 대응은 정부출연(연)의 생존과 운영의 정당성 확보 차원에서 중요하기 때문이다. 따라서 정부가 추진하는 제도의 적합성이 부족하거나 정책 실패가 발생할 경우 정부출연(연) 운영에 부정적인 영향을 미치게 된다. 즉, 정부가 정부출연(연) 연구개발 활동에 적합한 제도적 환경을 조성하는 것이 정부출연(연) 운영 및 성과창출에 중요하다.

셋째, 정부출연(연)에 대한 정책 의사결정은 정부출연(연)의 관리주체인 연구회가 아닌 정부에 의해서 주도된다. 즉, 정부 주도의 의사결정체제이다. 정부출연(연)이 연구회 산하에 소속되어 있지만 정부출연(연)에 대한 정책과 제도는 담당 정부부처를 중심으로 추진된다. 그러나 정부출연(연)은 전문성이 높은 연구 활동을 수행하고 운영에 차별적인 특성이 있어 일반 전문가가 아닌 연구개발활동에 대한 이해와 전문성을 보유한 특별한 전문가에 의한 제도 및 정책설계가 필요하다. 또한 정부출연(연) 관련 정책의사결정에 전문적인 정보와 지식을 적용하는 것이 중요하다. 정부가 주도하는 정부출연(연)정책 의사결정체제는 전문가 참여에 의한 보완이 이루어진다 하더라도 제한된 전문성의 한계를 내포하고 있다.

넷째, 정부출연(연)의 역할은 독립적으로 설정되는 것이 아니라 정부연구개발체계와 밀접히 연계되어 있다. 연구개발 부문에서 정부의 기본적인 역할은 민간이 연구개발 활동을 수행하지 않아서 정부의 역할이 필요한 부문에 대한 보완적인 역할을 담당하는 것이다. 또한 국가 차원의 연구개발 전략을 세우고 정부가 주도적으로 추진해야 할 부분을 담당하거나 위험이 높은 분야를 담당하기도 한다. 정부가 이러한 역할을 추진하는 데에 두 가지 수단이 적용된다. 하나는 정부가 직접 연구개발사업을 추진해 민간투자가 부족한 부분을 보완하는 것이다. 다른 하나는 정부출연(연)이 지속적이고 안정적인 연구개발사업을 통해 정부 역할이 필요한 부분을 담당하는 것이다. 따라서 포괄적으로 정부의 역할이 필요한 부문에서 정부부처와 정부출연(연)의 역할 관계 및 조정이 필요하다(이민형 외, 2018). 이러한 정부출

(그림 4-2) 정부출연(연) 관리체계의 구성

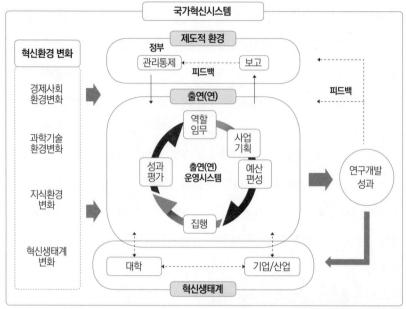

자료 : 이민형 외, 2018: 25.

연(연) 조직운영체계의 구성과 내용을 포괄하는 정부출연(연) 관리체계를
도식화하면 (그림 4-2)와 같다.

3) 정부출연(연) 관리를 위한 주요 정책들

정부의 정부출연(연) 관리 정책은 정부출연(연)의 운영요소 및 정부의 지
원관리 측면에서 다양한 정책과 제도가 적용되고 있다. 정부출연(연) 운영
의 핵심요소는 창의적이고 도전적인 연구활동에 필요한 자율과 책임의 기
본적인 관리원칙이며 이러한 원칙 하에서 정부출연(연)에 대한 다양한 정책
과 제도가 추진되고 있다. 그러나 실제로 정부가 적용하는 제도에는 연구의
자율성을 훼손하거나 기관운영의 경직성을 높이는 등의 문제가 있는 것으

로 지적되고 있다.

정부출연(연) 정책은 기본적으로 높은 연구성과 창출을 목표로 하며 동시에 정부부문 연구기관 운영의 효율성 제고를 지향하고 있다. 따라서 연구성과 창출 및 운영의 효율성 관련 정책과 제도들이 혼용되어 추진되고 있다.

정부가 추진하는 가장 기본적인 정책은 출연금 지원 정책이다. 정부출연(연)의 운영을 위한 예산과 연구비의 일정부분을 정부가 출연금 형태로 지원하는 정책이다. 그리고 출연금 이외의 필요 재원은 정부출연(연)이 수탁사업의 형태로 여러 부처에서 연구비를 조달하거나 기업에서 연구과제 수주를 통해 연구비 및 운영재원을 조달하게 된다. 정부출연(연)의 연구인력 및 행정인력은 모두 정부로부터 구체적인 인력규모를 승인받아야 채용이 가능하다. 그리고 승인된 인력의 인건비의 일정비율을 정부가 출연금으로 지원한다.

정부는 정부출연(연)의 설립 주체이며 운영에 필요한 예산을 지원하고 있다. 그래서 정부출연(연)이 설립 목적에 따라 운영이 잘 되고 있는지, 정부의 지원 예산이 적절히 사용되고 있는지에 대한 평가 및 모니터링을 하고 있다. 이와 관련해 추진되고 있는 주요 제도가 기관평가제도이다. 기관평가제도의 목적은 초기에 기관운영의 효율성 제고가 중심이었으나 최근에는 연구계획 및 기관운영계획의 적합성 평가를 중심으로 기관평가가 시행되고 있다.

정부는 정부가 지원 관리하는 공공기관의 운영 효율성 제고를 위해 공통적인 관리제도를 적용한다. 모든 공공기관에 적용되는 '주 52시간 근무제', 비정규직의 정규직화 등이 대표적인 제도이다. 일반적인 공공기관에 모두 적용되는 제도들의 경우 연구개발 특성이 반영되지 않아 적용의 차별성, 예외 적용 등이 이루어지고 있다. 그러나 차별성이 충분한 수준인지에 대한 논란이 지속적으로 제기되고 있다.

정부출연(연)을 관리하는 국가과학기술연구회의 역할이 확대되면서 정부출연(연) 간의 융합연구 활동을 강화하기 위한 융합연구사업 제도가 추진되고 있다. 융합연구사업은 개별 정부출연(연)의 높은 장벽으로 인한 융합연구 비활성화를 개선하기 위한 사업으로 여러 정부출연(연) 연구자들의 협업을 통해 국가 문제해결을 목표로 한다.

2. 해외 정책 동향

연구개발을 수행하는 정부출연(연) 관련 해외 정책사례는 정부연구기관에 대한 정책 및 제도를 중심으로 살펴보고자 한다. 우선 OECD 국가들의 정부연구기관에 대한 조사에서 제시된 사례들의 내용을 살펴보고 일본의 정부연구기관 관련 정책들을 살펴본다.

1) OECD 국가들의 정부연구기관 운영 현황[5]

OECD는 2011년 OECD 국가들의 정부연구기관(PRI : Public Research Institutions) 운영 현황에 대한 조사를 실시하고 보고서를 작성하였다. 해당 보고서에는 주요국들의 정부연구기관의 설립 목적과 10년간의 활동 흐름의 변화를 조사해 분석하였다.

---

5) OECD (2011), 이민형 외 (2018: 74-80)를 중심으로 작성함.

(1) 정부연구기관의 설립 목적 및 운영 규모[6]

정부연구기관의 활동이 활발한 대표적인 국가인 독일은 4개의 연구회체제 중심으로 정부연구기관의 운영이 이루어지고 있다. 4개의 연구회는 막스프랑크연구회, 프라운호퍼연구회, 헬름홀츠연구회, 라이프니츠연구회이며 각각 79개, 80개, 15개, 82개의 연구소로 구성되어 있다. 이 중에서 막스프랑크연구회는 기초연구를 중심으로 연구를 수행하며, 프라운호퍼연구회는 강력한 산업 지향의 미션을 가지고 있으며 분야 중심(Field Specific)의 응용 연구를 중심으로 연구를 수행한다. 주요 연구 목적은 민간 기업과 공공 기업에 직접적인 가치를 주는 응용 연구와 사회에 광범위한 이익을 주는 연구이다.

일본은 독립행정연구소 및 국가 시험연구소를 중심으로 52개 연구소를 가지고 있으며 공공 중심의 미션을 지향한다. 일반적인 목적의 기초 및 응용연구와 개발연구를 수행하며, 다른 섹터에 의해 지원되지 않는 도전적인 분야 및 장기적인 기간과 대규모 투자가 필요한 영역에 대한 연구, 대규모 공공시설 공급, 대학의 기초연구와 연결 등을 목적으로 한다.

영국은 부처별 연구기관과 연구회 소속 기관으로 나누어지며 총 142개 정부연구기관이 존재한다. 부처 소속 연구기관은 부처에 따른 특정 영역을 중심으로 응용 및 개발연구를 수행하며, 산업 중시에도 불구하고 강력한 공공 지향을 특징으로 한다. 또한 부처 정책, 법에 명시된 규제 및 구매 의무 관련 과학적 역할 제공, 정책 이슈와 공공 서비스에 대한 자문, 증거 및 서비스를 정부와 공공기관에 제공, 비상 상황 및 국가 안보에 대비한 기관들

---

6) 이민형 외 (2018: 74-75)를 중심으로 작성함.

의 과학 역량 유지 등을 목적으로 한다. 연구회 소속 정부연구기관은 분야 중심의 기초 및 응용연구를 수행하며, 고품질의 기초, 전략, 응용연구 촉진과 대학 졸업자 훈련 등을 목적으로 한다.

미국은 정부연구기관이 750개 정도 운영되고 있으며 그 중 연방연구기관이 약 500개에 이르고 있다. 전체 기관수는 유럽 국가에 비해 적지만 기관당 약 1,000명 이상의 과학자들이 일하고 있는 것으로 조사되고 있다. 연방연구기관에 소속된 60명 이상의 과학자들이 연구를 통해 노벨상을 수상하므로써 연방연구기관들이 미국의 과학기술을 선도하고 있음을 보여준다(Crow and Bozeman, 1998). 연방연구기관들은 많은 기관이 근원적 지식발견을 위한 기초연구 분야를 연구하고 있으며 응용연구 및 인프라 기술도 일부 수행하고 있다. 또한 산업계에 필요한 기술개발도 일부 수행한다. 미국의 연방연구기관 운영체계는 정부소유·정부운영(GOGO: Government-owned, Government-operated)과 정부소유·위탁운영 GOGO: Government-owned, Contractor-operated)형태로 구분된다 (장영배 외, 2006).

(2) 정부연구기관의 운영 방향과 목표

많은 OECD 국가에서 정부연구기관 연구활동의 우선순위로 "탁월성"(Excellence)을 명시하고 있다. 그리고 개방성(Openness)과 연결성(Linkage)의 확대가 많은 정부연구기관 활동의 핵심 목표가 되고 있다. 연구범위에서도 학문간의 다학제(Trans- and Multi-disciplinary Science) 연구가 중요해지고 있다. 연구영역에서는 공공성(General Public)을 위한 응용연구와 연구 결과의 보급 확산이 중요 활동 영역인데, 일반적으로 공공 중심의 미션(Public-oriented mission)이 산업 중심 미션(Industry-oriented mission)보다 강조되고 있다. 정부연구기관의 활동 영역이 특정 섹터나 산업, 특정한 영역 및 업무에 집중되는 경향이 있다. 정부연구기관의 연구목표는 다수의 목표들이 제시되고 있으나 일반적으로 응용연구(Applied research)가 가장 주된 활동이다. 정부연구기관의 기본적인 역할은 산업 성장과 생산성 지원, 그리고 연구 결과의 사회적 기여에 관련되어 있다.

(3) 정부연구기관 조직 및 운영시스템

많은 국가에서 합병 등을 통한 연구소의 대형화와 연구 그룹 사이즈의 확대가 나타났다. 이는 정부연구기관의 목표 변화가 조직 변화의 핵심 역할을 한 것으로 관측된다. 다른 가능한 요인으로는 개방성 증가 추세, 시장 대응력 증대, 예산 압력 등을 들 수 있다.

독립성, 자율성, 유연성을 높이기 위해 많은 국가에서 기업과 유사한 운영 모델(Business-like operational model)의 연구소 체제가 도입되었다. 산업계가 직접 참여하는 공공-민간 파트너쉽(Public-private partnerships: P-PPs)이 나타났으며, 민간 파트너가 참여한 우수 센터(Excellence centre)도 도입되었다. 몇몇 나라에서는 정부연구기관의 업무와 환경을 조율하기 위해 합병이나 재조직을 하기도 했으나 민영화가 언급된 국가는 거의 없었다.

정부연구기관의 거버넌스는 국가 간과 국가 내에서도 다양성을 보였다. 정부연구기관은 영역과 조직 형태에 따라 법적 형태, 권한의 형태, 내적 구조가 다양하게 나타났다. 일부 국가는 산업계로부터 수요를 반영하기 위한 상향식(Bottom up)체계를 추진했으며 탁월성(Excellence)을 확보하기 위한 최적의 방안을 모색하였다.

펀딩(Funding)은 정부연구기관의 방향과 활동을 결정하는 핵심 요인이다. 전반적으로 경쟁 펀딩(competitive funding)이 증가하고 있다. 즉, 공공 경쟁 펀딩의 증가, 민간기업 계약 수익의 증가, 공공 펀딩의 감소 또는 유지가 나타나고 있다. 그러나 일부 국가에서는 과학 기반의 재강화를 위해 정부연구기관에 대한 펀딩이 증가하고 있다. 또한 인력은 규모와 고용 구조에서 상당한 다양성이 나타났다. 대체로 대부분의 연구소는 기술 지원 테크니션(Technician)과 행정 인력 규모는 유지되고 있으나 연구 인력 규모는 확대되었다.

정부연구기관의 운영에서 나타난 중요한 변화 중의 하나는 연결성(Linkage)과 국제화(Internationalization) 현상이다. 해외 대학, 해외 기업과 해외 공공 기관/정부이외의 다른 주체와의 연결이 증가하였다. 또한 기업 및 대학과의 연결성이 증가하고 있다. 특히 대학과의 연결성이 증가해 정부연구기관이 대학원생을 고용하거나 지원하는 숫자가 늘고 있다. 정부연구기관의 국내 기업 및 해외 기업과의 관계는 경쟁보다는 협력관계로 나아가고 있다. 다만 다른 정부연구기관과의 연결은 순수한 협력과 협력적 경쟁 관계가 혼합되는 경향을 보였다. 또한 정부연구기관은 정보제공자로서의 역할이 적었고 인력의 이동도 낮았다.

2) 일본 정부연구기관 정책 동향

(1) 연구개발법인형 독립행정법인제도

일본 정부연구기관 정책의 주요 특징은 국립연구개발기관들에 독립행정법인화제도를 적용한 것이다. 독립행정법인제도는 국가행정조직을 간소화하고 정책 실시 기능을 분리하고자 도입되었다. 특히 공공의 관점에서 반드시 실시해야 하는 사업 중, 국가가 직접 실시할 필요는 없으나 민간에게 맡겨서는 추진되지 않을 가능성이 높은 사업을 국가 기관인 독립행정법인을 통해 추진하고자 하였다(이민형, 2018: 82-83). 1999년 관련법이 설치되고 2001년부터 독립행정법인화가 진행되었으며 대다수의 국립연구기관이 독립행정법인으로 전환되었다. 독립행정법인제도는 주무대신(장관)이 내린 명확한 미션 하에 법인의 장의 리더십을 바탕으로 법인의 자주적, 도전적 운영을 하게 한다는 취지였다(이민형 외, 2019: 34). 그러나 독립행정법인은 경영에 일정한 자율성이 주어졌지만, 5년마다 중기목표 설정을 비롯해 계획 수립시 주무부처의 간섭을 받았고, 재정적으로 일반관리비에 대해 매년 3%이상, 업무경비의 1%의 효율화 목표를 설정하였다. 또한 연구수탁을 통해 수입이 발생하면 운영비교부금에서 그만큼 삭감하는 방식을 취하였다. 이러한 운영방식이 연구개발 성과 창출의 극대화 및 국제경쟁력을 잃는 요인이 될 수 있다는 지적이 제기되었다(이민형 외, 2018).

이러한 독립행정법인제도의 문제 개선 요구를 정부가 일부 받아들여 일반 독립행정법인과는 다른 연구개발형 법인 유형이 2014년도에 설정되었다. 연구개발형 법인은 국가 전략에 따라 과제를 수행하는 연구기관임을 제도적으로 명확히 하고, 연구개발 이외의 업무를 실시하고 있는 점을 배려하며, 평가 중복으로 인한 평가 피로의 방지, 연구개발 특성을 고려한 평가, 국제 수준을 고려한 전문적 평가와 함께 현장 밀착형 연구에 대한 배려, 인건비 및 운영비 교부금의 일률적 삭감 폐지 등이 주로 제시되었다. 또한 국가 전략에 따라 과학기술 이노베이션을 실현하는데 기반이 되는 세계 최고 수준의 성과를 도출할 것으로 기대되는 법인에 대해서는 '특정국립연구개발법인'으로 정하여 독립행정법인통칙법과는 별도로 특정국립연구개발법인 운영을 규정하고 있다. 특정국립연구개발법인으로 이화학연구소(RIKEN)과 산업기술종합연구소(AIST), 물질·재료연구기구(NIMS) 등이 있다(이민형 외, 2018). 특정국립연구개발법인 운영의 주요 특징은 중기전략목표를 최대 7년으로 제시하고 연구개발의 극대화에 관한 사항, 법인장의 경영에 관한 사항, 연구개발활동 개선 및 효율화에 관한 사항을 기재하도록 하고 있다. 법인장은 국제경쟁력을 갖춘 인재확보와 함께 능력 발휘를 위해 인사제도의 개혁 및 유연한 급여 설정 등 필요한 조치를 하고 있다(이민형 외, 2019).

(2) 산학연 협력정책 강화[7]

일본은 제 4차 산업혁명 시대 도래를 비롯하여 인구 감소, 고령화 등으로부터 발생하는 현대 사회의 복합적 문제를 해결하기 위해서 오픈이노베이션을 본격화하고 있다. 미래 사회상에 대한 비전을 기업·대학·연구개발법인 등이 함께 탐색·공유하고 연구의 단계와, 인문계, 이공계 등의 전공을 불문하고 다양한 리소스를 결집시켜 추진하는 공동연구를 통해 이노베이션을 가속화하는 것이 중요하게 고려되고 있다. 무엇보다 산업계가 산학연 연계를 통해 기대하는 것을 명확히 제시하고 대학·국립연구개발법인과 함께 어떻게 공동연구를 실행할 것인지, 그리고 앞으로의 연구 성과를 극대화하기

---

7) 이민형 외 (2019: 39-41)를 중심으로 작성함.

위한 방안 마련에 있어 공통된 인식을 갖는 것이 중요하다고 보고 있다[8].
실질적으로 이러한 오픈이노베이션의 가속화를 위해 2025년까지 대학·국
립연구개발법인에 대한 기업의 투자 금액을 현재(2014년 기준)의 3배까지
증가시키겠다는 정부의 목표가 설정되었다[9]. 그리고 일본 정부는 이러한
목표 달성을 위해 다음과 같은 가이드 라인을 마련하였다.

첫째, 구체적인 공동연구 등의 프로젝트 지원이다. 공동연구는 기업과
대학·국립연구개발법인 간의 자율적인 계약에 의해 추진되지만 정부도 각
종 연구개발·실증사업 등을 운영함으로써 공동연구의 실시를 지원한다. 예
를 들면, 전략적 이노베이션창조프로그램(SIP), 국립연구개발법인 신에너
지·산업기술종합개발기구(NEDO), 과학기술진흥기구(JST)에 의한 산학연
연계의 공동연구프로젝트, 대학발 벤처에 대한 지원 등에 있어 공동연구 지
원 대책을 검토한다.

둘째, 대학·국립연구개발법인의 이노베이션 경영인재 육성 및 운용개선
지원이다. 개별 대학·국립연구개발법인의 경우 경영이 어렵기 때문에 대학
내 이노베이션 경영인력 육성 등을 지원하고, 대학·국립연구개발법인 운용
에 대한 명확한 이해를 도모하기 위한 활동을 실시한다.

셋째, 대학·국립연구개발법인 성과에 대한 인센티브를 부여한다. 가이드
라인에 따른 대책이 연구 성과의 사업화 및 라이선스 등을 통한 수입 확대

---

8) 日本経済団体連合会(2016.2), 産学官連携による共同研究の強化に向けて~稲べー所ン
    を担う大学 · 研究開 発法人への期待~, https://www.keidanren.or.jp/policy/2016/014_
    honbun.pdf   (2019.5.24)
9) イノベーション促進産学官対話会議(2016.11)、産学官連携による共同研究強化のた
    めのガイドライン、http://www.mext.go.jp/b_menu/houdou/28/12/__icsFiles/afieldfi
    le/2016/12/26/1380114_02_1.pdf (2019.5.24.)

로 이어지고, 산학연 연계체제 강화와 교육연구의 고도화로 한층 강화된 산학연 연계로 이어지는 자립적인 선순환 구조를 만드는 것이 필요하다. 정부도 이러한 노력을 가속화하는 관점에서 공적 자금 등의 활용을 포함한 적절한 인센티브를 부여한다. 한편, 대학·국립연구개발법인에 대해 산업계의 투자를 종용해 나가기 위한 구조를 구축해 간다.

넷째, 가이드라인을 고려한 대학의 조치에 대한 평가이다. 매년 실시하는 국립대학법인법에 입각하여 국립대학법인 등의 평가에 있어서도 산학연 연계 활동 평가 시 가이드라인 내용을 참조 활용한다. 또한 각 법인의 산학연 연계 등에 관한 중기 목표·중기 계획 달성 현황에 대해서도 국립대학법인 등의 평가에서 확인한다. 또한 지정국립대학법인의 경우 사회와의 연계를 비롯해 대학 간 혹은 대학과 기업·연구기관 등과의 공동창출의 장을 구축·활성화를 추진해야 하는데, 이 때 이러한 가이드라인의 내용이 반영되어 있는지 등을 충분히 고려해야 한다[10] (이민형 외, 2019).

제3절 과학기술계 정부출연(연) 정책의 분석과 혁신

1. 정책기조 분석과 혁신

---

10) イノベーション促進産学官対話会議 (2016.11)、産学官連携による共同研究強化のためのガイドライン、http://www.mext.go.jp/b_menu/houdou/28/12/__icsFiles/afieldfile/2016/12/26/1380114_02_1.pdf(2019.5.24)

1) 자율과 책임

과학기술계 정부출연(연)에 관한 정책기조는 "과학기술분야 정부출연 연구기관 설립·육성에 관한 법률"을 통해 확인할 수 있다. 이 법률 제 10조 (자율적 경영의 보장 등)에 "연구기관은 연구와 경영에서 독립성과 자율성 이 보장된다" 라고 명시하고 있다. 즉, 정부출연(연)의 운영과 연구수행에 관한 자율성을 보장하고 있다. 그리고 정부출연(연)의 독립성을 보장하기 위해 "국가과학기술연구회 및 연구기관은 법인으로 한다" 라고 규정하고 있으며, 연구와 운용의 자율성 보장을 위해서는 "정부의 출연금과 그 밖의 수익금으로 운영한다" 라고 정해놓고 있다. 또한 자율적인 연구수행을 위 해 정부가 직접 출연한 예산으로 연구개발사업(기본사업)을 수행하도록 하 고 있다.

출연금은 보조금과 달리 정부가 예산의 사용을 세세하게 통제하기 보다 는 정부가 허락한 주요 항목을 준수하면서 출연금의 사용주체가 자율적으 로 사용하는 예산이다. 따라서 정부출연(연)의 자율적 경영 및 연구에 기반 이 되는 재원이라 할 수 있다. 즉, 정부의 출연금 지원은 정부출연(연) 운영 의 자율과 책임이라는 기본 원칙을 토대로 이루어지고 있으며, 자율과 책임 의 원칙을 구현하는 중요한 수단이다. 그러나 출연금 지원 규모 산정과 사 용에 관한 정부의 조건이 부여되어 있으며 연구기관으로 하여금 조건과 기 준을 준수하도록 정부가 강하게 관리통제를 하고 있다. 연구기관은 예산과 사업계획을 연구회에 제출하고 그 승인을 받아야 하는데, 출연금 산정시 정 부가 정한 조건에는 기관의 인력 수 및 인건비 규모에 대한 통제, 경상운영 비, 자본적 지출에 대한 통제를 하고 있다. 이러한 통제 조건 하에서 연구기 관의 총지출 규모가 우선 결정되고, 총지출 규모에서 예상되는 자체수입 규모를 고려한 후 출연금 지원 규모가 산정된다. 출연금 사용은 큰 항목 준수 외에 세세한 통제를 받지는 않으나 정부가 정한 예산사용 기준을 준수해야 한다. 또한 연구기관이 연구활동 확대를 통해 창출한 잉여금도 그 사용에 대해서는 연구회가 정한 기준을 준수해야 한다.

책임에 관한 사항으로는 연구기관의 원장이 연구기관을 대표하고 경영에 책임을 진다고 명확히 하고 있다. 원장은 연구회의 이사회의 의결을 거쳐 이사장이 임명한다. 원장의 임기는 3년이며(재임 가능) 임명된 날부터 일정 기간 내에 연구기관의 경영목표를 연구회에 제출하고 그 승인을 받도록 하고 있다. 또한 연구기관장은 연구기관의 연구실적과 경영내용에 대해 연구회의 평가를 받는다. 즉, 연구회는 소관 연구기관에 대한 기관평가를 실시하여 그 결과를 정부 및 국회에 제출한다. 이외에도 결산서 제출, 자체 감사 및 외부감사 등 책임성 이행을 위한 제도들을 적용하고 있다.

이처럼 정부출연(연)의 운영체계는 자율과 책임이라는 원칙 하에서 정부의 출연금 예산지원을 통한 자율적 운영 지원과 책임성 이행을 위한 결산, 감사, 기관평가라는 큰 틀로 제도들이 구성되어 운영되고 있다. 그런데 연구기관 운영의 효율성 개선을 위한 정부의 직접적인 관리 개입이 커짐으로써 운영의 자율성과 효율성 간의 혼란과 갈등이 지속적으로 발생하고 있다. 예를 들면 정부는 연구기관 인력규모 통제 시 세세한 기준을 요구하거나 일괄적으로 비정규직의 정규직화를 추진하도록 강제하고 있다. 또한 인건비 기준에 대한 강한 규정을 하고 있어 우수한 인력에 대한 충분한 급여조건 제시 등이 어렵다.

정부출연(연)은 출연금 외에 예산의 상당부분을 정부부처의 과제수탁을 통해 확보한다. 정부부처들은 사업별 관리방식을 적용하고 있으며 부처 산하의 전문관리기관들이 사업을 직접 관리하고 있다. 따라서 정부출연(연)은 정부수탁과제를 자체적인 관리제도에 의해 관리하기 보다는 정부부처 및 관리기관에서 정한 관리기준을 따라야 한다. 문제는 정부수탁사업 및 과제의 비중이 큰 기관의 경우, 기관의 내부 운영의 자율성의 확보가 어려운 환경이 된다는 점이다. 즉, 많은 사업과 과제들이 관련 정부부처들의 직접적인 관리통제를 받게 되어 연구기관 내부에서 자율적으로 결정하여 추진할 수 있는 사업의 비중이 상당히 줄어들고 자율적인 연구사업 결정권이 제약을 받게 된다.

기관평가의 경우도 기관의 발전 방향 및 전략에 대한 전문가들의 권고와 자문이외에 운영제도에 대한 상세한 지적이 이루어지게 되는데, 지적된 사항에 대한 이행조건이 강하게 제시되고 있어 부적절한 지적으로 인한 폐해도 나타나고 있다.

2) 역할과 책임

정부는 2019년에 정부출연(연)의 역할과 책임(Role & Responsibility: R&R) 정립을 추진하였다. 정부출연(연)의 임무 및 역할정립을 위한 R&R은 과제 단위 경쟁방식인 PBS제도에 의해 정부출연(연)과 대학의 과제경쟁이 확대되고 그로 인해 정부출연(연)의 역할에 대한 문제가 제기되고 임무와 역할의 명확성 제고 요구가 커지면서 정부출연(연)의 역할정립을 위한 제도로 추진되었다. 국가과학기술연구회는 정부출연(연) R&R 가이드라인을 설정해 R&R 설정을 위한 기본방향을 제시하고 이에 따라 각 기관별로 R&R 안을 제시한다. 이 안에 대해 연구회가 주관하는 외부전문가 검토를 거치고 내부 피드백 검토를 거쳐 다시 연구회에 최종안이 제출된다. 연구회 기획평가위원회의 최종 검토를 거쳐 기관별 R&R이 확정되어 적용된다.

연구회는 정부출연(연) R&R 설정 가이드라인을 통해 정부출연(연)에 공공성(Public), 불확실성(Uncertainty), 수월성(Excellence)을 기반으로 '해야하는' '가치있는' 연구에 집중하도록 요구하고 있다(국가과학기술연구회, 2018). 정부출연(연)은 기관의 존재 이유와 목적을 사명선언문(Mission Statement)으로 제시하고 기관의 특성과 기술내용이 반영된 상위역할(Upper Role) 주요 역할(Major Roles)의 설정, 수행을 위한 핵심역량(Core Capabilities)을 제시해야 한다(국가과학기술연구회, 2019). R&R에 기반한 기관별 예산 수입구조 포트폴리오를 도출하고 이것은 예산 및 인력 등 기관운영의 기본 방향으로 활용된다. 특히 PBS제도[11] 개선을 위한 안정예산구조 개선과 연계되어 추진되고 있다.

그러나 기관별 R&R의 적합성에 대한 논란이 지속되고 있으며 예산과의 연계 적절성에 대한 논란도 지속되고 있다. 또한 연구기관별 R&R 수립을 강화하는 제도는 기관별 임무와 역할을 강화하는 제도로서 각 기관의 장벽을 높이는 단점이 있다. 이것은 융합을 추구하는 연구회의 방향과는 서로 배치되는 측면이 있다.

3) 혁신방향

법률에 의해 정부출연(연)의 독립성과 자율성이 기본적으로 보장되어 있으나 실질적인 정부출연(연)의 운영 자율성의 범위와 수준은 상당히 제한된

---

11) PBS(Project Based System: PBS)제도의 개념과 내용은 3. 정책수단 분석과 혁신에서 자세히 다룸.

상태에 있다. 출연금 산정 및 사용에 관한 조건들이 점점 세세하게 규정화되고 있으며 기관에 따라 PBS제도 적용에 의해 추진되는 사업의 비중이 더 높은 기관도 있다. 또한 일괄적인 비정규직 인력의 정규직화, 채용방식의 규정화는 일반 공공기관 관리 사항이 그대로 적용되어 연구기관의 특성을 고려하지 않고 있다. 이러한 정부의 강한 제도 및 조건의 적용은 연구환경을 경직화시킬 뿐만 아니라 연구기관의 운영을 관료화시키고 있다. 따라서 자율과 책임의 원칙에 대한 정책 기조를 명확히 하고, 정부출연(연) 운영의 자율성을 제한하는 제도 및 정부의 관리통제방식에 대한 개선이 필요하다.

우선 인력채용에 관한 세세한 통제를 완화하는 것이 필요하다. 정부는 총액 규모만 관리하고 세세한 인력관리는 지양해야 한다. 인력관리에 대한 통제가 강하면 필요한 시기에 우수한 인력채용이 어렵기 때문이다. PBS 제도는 연구기관을 배제한 채 정부 부처와 정부출연(연) 연구자 개인이 직접적인 계약을 통해 과제가 추진된다. 이런 계약방식의 적용으로 연구자 개인의 자율성을 높이지만 반대로 연구기관의 운영의 자율성을 제한하는 제도이다. 따라서 PBS 적용 비중에 대한 적정한 균형 조정이 필요하다. 기관평가제도는 세세한 부분에 대한 평가보다는 방향과 전략, 연구영역 등 보다 전략적 방향으로 평가를 전환하는 것이 필요하다. 또한 감사제도는 운영의 경직성을 촉발하지 않도록 연구개발의 특성을 고려한 감사제도로 개선이 필요하다.

R&R 정립은 공공성(Public), 불확실성(Uncertainty), 수월성(Excellence)이라는 포괄적 기준을 토대로 개별 연구기관별로 적용되고 있다. 기관별 R&R이 적확하게 설정되려면 분야별 혁신시스템 및 생태계의 특징과 발전수준이 적절히 고려되어야 한다. 또한 기관별 역할정립과 실행이 적절히 이

루어지려면 기관의 역할에 대해 정부 부처들과 관련 역할의 조정과 위임이 이루어져야 하고, 기관별 역할 차이에 따른 정부의 출연금 예산지원 차이가 적절한 수준에서 추진되어야 한다. 그리고 R&R 적합성 중심으로 기관평가 제도의 변화가 필요하다.

2. 정책목표 분석과 혁신

1) 공공 R&D 생산성 제고

정부출연(연)에 대한 정부 정책의 목표는 다양하지만 그 중 핵심적인 목표는 정부출연(연)의 연구성과 제고를 통한 R&D 생산성 제고이다. 정부출연(연)이 국가 연구개발시스템에서 담당하는 역할이 다양한 만큼 연구개발을 통해 창출하는 성과도 다양하다. 일반적인 연구 성과인 논문과 특허, 기술이전에 따른 기술료 수입 등과 같은 가시적 성과뿐만 아니라 원천기술 개발을 통한 국가 기술개발 역량의 제고, 연구 인프라 구축 및 운영을 통한 국가 인프라 기반 확충, 중소기업 지원을 통한 중소기업 혁신역량 제고 등 비가시적인 성과들이 창출된다. 그런데 비가시적인 성과들은 측정이 어렵고 생산성과의 직접적인 연계 파악이 어렵다. 그래서 정부의 연구개발투자 생산성 관리에는 일반적으로 가시적인 성과물인 논문, 특허, 기술료 수입 등이 주로 적용된다. 정부출연(연)의 연구개발 성과인 논문과 특허는 단순히 양적인 증가보다는 지식의 질적 수준 제고를 통해 새로운 지식의 창출 및 확산에 기여하는 것이 중요하다. 특히 정부출연(연)에서 창출된 논문이나 특허 성과가 기업들이 활용할 수 있는 기술로 발전되고 기업에 이전되어 기업의 혁신성과를 높이는 실질적인 혁신성과 창출로 이어져야 한다. 정부출연(연)의 연구개발 성과가 기업에 이전되어 활용되는 데에는 많은 시간과 연구개발이 필요하지만, 연구개발 투자의 궁극적인 목적은 실질적인 혁신 성과 창출에 있다. 따라서 정부출연(연)의 연구개발 생산성 제고는 정부의 정부출연(연) 정책 추진에서 중요한 정책적 목표이다.

정부출연(연)의 생산성에 영향을 미치는 요소는 여러 가지이다. 이를 위한 대표적인 정책들은 경쟁체제를 강화하거나 기관운영에 대한 평가를 강화해 운영시스템을 개선하는 것이다. 또 다른 접근은 연구몰입환경 조성을 위해 불필요한 행정활동을 줄이거나 형식적인 평가과정을 줄이는 것이다.

정부가 정부 R&D의 생산성 제고의 일환으로 제시한 '정부 R&D 혁신방안(2015)'에는 정부출연(연)의 생산성 제고를 위한 혁신방안들이 제시되어 있다. 주요 문제로는 정부출연(연)의 높은 정부 재원 의존도에 따른 시장과의 괴리, 경쟁 예산지원방식인 PBS제도로 인한 안정성 부족으로 원천연구 수행에 한계가 있음을 지적하고 있다. 이를 개선하기 위해 정부출연(연)의 PBS에 의한 예산비중을 줄이고 정부출연(연)을 유형화하여 산업기술 중심 연구기관의 경우 민간수탁의 비중을 확대하는 정책 적용을 발표하였다. 또한 정부출연(연)의 중소기업 R&D지원 강화를 위해 중소기업 파견 근무 확대를 위한 인센티브 제공 등을 제시하였다.

2) 혁신방향

정부출연(연)의 생산성 제고는 여러 가지 요소들에 의해서 영향을 받게 된다. 그래서 하나의 정책이나 제도만으로는 연구생산성 제고라는 정책목표 달성이 어렵다. 지금까지 대부분의 연구는 하나의 정책수단이 정부출연(연)의 성과에 미치는 영향을 중심으로 이루어져 왔다. 그러나 연구현장에서는 정부가 추진하는 다양한 정책과 제도들이 결합되어 정부출연(연)의 성과에 영향을 미치게 된다. 정부의 여러 정책수단들 간의 정합성이 중요하고 결합된 효과 파악이 필요하다. 그러나 아직까지 다양한 정책수단들 간의 정합성을 고려한 정책추진이 이루어지지 못하고 있으며 여러 수단 간의 결합효과에 대한 분석도 이루어지지 않고 있다.

이를 개선하기 위해서는 다양한 정책과 제도들의 정합성과 상호작용을 포괄하는 접근이 필요하다. 2015년의 정부 R&D 혁신방안의 일환으로 제시된 정부출연(연) 혁신방안은 정부출연(연)의 PBS 비중 설정에 어느 정도 반영된 것으로 보인다. 중소기업 지원 강화도 여러 정부출연(연)에서 연구자의 중소기업 파견 실적과 함께 파견 성과도 창출된 것으로 보인다. 그런데 중소기업 지원이 모든 정부출연(연)에 동일하게 적용되므로써 연구분야의 특성이 고려되지 못하고 있다는 지적이 있다. 또한 정부출연(연) 혁신방안이 적용되었음에도 정부출연(연)의 역할 제고나 성과 제고에 가시적인 변화가 나타나지 않았다. 이러한 결과는 연구생산성 제고는 부분적인 접근이 아닌 종합적인 접근이 필요함을 제시하며, 다양한 정책수단들 간의 정합성 제고와 종합적인 정책효과 분석이 필요함을 나타낸다.

3. 정책수단 분석과 혁신

1) 재정

(1) 정부출연(연) 예산제도 : 출연금 제도와 PBS 제도

정부출연(연)의 예산제도는 정부가 기관운영에 필요한 예산을 안정적으로 지원하는 출연금 지원제도를 기본 토대로 하고 있다. 출연금은 국가가

해야 할 사업이지만 여건상 정부가 직접 수행하기 어렵거나 민간이 이를 대행하는 것이 더 효과적이라고 판단될 경우, 국가가 재정상 원조를 목적으로 법령에 근거해 민간에게 반대급부없이 금전적으로 행하는 출연을 말한다[12]. 정부가 정부출연(연)에 지원하는 출연금 규모는 총지출 금액에서 정부수탁 및 민간수탁으로 발생하는 수입부분을 제외한 부족한 예산부분을 지원해 주고 있다. 출연금은 정부가 매년 안정적으로 정부출연(연)에 예산을 지원해 주는 예산이라는 의미로 안정예산이라고 불리기도 한다.

그런데 이러한 안정적인 예산지원 방식이 정부출연(연) 운영의 비효율성을 야기시킨다는 주장이 확대되면서 정부는 1996년에 안정적인 출연금 지원을 줄이고 대신 정부가 추진하는 사업에 산학연과의 경쟁과정을 거쳐 과제를 확보하도록 하는 예산지원방식을 적용하게 된다. 즉, 안정적인 예산지원보다는 경쟁과정을 거치는 정부수탁사업의 확보를 통해 출연연구기관에 필요한 운영예산을 확보하도록 예산지원방식을 바꾸었다. 이러한 변화된 예산제도는 PBS제도로 명명되었다. 즉, PBS제도는 정부출연(연)에 안정적인 출연금 지원을 줄이고 연구원들이 경쟁방식에 의해서 연구사업 및 연구과제를 수주해 예산을 확보하도록 하는 제도이다.

이 제도는 연구원들의 고객의식을 높이고 적극적인 연구수주활동을 하게 한다는 장점이 있으나 반면, 장기적인 연구보다는 단기적인 연구가 많아져 연구성과의 질이 떨어지고, 연구환경의 불안정성이 높아 도전적인 연구활동이 어려우며, 협업보다 경쟁 중심의 연구조직문화가 형성된다는 비판을 받았다. 정부는 최근까지 안정적인 인건비 및 연구비의 확대를 위한 지

---

12) 네이버(naver) 지식백과, 2021. 8. 24 검색

속적인 노력을 해 오고 있으나 PBS제도 문제에 대한 논란은 지속되고 있다.

(2) 혁신방향

PBS 제도는 정부출연(연) 운영에 가장 영향을 많이 미치는 제도이다. PBS 제도 적용으로 기관운영에 필수적인 인건비와 연구비 확보의 불안정성이 지속적으로 제기되었다. 정부는 안정적인 인건비와 연구비 비중을 확대하는 개선방안을 지속적으로 적용해 왔다. 그 결과 PBS 제도 적용 이전 수준까지 안정적인 인건비 수준이 확보되었다. 그러나 정부출연(연)에서는 운영의 불안정성 문제와 운영의 자율성 부족 문제를 지속적으로 제기하고 있다. PBS제도 개선은 안정적인 인건비 비율 확대를 넘어 자율성 확대를 위한 출연연구기관의 역할 제고 방향으로 개선이 되어야 한다. 즉, 연구환경의 안정성은 인건비 확보의 안정성 뿐만 아니라 역할의 안정적 수행과 운영의 적합성을 포괄하고 있어 자율 및 역할 제고, 운영시스템 개선과 연계해 방안을 마련해야 한다.

2) 규제
(1) 정부출연(연) 기관평가제도

정부출연(연)의 기관운영 성과를 평가하기 위한 기관평가제도는 1991년부터 도입되어 적용되고 있다. 정부의 연구개발예산 규모가 증대되고 대학과 민간의 연구역량이 성장함에 따라 정부출연(연)의 역할과 운영의 효율성 제고에 대한 관심이 높아졌기 때문이다. 국무총리실 주재로 1991년 처음 정부출연(연) 기관평가가 실시되었으며 1992년부터 과기처를 중심으로 기관평가가 정기적인 제도로 추진되었다(이민형 외, 2012, p.150).

이후 1999년 연구회체제가 도입되면서 기관평가는 연구회의 정부출연
(연) 관리를 위한 핵심적인 관리기능으로 자리잡게 된다. "정부출연연구기
관 등의 설립·운영 및 육성에 관한 법률"에 의해 경영평가 내용을 국무총리
와 기획예산처 장관에게 제출하도록 함에 따라 법률에 의한 감독제도로서
그 기능이 명확해 졌다(이민형 외, 2012: 150). 정부는 국가연구개발사업
에 대한 평가를 체계화하고 성과 중심의 R&D평가 강화를 위해 2005년 연
구성과평가법을 제정한다. 이 법의 제정으로 정부출연(연)에 대한 기관평가
도 국가연구개발사업평가제도의 틀 속에서 평가가 이루어진다. 이 후 정부
출연(연) 평가제도에 대한 절대평가 도입 등 평가방식의 변화, 연구부문과
경영성과부문을 구분하는 평가구분의 변화, 연구부문 3년 주기 평가 등 평
가주기의 변화 등 평가제도 개선을 위한 제도 변경이 지속적으로 추진된다.
2013년부터 국가연구개발사업 성과관리에 성과목표관리체계가 도입되어
목표관리 중심의 성과관리체계가 국가연구개발사업평가의 기본 틀로 위치
하게 된다. 그에 따라 사업별 성과목표 설정과 성과목표 달성을 위한 성과
지표 관리가 사업평가의 주요 관리체계를 형성한다. 이러한 정부성과평가
정책의 변화에 따라 정부출연(연)의 기관평가제도도 동일한 틀이 적용되었
다. 즉, 성과계획서에 전략목표-성과목표-성과지표를 제시하고 지표별 목
표치를 제시하며, 기관평가는 목표와 지표 간의 연계성 및 성과지표별로 목
표달성도 및 우수성을 중심으로 실시되었다.

이후 2014년 기초기술연구회와 산업기술연구회가 통합된 통합연구회가
출범하면서 임무중심형 기관평가제도가 도입된다. 이 제도는 기관장 임기
에 맞추어 기관평가를 진행한다. 기관장 취임 시 중장기 비전 및 임무 유형
을 반영한 연구성과계획서를 수립하고, 임기 중반이나 종료 시에 목표 달성

도와 우수성을 평가하는 방식이다.[13) 2019년부터는 기관운영과 연구부문을 구분해서 평가하고 있다(이민형 외, 2018: 46). 연구부문은 기관의 임무, 역할과 책임(R&R) 및 중장기 목표와 전략 등에 따라 6년 간의 장기적이고 도전적인 목표와 성과를 평가하고, 기관운영은 기관장 경영철학, 기관의 역할과 책임(R&R) 등을 반영하여 기관장의 임기 중의 목표와 성과를 평가하는 것으로 일부 정책적 변화가 있었다. 그러나 평가의 기반인 임무 및 역할과 책임(R&R)의 적합성 부족과 평가방법의 한계 등이 나타나고 있다.

정부출연(연)의 기관평가제도는 30년 간 정부출연(연)의 성과평가제도로서 적용되어 왔다. 그동안 제도 시행과정에서 나타난 문제들을 개선하기 위한 제도적 변화와 외부에서 정부출연(연)에 요구하는 주요 성과에 대응해 지속적인 변화와 개선이 이루어졌다. 특히 기관평가의 경험과 노하우가 쌓이면서 평가방법 등 기능적 측면에서 발전해 왔다. 그러나 기관평가의 목적과 역할의 측면에서 여전히 한계들이 놓여 있다.

(2) 인력관리 통제 및 공공부문 공통관리제도 적용

정부는 출연금 지원의 효율적 관리를 위해 정부출연(연)의 인력 규모와 함께 총액인건비에 대한 통제를 하고 있다. 정부출연(연)의 인력규모는 정부의 T/O관리를 통해 통제된다. 정부가 허락한 직급별 인력 수에 한해서 신규 인력을 채용할 수 있으며 총액인건비 규모에 대한 통제도 이루어진다. 즉, 인력의 수를 통제하는 T/O제도와 인건비 총액규모를 통제하는 총액인건비제도가 결합된 강한 인력통제제도가 적용되고 있다.

---

13) 국가과학기술연구회 홈페이지(www. nst. re. kr)(2018.10.10.)

공공부문에 공통으로 적용되는 인사 및 근무 관련 제도들도 정부출연 (연)에 적용되었다. 비정규직의 정규직화를 통해 계약직 연구원들이 정규 연구원으로 전환하는 제도가 적용되었다. 그리고 주 52시간 근무제, 블라인드 채용방식 등이 적용되고 있다. 이러한 제도들은 연구기관의 특성을 고려하기 보다는 공공기관의 관리 효율성 측면에서 일률적으로 적용되고 있어 운영의 자율성이 강조되는 연구개발조직 운영과는 다소 적합성이 부족하다는 평가이다.

(3) 혁신방향

정부출연(연) 기관평가제도는 성과지표 관리 중심에서 목표관리체계로 전환되어 목표달성도 중심 평가가 적용되었다. 최근에는 기관장의 임기에 맞춘 임무중심형 평가가 적용되고 있다. 또한 기관운영 부문과 연구 부문을 분리해서 평가하고 있다. 그러나 이러한 분리된 기관평가제도에서는 기관에 대한 종합적인 평가를 하기가 어렵다. 또한 기관의 역할 적합성 및 전략적 방향에 대한 평가도 이루어지지 않고 있다. 이를 개선하기 위해서는 세부적인 부문별 평가에서 종합적이고 전략적인 기관평가로 혁신이 필요하다.

정부출연(연)의 인력관리제도는 가장 중요한 제도이나 정부의 강한 통제에 의해서 경직적으로 관리되고 있다. 정부출연(연)의 예산 규모에 대한 정부의 일정한 통제가 필요한 만큼 총액인건비 규모에 대한 통제는 필요하나 그 규모 안에서 인력관리는 자율성을 부여하는 방향으로 전환이 필요하다.

공공부문 공통관리제도는 초기에 정부출연(연)의 특성을 고려하지 않은 채 이 제도를 적용함으로써 연구개발활동에 장애 및 문제를 일으켰다[14]. 공통 관리제도의 적용은 적용 초기부터 연구개발활동의 차별성을 고려해

혼란을 줄이는 것이 필요하다.

3) 유인

(1) 정부출연(연)간 연구협력제도 : 연구회 융합연구사업 제도

국가과학기술연구회의 융합연구사업은 국가의 주요 문제해결을 위해 정부출연(연)간 장벽을 낮추고 다수 연구기관 및 다른 분야의 연구자들의 협업을 통해 문제해결을 시도하는 사업이다. 이 사업의 특징은 두가지로 구분할 수 있다. 첫째, 국가 및 사회와 산업계 현안의 해결을 위해 출연연의 협력 중심의 조직적 융합연구를 추진하는 것이며, 다른 하나는 융합연구사업의 연계 프로세스를 구축하여 사업별 성과가 난제를 해결하는데 활용될 수 있게 하는 것이다. 이를 위해 융합연구사업은 변화된 R&D 기획방식을 채택하였다. 기존 R&D사업은 연구수요조사, RFP 도출과 같은 공급자 중심의 R&D 기획방식을 적용한 반면, 융합연구사업은 문제해결제안서, 문제정의서 등을 통한 수요자 중심의 문제해결형 R&D 기획을 적용하였다(이민형 외, 2019) 융합연구사업은 크게 융합연구단사업, 선행융합연구사업, 창의형융합연구사업, 융합클러스터사업 등으로 구성되어 있다. 융합연구단 사업의 경우, 사업참여자는 장기간 타 기관에 이동하여 연구를 수행한다는 점에서 출연연의 기존 공동연구사업과는 큰 차이가 있다. 융합연구사업은 사업참여자의 활발한 참여 유인을 위해 인센티브를 제공하고 있다. 융합연구단사업의 경우, 운영의 독립성과 자율성을 보장하고 참여연구자의 연구 전념을

---

14) 이러한 문제로 인해 정부출연(연)들은 공공기관의 운영에 관한 법률(이하 공운법)에 의해 정부가 지정한 기타공공기관(연구목적기관)에서 제외해 달라고 하는 요구 여론이 큼.

위해 연구행정 전담인력을 배치한다. 타 기관으로 파견 시에는 파견수당과 주거비 지원이 이루어지고 있으며 과제 종료 후 출연연의 기본사업 등 후속 사업에 우선 참여를 보장하고 있다. 또한 융합연구단에 참여연구자는 인사 평가 시 보통 이상의 등급을 보장해 주고 있다(국가과학기술연구회, 2022).

(2) 혁신방향

융합연구의 추진이 대형 사업방식으로 이루어졌으며 정부출연(연)간 장벽을 낮추고 국가의 주요 문제해결이라는 구체적인 목표를 설정해 추진되었다. 그러나 융합연구를 사업 단위로 추진함으로써 융합연구사업의 지속가능성 측면에서 한계들이 나타났다. 우수한 연구자의 지속적인 참여가 감소하거나 추가적인 사업예산 확보의 문제 등이 나타났다. 최근 융합연구는 모든 연구개발 활동에서 나타나는 일반적인 현상이 되었으므로 융합연구의 추진 및 확대를 개별적인 사업 수준에서 추진하기 보다는 정부출연(연) 연구활동의 융합화라는 큰 전략으로 접근하는 것이 필요하다. 또한 연구기관 간 뿐만 아니라 연구기관 내에서 다양한 융합연구가 발생할 수 있도록 협력을 위한 인센티브 및 평가제도 개선이 필요하다.

제4절 요약 및 결론

1. 연구결과 요약

앞에서 분석한 주요 정책 내용과 혁신 방향을 정리하면 〈표 4-1〉과 같다.

〈표 4-1〉 정부출연(연) 정책 분석과 혁신방향 요약

구 분		분 석	혁신방향
정책 기조		• 정책기조 : 자율과 책임, 역할과 책임 • 법률에 의해 기본적으로 자율성이 보장되어 있으나 실제로는 운영의 자율성의 범위와 수준이 제한적임 • 기관별 R&R의 적절성 부족과 기관별 R&R의 강조가 기관간 장벽을 높이는 단점이 있음	• 자율과 책임의 원칙에 대한 정책 기조를 명확히 하고, 정부출연(연) 운영의 자율성을 제한하는 제도 및 정부의 관리통제방식의 개선이 필요함 • 인력관리에 대한 세세한 통제를 지양하는 것이 필요함 • 기관평가제도는 전략적 방향 평가로 전환이 필요함. PBS제도는 적용 비중 및 접근 방식 조정 필요함 • 분야별 혁신시스템 및 생태계를 고려한 역할 설정과 정부 출연(연)의 기관별 역할 부문에 대한 정부부처의 역할 위임이 필요함
정책 목표		• 정책목표 : 공공 R&D 생산성 제고 • 정부출연(연)의 낮은 연구생산성 문제가 지속됨 • 정부의 정책은 개별 수단 중심으로 이루어져 여러 정책 수단들 간 정합성과 상호작용에 대한 고려가 부족함 • 분야별 정부출연(연)의 특성을 고려하지 않은 획일적인 정책을 적용함(예: 중소기업지원)	• 연구생산성은 다양한 요소들이 결합되어 영향을 미치게 되므로 정부정책은 부분적인 접근이 아닌 종합적인 접근이 필요함 • 다양한 정책수단들 간의 정합성 제고와 종합적인 정책효과 분석이 필요함 • 정책 적용 시 분야별, 기관별 특성 고려가 필요함
정책 수단	재 정	• 제도 : 출연금제도와 PBS 예산제도 • 출연금 지원을 줄이고 경쟁적인 PBS 예산제도가 확대되어 단기적인 연구 증가 및 연구환경의 불안정성이 높아짐 • PBS제도 개선을 통해 안정적 인건비를 확대하고 있으나 정부출연(연) 연구환경의 적합성 부족 문제는 지속됨	• PBS제도 개선은 안정적인 인건비 비율 확대를 넘어 정부출연(연)의 자율성 확대를 통한 정부출연(연)의 역할 제고 방향으로 개선이 필요함

구분		분석	혁신방향
정책수단	규제	• **제도** : 기관평가제도, 인력관리통제, 공공 부문 공통관리제도 등 • 기관평가는 지속적으로 제도 개선이 이루어졌지만 기관평가의 목적과 역할측면에서 한계를 보임 • 인력규모 통제(T/O통제)와 총액인건비 통제를 모두 적용한 강한 통제로 경직적임 • 일률적인 공공부문 공통관리제도는 연구개발활동을 하는 연구기관의 특성 고려가 부족함	• 기관평가는 세부 부문별 평가에서 종합적이고 전략적인 평가로 전환이 필요함 • 총액인건비 통제는 실시하되 해당 규모 안에서 인력관리의 자율성 부여가 필요함 • 공공부문 공통관리제도는 도입 초기부터 연구개발기관의 특성을 고려하는 것이 필요함
	유인	• **제도** : 연구회 융합연구사업 제도 • 정부출연(연)간 장벽을 낮춘 연구협력을 통해 국가 주요 문제해결을 위한 융합연구개발사업을 추진함 • 참여 유인을 위해 다양한 인센티브를 제공함 • 우수한 성과도 창출했으나 융합연구를 사업 단위에서 추진하는 것에 한계를 보임	• 융합연구는 개별적인 사업 단위를 넘어 정부출연(연) 연구활동의 융합화라는 큰 전략적 접근이 필요함 • 연구기관 간 뿐만 아니라 연구기관 내에서 다양한 융합연구 활성화가 필요함. 이를 위한 인센티브와 평가제도의 개선이 필요함

2. 결론

　정부출연(연)은 국가 경제발전 및 산업화에 중요한 역할을 하였다. 그러나 대학과 기업의 연구개발 역량이 증가하면서 정부출연(연)의 역할과 성과에 대한 비판과 지적이 지속되고 있다. 최근 정부출연(연)의 역할 재정립에 대한 정책적 접근이 이루어지고 이를 예산과 기관평가 등에 적용하고자 하고 있다. 그러나 아직 역할 재정립의 적절성이 부족하고 다른 운영제도와의 연계성도 적절히 이루어지지 않고 있다.

　정부출연(연)의 운영 기조는 높은 전문성에 기반한 연구개발활동의 특성을 고려한 자율과 책임의 원칙이 적용되고 있으나 연구현장의 자율성 확대 요구는 지속되고 있다. 연구현장의 자율성 확대는 정부부처의 권한 위임 등 국가 정책 운영체계와 연계되어 있어 권한 위임의 적정한 범위와 수준에 대한 합의점을 끌어내기가 쉽지 않다. 최근의 정책 흐름은 자율과 책임의 기본 운영 원칙 하에서 정부출연(연)의 역할과 책임이 강조되는 기조로 변화하고 있다. 이러한 기조의 변화는 자율과 책임 원칙에 기반한 정부출연(연)의 연구성과 창출 접근에서 나아가 정부출연(연)의 역할과 책임을 강조해 더 나은 성과를 창출하기 위한 정책적 접근 변화라고 할 수 있다.

정부는 정부출연(연)의 연구생산성 및 운영의 효율성 제고를 위해 다양한 지원, 규제, 유인 제도를 적용하고 있다. 연구의 자율성 확대 측면에서 PBS 제도 개선을 통해 경쟁을 다소 완화하고 안정적 예산지원을 확대하고 있다. 반면 예산관리 및 인력관리 등 운영관리와 관련한 규제는 더욱 강하게 적용하고 있으며 공공기관 전반에 적용되는 새로운 규제가 정부출연(연)에 적용되고 있기도 하다. 이러한 규제의 적용은 연구기관 운영의 경직화를 유발하는 요인으로 작용하고 있다.

정부가 정부출연(연)에 적용하는 여러 정책 및 제도 간에 상호작용이 발생하게 되는 데 이러한 제도 간의 적절한 조화와 균형을 위한 정책적 접근이 이루어지지 않고 있다. 특히 예산제도와 기관평가제도는 정책 방향이 밀접히 연계되어 추진되어야 함에도 적절히 연계되어 운영되지 않고 있다. 또한 정부출연(연)의 문제 해결을 위한 정책과 제도가 문제의 증상에 대한 대증적 접근 위주로 이루어져 문제의 원인 해소 및 연구자들의 행동 개선으로 이어지지 못하고 있다. 즉, 관리규정 준수를 넘어 연구 환경과 연구문화 개선으로 발전되어야 하나 연구문화의 발전으로 이어지지 못하고 있다.

또한 정부출연(연)의 육성 및 관리지원을 위해 설립된 연구회 체제는 당초 목적과 달리 관리주체로서의 역할이 미흡하다는 평가이다. 연구회의 역할 확대와 정부출연(연) 시스템 혁신과 정책을 주도하는 전문성 역량 제고가 필요하다.

정부출연(연) 정책은 지난 50년 동안 새로운 정책과 제도 개선이 지속적으로 이루어져 왔으나 정부출연(연)의 연구 생산성 제고라는 정책목표를 효과적으로 달성하지 못하고 있다. 정부출연(연) 정책은 개별 제도들의 도입과 개선에 집중되었으나 제도의 적합성 부족 문제는 지속되고 있으며 다양한 정책과 제도들 간의 상호 적합성 부족 문제도 나타나고 있다. 이러한 제도의 적합성 부족 문제는 단순히 제도개선 접근의 문제만이 아니라 기본적으로 자율과 책임이라는 정책기조의 명확성 부족에 영향을 받고 있다. 즉, 자율과 책임의 원칙이 명확히 확립되어 적용되지 못해 재정, 규제, 유인 등의 정책 수단들의 설계 및 적용에서 명확한 제도 설계의 방향 설정과 적용의 적합성 확보가 이루어지지 않기 때문이다. 정부출연(연) 정책의 효과성 제고를 위해서는 명확한 자율과 책임의 정책기조의 확립과 적절한 자율의 범위 및 수준의 설정이 우선적으로 확립되어야 한다. 그리고 이를 토대로 다양한 정책과 관련 제도들의 상호 작용성을 고려한 제도의 정합성 제고가 이루어져야 한다.

참고문헌

국가과학기술연구회 (2018),「과학기술 출연(연) R&R(안) 가이드라인」, 2018.5., 국가과학기술
　　　　연구회.

　　　　　　　　(2019),「과학기술분야 출연(연) R&R 추진현황과 예산연계」, 2019.3., 국가
　　　　과학기술연구회.

　　　　　　　　(2022),「융합연구단사업 참여연구자 지원제도」, 2022.1., 국가과학기술연구회.

과학기술부 (2008),「과학기술 40년사」.

관계부처합동 (2015),「정부R&D혁신방안」, 2015.5.13.

이민형 외 (2012),「연구성과 제고를 위한 정부출연연구기관 역할 및 운영체계 효율화 방안」, 과학
　　　　기술정책연구원.

　　　　 (2017),「과학기술정책포럼, 미래를 향한 출연(연) 역할 및 시스템 혁신방안 -Post-PBS
　　　　시대의 출연(연)시스템 패러다임 전환」, 과학기술정책연구원.

　　　　 (2018),「과학기술분야 출연연시스템 진단과 혁신방안」, 과학기술정책연구원.

　　　　 (2019),「국가사회문제 대응 공공R&D기관 연계협력을 위한 제도개선방안」, 과학기술
　　　　정책연구원.

장영배 외 (2006),「권역별 과학기술정책 동향조사 분석사업(2차년도): 주요국 과학기술혁신 거버
　　　　넌스의 사례 분석」, 과학기술정책연구원.

한국과학기술기획평가원 (2011),「OECD, 세계 공공연구기관 변화추이 분석」, 한국과학기술기획
　　　　평가원.

한국과학기술연구원 (2006),「KIST 40년사」, 한국과학기술연구원.

머니투데이 (2021), "코리아 R&D 패러독스", 2021.7.15.

네이버(naver) 지식백과, 2021. 8. 24 검색.

국가과학기술연구회 홈페이지(www. nst. re. kr).

Crow, M. and Bozeman, B. (1998), *Limited by Design: R&D Laboratories in the U.S.
　　　　National Innovation System*. Columbia University Press.

OECD (2011), *Public research institution*: Mapping sector trends.

OECD (2012), *Science, technology and industry outlook*.

日本経済団体連合会 (2016.2), 産学官連携による共同研究の強化に向けて～稲

ベー所ンを担う大学・研究開 発法人への期待〜, https://www.keidanren.
or.jp/policy/2016/014_honbun.pdf (2019.5.24.)

イノベーション促進産学官対話会議（2016.11)、産学官連携による共同研究強
化のためのガイドライン、http://www.mext.go.jp/b_menu/houdou/28/
12/__icsFiles/afieldfile/2016/12/26/1380114_02_1.pdf

제5장

이공계대학 교육정책

안 재 영

> 66
>
> 미래 세대를 위한 이공계대학 교육정책은
> 산업과 기술의 변화에 대응할 뿐만 아니라
> 과학기술인력의 사회 진출과 성장을 지원하는
> 정책이 되어야 한다
>
> 99

제1절 서 론

4차 산업혁명에 따라 신산업이 출현하고 기존 산업들의 융·복합적인 변화가 나타나고 있다. 산업을 선도하는 과학기술분야에서도 이러한 변화에 선제적으로 대응하는 것이 중요한 과제로 대두되고 있다. 과학기술 분야에 요구되는 다양한 변화들 중에서 산업 분야에 필요한 인재를 양성하는 이공계 대학의 변화가 무엇보다 시급한 상황이다. 왜냐하면 교육 분야는 산업의 변화와 학습 수요자들의 요구에 부합하기 어려운 속성을 지니고 있어 외부의 변화에 제대로 대응하지 못하기 때문이다(안재영 외, 2020).

산업의 변화가 빠르고 새로운 기술이 지속적으로 출현하는 환경에 적합한 과학기술인력을 양성하기 위하여 이공계 분야에서는 진로교육과 경력개발에 대한 교육이 강조되고 있다. 아울러 빠르게 변화하는 기술 수요에 맞춰 과학기술인력이 효과적으로 양성되고 다양하게 활용될 수 있도록 정부 수준의 시스템적 대응체계가 필요하다(엄미정 외, 2018: 68-69).

이와 같은 요구에 부합하기 위해서는 인력양성 기관의 커리큘럼, 교수학습 및 평가, 교육 환경 및 인프라, 교원 등 교육 전반에 걸쳐 변화가 필요하며(안재영 외, 2020) 구체적으로는 〈표 5-1〉과 같은 변화가 요구된다. 무엇보다 학문·학교 기반 교육에 실무·현장 기반 교육의 융합이 요구되며 이를 위해 산학협력이 강조되고 있다. 이러한 맥락에서 이공계 대학 교육정책을

〈표 5-1〉 4차 산업혁명에 대응한 교육훈련의 변화

구분	현재	미래
방향성	• 공급자 중심 • 형식학습 위주	• 자기주도적 학습자 중심 • 형식학습과 무형식학습의 융합
교육훈련 설계 및 제공 측면	• 국가/공공기관 주도로 교육훈련을 설계 및 제공	• 국가/공공기관뿐만 아니라 민간과 연계하여 교육훈련을 설계 및 제공
교육훈련 목표	• 정해진 직무의 수행자 양성	• 변화하는 직무에 대한 역량을 스스로 함양하고 문제를 해결하는 전문가 양성
교육훈련 내용	• 교과내용 위주	• 교과내용과 실무역량 함양 • 하드 스킬(최신 기술)과 소프트 스킬(직업기초능력 등 사회적 역량) 함양
교육훈련 환경 (도구, 장소)	• 교육훈련기관에서 제공하는 도구를 사용 • 교육훈련기관 내의 장소에서 교육	• 실제 직무 수행에 필요한 도구를 사용 • 교육훈련기관뿐만 아니라 현장기반의 장소(예: 산업체 OJT)에서 교육
교육훈련 방식 (교수·학습, 평가)	• 교원 중심의 계획적 학습 • 교과 과제 중심 • 대면 교육 중심	• 학습자 중심의 자기주도적 학습 • 교과 및 실무 통합형 프로젝트 중심 • 대면·비대면 혼합교육 중심
교육훈련 시기	• 정기적 운영(정해진 시기에 정기적으로 운영)	• 정기적 및 간헐적 운영(기본적인 교육내용은 정기적으로 운영, 신기술과 같이 변화가 빠른 내용은 필요에 따라 수시로 운영)
교원 요건	• 정해진 교원(교수 자격 및 임용자)	• 실제적인 교수 제공이 가능한 다양한 교원(교수 자격 및 임용 외의 다양한 전문가 포함)
교원 역할	• 교육훈련 제공자	• 교육훈련 제공자, 교육과정 설계자, 학습설계자, 학습조력자
학습자 진로	• 학습자의 노동시장 진입/재진입 • 학습자의 직업 결정을 위한 진로교육	• 학습자의 노동시장 진입/재진입뿐만 아니라 지속적인 역량개발 및 고용가능성 제고를 위한 평생직업교육훈련 설계 • 학습자의 직업 결정뿐만 아니라 경력설계를 위한 현장밀착형 진로교육

출처 : 안재영 외(2020). 4차 산업혁명에 대응한 직업교육훈련기관 신산업분야 교원운영 패러다임 전환 연구. 한국직업능력개발원. 98쪽.

분석한 후 교육정책의 혁신방향을 제시하고자 한다.

이공계 대학 교육정책은 「국가과학기술 경쟁력 강화를 위한 이공계지원 특별법(약칭: 이공계지원법)」을 법적 근거로 하여 운영되고 있다. 이공계지원법에서는 대학과 연구기관까지 폭넓게 다루고 있어 이공계 대학의 교육과 연구, 그리고 산학협력까지 그 범위가 매우 넓다. 실제로 이공계지원법에 따라 5년마다 수립되는 '과학기술인재 육성·지원 계획'[1]에서는 초·중등 및 이공계 대학을 포함한 인재 양성, 연구 환경 조성, 과학기술인 역량 제고 및 사회 진출, 과학기술 생태계 등을 전반적으로 다루고 있고 이공계 대학 교육정책은 과학기술인재 정책의 한 부분으로 운영되고 있다. 이에 이 글에서는 이공계 대학에 한정하여 논의하고자 한다.

제2절 이공계 대학 교육정책의 개관

1. 정책의 개관

1) 법령 측면

이공계 대학 교육정책의 법적 근거는 「국가과학기술 경쟁력 강화를 위한 이공계지원 특별법」(이하 '이공계지원법'이라 한다)에 제시되어 있다. 이공

---

1) 관계부처 합동(2021); 관계부처 합동(2016); 기획재정부 외(2011); 국가과학기술위원회 운영위원회(2011).

계지원법은 우수한 이공계인력을 육성하여 이공계인력의 활용을 촉진하고 처우를 개선함으로써 국가경쟁력 향상과 국민경제의 발전에 이바지함을 목적으로 한다. 이공계지원법의 주요 내용은 〈표 5-2〉와 같다.

이공계지원법의 주요 내용은 대학, 연구기관, 연구개발서비스업 등에서 이공계인력의 육성·지원·활용 등에 관한 사항으로 이공계인력에 대한 과학기술정책 측면의 접근과 이공계인력의 인적자원개발(HRD) 및 인적자원관

〈표 5-2〉 이공계지원법의 주요 내용

구분	주요 내용
제1장 총칙	• 제1조(목적): 이공계인력 육성 및 활용 촉진, 처우 개선을 통한 국가경쟁력 향상과 국민경제의 발전에 이바지함 • 제2조(정의): 이공계인력, 대학, 연구기관, 연구개발서비스업 • 제3조(국가 등의 책무): 이공계인력 육성, 공직 진출 기회 확대, 이공계인력 활용 여건 조성 등
제2장 이공계인력 육성·지원 기본계획 등	• 제4조(기본계획의 수립): 5년마다 이공계인력을 육성·지원하는 기본계획 수립 • 제5조(연도별 시행계획) • 제6조(이공계인력의 종합정보체계 구축 및 활용) • 제7조(이공계인력에 대한 실태조사)
제3장 이공계인력 육성 및 자질 향상	• 제8조(이공계 대학 진학 촉진을 위한 관련 정보 제공 등) • 제9조(우수 학생에 대한 장학 기회 확대) • 제10조(산·학·연의 연계 강화) • 제11조(연구중심대학의 육성·지원) • 제12조(이공계인력의 재교육·재훈련)
제4장 이공계인력의 활용 촉진 및 재위 개선	• 제13조(공무원 임용의 확대를 위한 개선방안 수립) • 제14조(지방자치단체의 공무원 임용 확대 시책에 대한 지원) • 제15조(연구개발사업을 통한 이공계인력의 활용 촉진) • 제16조(기업 등의 이공계인력의 활용 지원) • 제17조(산·학·연 상호간의 협력 및 인력 교류 확대) • 제20조(핵심 이공계인력에 대한 연구장려금의 지원 등) • 제21조(이공계인력 수급 프로그램에 대한 지원) • 제22조(이공계인력 중개센터의 설치) • 제23조(과학기술 관련 방송프로그램 편성에 대한 지원 등) • 제24조(과학기술 관련 단체의 지원) • 제25조(권한의 위탁)

출처 : 이공계지원법 [시행 2021. 10. 21.] [법률 제18075호, 2021. 4. 20., 타법개정]

리(HRM)에 관한 인적자원정책 측면의 접근이 동시에 이루어지고 있다. 그리고 이공계지원법에서 다루는 내용 중에서 이공계인력의 육성·지원 시행계획, 이공계인력 종합정보체계 구축 및 실태조사, 산학연 연계 강화, 이공계인력의 재교육·재훈련 등은 과학기술정보통신부 중심으로 운영하되, 타 중앙행정기관 및 지자체와의 협력을 강조하고 있다.

앞서 제시한 이공계인력에 대한 과학기술정책 측면의 접근과 인적자원 정책 측면의 접근이 동시에 이루어지고 있는 이공계지원법의 특성 상 부처 간, 지자체와의 협력은 중요하다고 판단된다. 그러나 정책 집행 과정에서 부처 및 기관 간의 협력은 의사결정 과정에서의 주체 간 권한과 책무성 결여에 따라 문제가 발생한다는 측면에서 이공계지원법에 관한 과학기술정보 통신부와 타 중앙행정기관 및 지자체와의 협력이 제대로 이루어지는지 면밀한 분석이 필요하다.

2) 정부 정책 측면

이공계 대학 교육정책은 이공계지원법에 따라 5년마다 수립되는 '과학기술인재 육성·지원 계획'[2]에서 제시된다. 박근혜 정부와 문재인 정부에서 수립·시행한 '과학기술인재 육성·지원 기본계획'(제3차~제4차, '16~'25)에 제시된 이공계 대학 교육정책은 〈표 5-3〉과 같다.

과학기술인재 육성·지원 기본계획(제3차~제4차, '16~'25)에 제시된 이공계 대학 교육정책은 미래 산업의 변화에 발맞추어 이공계 대학의 교육·연구 경쟁력을 강화하고 전공 융합을 강조하며 변화 대응 역량의 강화에 초

---

[2] 관계부처 합동(2021); 관계부처 합동(2016).

〈표 5-3〉 '과학기술인재 육성·지원 계획(제3차~제4차)'의 이공계 대학 교육정책

구 분	기본 방향(전략)	추진 과제	특 징
제3차 과학기술인재 육성·지원 기본계획 ('16~'20)	이공계 대학의 교육·연구 경쟁력 강화 (전공·융합)	◎ **이공계 교육의 현장·수요지향성 제고** • 과학기술계열 학생의 기초소양 제고 • 현장 문제해결 역량 제고를 위한 전공교육 최신화 및 현장실습 확대 • 미래 산업 수요를 반영한 학사제도 개편 및 진로·취업과 연계된 교육과정 도입 • 산업계 현장 중심 실용연구 경험을 갖춘 전문가를 교원으로 채용 ◎ **이공계 대학의 연구역량 고도화** • 분야별 이공계 대학의 미래 핵심역량 제고 (혁신 선도대학 강화, 대학특성화, SW중심대학 등) • 융합연구 및 집단연구 지원을 통한 융합연구 리더 양성 • 석·박사급 핵심연구인력에 대한 체계적 지속적 성장 지원 강화	• 학부보다 대학원 중심(연구) • 현장 실무 강조 • 학사제도, 학과 개편, 교육과정 개편 강조 • 교원 혁신 강화
제4차 과학기술인재 육성·지원 기본계획 ('21~'25)	이공계 변화대응 역량 강화	◎ **이공계 대학생의 전공 관련 기본역량 강화** • 이공계 대학의 기초·전공교육 강화 및 커리큘럼 개발 노력 유도 • 이공계 대학(원)에 4차 산업혁명 핵심역량 강화 교육과정 적용·도입 • 질 높은 전공교육 콘텐츠 확대 및 온라인 학습 시스템 연계 ◎ **산업 현장에 기반한 문제 해결역량 확충** • 현장 실전문제 해결을 위한 교육 고도화(PBL, flipped learning, 온·오프라인 연계 교육 확대) • 실전형 연구·교육 프로그램 및 AI·SW 등 디지털 신기술 분야 실무교육 프로그램 운영·확대 • 실무역량 제고 및 취·창업 연계 • 신산업분야 기술 적용 확대를 위해 전문·기능 대학 내 전문기술 실무인재 교육과정 강화 ◎ **이공계 대학 교육기반 고도화** • 대학 교원의 교수·학습법 개선 • 대학 내 학과별·전공별 경계 완화 및 학문 간 융합 촉진을 위한 유연한 학사제도 운영 활성화 • 대학 간 공동 교육과정 및 교류·협력 체계 • 이공계 대학 원격수업 등 교육 환경 개선	• 학부 중심 • 학사제도, 학과 개편, 교육과정 개편, 교수학습 혁신 강조 • 대학 간 협력 강조

점을 두고 있다. 이를 위해 대학이 가진 본래의 학문과 연구에 중심을 두면서 산학협력 기반의 현장 실무 역량도 강조하고 있고 학문 간 융합과 대학·학과 간 연계도 강조하고 있다. 그러나 이러한 변화는 기존의 대학과 교육체제를 유지하는 소극적인 변화로 보여진다. 이공계 대학이 혁신 교육모델로 일컬어지는 미네르바 스쿨이나 에꼴 42와 같은 새로운 모델로 변화할 수 있도록 보다 혁신적인 교육정책을 시도할 필요가 있다.

3) 관련 부처의 연도별 업무계획

이공계지원법의 제4조에 따르면, 정부는 5년마다 이공계인력을 육성·지원하는 기본계획을 세워야 하며 기본계획은 「국가과학기술자문회의법」에 따른 과학기술정보통신부의 국가과학기술자문회의와 「인적자원개발 기본법」에 따른 교육부의 국가인적자원위원회의 심의를 받아 확정한다. 이러한 관점에서 과학기술정보통신부와 교육부의 이공계 대학 교육정책에 대한 권한이 크다고 볼 수 있다. 이에 현 정부(2017~2021년)의 과학기술정보통신부와 교육부의 연도별 업무계획 중에서 이공계 대학 교육정책 내용을 소개하고자 한다(〈표 5-4〉, 〈표 5-5. 참조〉).

우선 교육부의 이공계 대학 교육정책을 분석한 결과는 다음과 같다. 첫

〈표 5-4〉 교육부 업무계획 중 이공계 대학 교육정책(2017~2021년)

구분	주요 내용
교육부 2017년 업무계획	◎ 대학-기업이 상생 발전하는 산업선도형 대학 육성 • 대학원 기술창업 지원 등 고도화된 산학협력 모델 창출 • 대학의 연구, 기초 R&D로 도출된 원천기술, 특허 등 창의적 자산의 사업화 지원
교육부 2018년 업무계획	◎ 대학의 지식창출 활성화를 위한 연구역량 제고 • 중장기 대학기초연구 지원방안(5개년)을 수립

구분	주요 내용
교육부 2019년 업무계획	◎ 대학의 자율적 기반을 토대로 한 대학 혁신 지원 • 교육·연구·산학협력에서 혁신모형을 창출하고 대학의 혁신 견인 • 신산업 분야 미래인재양성 교육과정 개편, 환경개선 등 대학교육 혁신기반 마련
교육부 2020년 업무계획	◎ 지자체-대학 협력기반 지역혁신 • 대학과 연계된 지역혁신 활동 지원을 위한 지역 내 다각적 협업의 장 마련 지원 • 분절적으로 운영 중인 대학 관련 사업들에 대한 정보 공유 및 사업 간 연계
교육부 2021년 업무계획	◎ 디지털 혁신공유대학을 통한 첨단분야 인재 집중 양성 • (혁신공유대학) 복수의 대학이 교육자원, 교육과정 등을 공유 개방 • (공동학과 개설) 인공지능, 빅데이터 등 첨단분야에서 대학 내 뿐만 아니라 대학 간에도 공동학과 설치 및 교원 기술 시설 공유 허용

출처 : 교육부 2017~2021년 업무계획

〈표 5-5〉 과학기술정보통신부 업무계획 중 이공계 대학 교육정책(2017~2021년)

구분	주요 내용
미래창조과학부 2017년 업무계획	◎ 현장이 원하는 차세대 공학인재 양성 • '이공학연구팀'을 구성·운영하여 기업현장 요구과제 수행 • 대학·출연(연)·기업으로 구성된 R&D 공동과제 컨소시엄을 통해 공대생의 현장 맞춤형 연구 및 경력개발촉진 • 과기원간 교육 콘텐츠 공유, 산학연계 공동강의, 교수진 공동 활용 등 교류협력 확대로 인재양성 시너지 제고 • 기존 산학협력형 ITRC(ICT Research Center)의 전공실무 교육 강화, 창업연계형 ITRC 및 글로벌형 ITRC 신설
과학기술정보통신부 2018년 업무계획	◎ 4차 산업혁명에 대비한 '대학의 혁신모델' 개발·확산 • 교육, 연구, 창업 분야별 혁신과제 도출, 일반대학으로 혁신모델 확산 • 바이오·나노 분야 혁신기술 기반 '실험실 창업'의 지원을 위한 부처간 협업 강화
과학기술정보통신부 2019년 업무계획	◎ 미래세대를 위한 교육 혁신 • 과학기술원을 중심으로 초학제·융합연구, 무학점제 도입 등 교육과정의 유연성 확대
과학기술정보통신부 2021년 업무계획	◎ 이공계 대학 혁신 • 이공계 전공의 기본역량 제고를 위한 '이공계 대학 혁신방안' 마련

출처 : 미래창조과학부 2017년 업무계획, 과학기술정보통신부 2018~2021년 업무계획.

째, 이공계 대학 교육정책은 대학 정책의 일부분으로 설계되어 이공계 대학에 특화된 내용이 부족하다. 둘째, 대체로 산학연협력 정책의 일환으로 설계되어 있으며 산학연협력의 주체가 기업·연구소인 반면 대학은 역할이 작아 산학연협력이 이공계 대학 교육의 혁신으로 이어지기 어렵다. 셋째, 학사과정(취업 지원)과 석·박사과정(연구 지원)이 혼재되어 있어 이공계 대학 교육의 실질적인 변화가 나타나기 어렵다. 넷째, 이공계 대학 교육의 세부적인 요소인 교육과정, 교육공학, 교육 환경 및 인프라, 교원 등에 대한 세부 정책은 찾아보기 힘들고 '이공계 대학 교육 혁신'이라는 포괄적인 정책 형태로 제시되어 있어 구체적인 실행이 어렵다. 다섯째, 2020년 이전에는 대학 교육의 체제를 유지하는 방식의 정책이 설계되었으나 2020년 이후부터는 미래 교육의 요구를 반영하여 기존 대학 교육의 체제를 벗어나는 디지털, 온라인, 공유 기반의 교육 혁신이 강조되고 있다.

다음으로 과학기술정보통신부(미래창조과학부)의 이공계 대학 교육정책을 분석한 결과는 다음과 같다. 첫째, 교육부의 정책과 과학기술정보통신부의 정책에 큰 차이가 없어 과학기술정보통신부가 가진 이공계 관련 산업 분야의 특화된 정책을 제시하지 못하고 있다. 둘째, 대부분 포괄적인 계획 위주인 반면, 구체적인 실행방안은 부족한 편이다. 셋째, 학사과정(취업 지원)보다는 석·박사과정(연구 지원) 위주의 정책이 많은 편이다.

이와 같은 정책의 특징과 더불어 교육부와 과학기술정보통신부의 이공계 대학 교육정책에서 나타나는 공통점은 정책 내용의 일관성이 부족하고 정책적 트렌드에 민감하다는 것이다. 정책에 대한 요구 변화에 맞춰 트렌드를 따라가는 것이 필요하겠지만, 정책을 실행하고 그 효과가 나타나기 위해서는 시간을 갖고 정책을 일관성있게 펼치는 것이 중요하다. 그리고 구체적인 실행 정책은 오히려 규제가 될 수 있으므로 최소한의 요건을 설정하고 대학의 자율성을 확대할 필요가 있다.

2. 해외 이공계 대학 교육 사례

해외 이공계 대학 교육의 혁신 사례에서는 기존 대학 교육의 틀을 벗어나 새로운 교육시스템을 적용하여 기술과 환경의 변화를 인지하고 창의적인 결과를 도출하는 혁신가를 양성하고 있다. 여기에서는 해외 이공계 대학 교육의 혁신 사례로 꼽히는 미국의 올린공대, MIT lab랩, 조지아텍의 사례를 분석한 홍성민 외(2013)의 연구 결과를 제시하고자 한다.

첫째, 해외 이공계 대학 교육 사례에서는 전공 기반 지식과 더불어 인문학적 지식, 예술·감성 능력을 융합하여 새로운 가치를 창출할 수 있는 인재 양성에 중점을 두고 있다. 새로운 지식과 경험을 끊임없이 학습하고 다양한 관점에서 분석하여 새로운 가치를 창출할 수 있는 능력을 갖춘 인재를 양성하기 위해 학문의 경계를 없애고 다양한 분야에서 지식을 쌓고 융합하는 것이 요구된다. 이를 위해 지식의 융합화를 위한 반학제적·간학제적 교육의 중요성이 증대되고 있다.

둘째, 교육방식 측면으로는 개방형 혁신을 중시하며, 계획된 우연을 유발한다. 해외 이공계 대학 교육에서는 다양한 지식이 무작위적으로 결합할 수 있는 자유를 제공하기 위하여 학생에게 연구자율권을 제공하고 연구가 효과적으로 결실을 맺을 수 있도록 지원프로그램을 마련하고 있다.[3]

셋째, 교육목표 측면에서는 스스로 학습하는 연구자를 지향한다. 새로운

---

3) MIT 미디어랩은 시연을 중요하게 생각하고 아이디어가 시연되는 과정에서 MIT미디어랩 내에 방문하는 다양한 사람들과 연계될 수 있는 기회를 열어놓는다. MIT 미디어랩은 외부인들의 건물 진출입이 가능하며, 학생들은 MIT미디어랩 방문객에게 개발한 제품을 설명하는데 거리낌이 없다(홍성민 외, 2013).

지식과 기술이 끊임없이 창출되는 시대에 적절한 지식과 아이디어를 융합하여 새로운 가치를 만들어 내기 위해서는 스스로 학습하는 능력이 갖추어져야 한다. 이를 위해 학생 스스로 연구의 주도권을 가짐으로써 스스로 배우고 이를 기반으로 새로운 가치를 창출하는 혁신가 양성을 목표로 한다.

넷째, 교육결과 측면에서는 성과가 아니라 과정을 중요시하고 실패를 용인하는 문화를 양산하며 연구개발과 창업에 대한 모험과 기업가정신을 양성한다. 실패는 성공으로 가는 과정이며, 성공하기까지의 과정을 일이라기보다는 놀이로서 즐기도록 함으로써 학생들이 실패에 대한 두려움을 없애고, 모험가 정신과 기업가정신을 기를 수 있도록 지원한다.

다섯째, 기초 소양(soft skill)과 전이가능숙련(transferable skills)을 중시한다.[4] 기초소양이나 전이가능숙련이 점점 강조되는 것은 새로운 기술혁신에 있어서 동료와의 상호작용이 매우 중요하기 때문이다. 이러한 역량 교육을 위해 이공계 교육 대부분이 프로젝트 기반으로 운영되며 이 과정에서 학생들은 발표력, 소통능력, 팀워크 향상 능력 등 아이디어를 교환하고 발전시킬 수 있는 역량을 향상시킬 수 있다. 학생들 스스로 연구를 지속적으로 추진할 수 있도록 목표를 설정하고, 동기를 부여하여 최종 목표를 달성할 수 있는 능력을 함양한다.

---

4) 기본소양과 전이가능숙련은 조사 분석, 적용 및 유연성, 자기주도능력, 기본적인 IT능력, 리더쉽, 동기부여, 수리능력, 발표력, 문제해결능력, 자신감, 팀워킹 등의 역량 등을 포괄한다(홍성민 외, 2013).

제3절 이공계 대학 교육정책의 분석과 혁신

이 절에서는 박근혜 정부와 문재인 정부에서 수립·시행한 '과학기술인 재 육성·지원 기본계획'(제3차~제4차, '16~'25)에 제시된 이공계 대학 교 육정책을 분석하였다. 그 이유는 '과학기술인재 육성·지원 계획'이 이공계 지원법에 따라 5년 마다 수립되어 이공계 대학 교육정책의 핵심이기 때문 이다.

1. 정책기조 분석과 혁신

1) 분석

이공계 대학 교육정책의 비전과 추진 전략 등을 분석하여 정책 기조를 제시하면 다음과 같다. 정책 기조는 전공 및 융합을 통한 경쟁력 강화(제3 차, '16~'20)에서 미래 변화대응역량 강화(제4차, '21~'25)로 변화하고 있 다. 이는 전공의 전문성을 높이면서 융합 및 미래 변화 대응을 강조하는 기 조이다. 미래 직업과 산업이 전문화, 세분화, 고부가가치화, 융합화되고 새 로운 직업이 탄생할 것(미래창조과학부, 2017)이라는 변화 방향에 대비하 기 위해서는 고부가가치와 시장경쟁력을 갖춘 높은 전문성, 다른 전공과의 간학문적 융합, 새로운 전공 분야의 역량을 갖추는데 필요한 기초 학습역량 이 요구된다(홍성민 외, 2013). 따라서 이공계 대학 정책기조는 이러한 변 화에 적합하다고 평가할 수 있다.

그러나 이공계 대학 교육정책 기조는 다음과 같은 문제점을 지니고 있다.

첫째, 중앙정부와 대학 중심인 이른바 공급자 중심의 정책 기조를 유지하고 있는 반면, 교육의 대상인 학습자의 요구를 충분히 고려하지 못하고 있다.5) 과거 과학기술인력의 양성은 과학기술인력의 특성상 노동시장 메커니즘에만 맡겨둘 수 없으며 일정 부분 정부의 개입이 필요하였다. 과거 90년대 초반까지는 정부 주도, 공급자 중심의 인력양성을 통해 산업기반사회에 필요한 과학기술인력을 공급할 수 있었다. 그러나 2000년대 이후 이공계 기피 논의는 과학기술인력의 수급 구조가 정부 주도의 공급 위주에서 수요자 시각이 반영된 시장 메커니즘으로 변화하고 있음을 보여준다(박기범 외, 2008: 5). 이러한 맥락에서 이공계 대학 교육은 학습자 요구를 충분히 고려할 필요가 있다.

둘째, 이공계 대학이 과학기술인재의 경력개발 단계에 맞춰 지속적인 학습을 제공해야 하는 시대적 상황에 따라 이공계 대학 교육과 대학원 교육(연구)의 연계가 강조되고 있지만(홍성민 외, 2013: 18), 정책 내용이 교육과 연구로 분절되어 있다. 우리나라 대학의 연구-교육 체제는 BK21 사업을 계기로 외부분절형에서 내부결합형으로 진화되었으나 실제 상당수 대학에서는 연구활동과 교육활동이 별개로 수행되는 내부분절형 또는 외부결합형의 양상을 띠고 있다(박기범·홍성민, 2012: 4~5).6)

---

5) 이와 같은 공급자(교수) 중심의 교육은 이공계 대학원에서도 두드러지고 있다. 고급인력에 대한 사회적 수요는 다양화되고 증가하고 있으나 이공계 대학원 교육은 논문연구 지향적 교육에서 크게 진화하지 못하고 있다고 평가되고 있다(엄미정 외, 2012: 6).
6) 연구와 교육 기능의 대학 내·외부 역량에 따라 4가지 유형으로 구분됨(박기범·홍성민, 2012: 4).
    - 내부결합형은 대학의 연구와 교육이 긴밀히 연계된 대학원중심의 연구중심대학 모델
    - 내부분절형은 대학 내에서 연구기능을 일부 담당하고 있으나 교육과는 별개로 수행되는 모델
    - 외부분절형은 연구는 공공연구기관 등 외부에서 주로 담당하고 대학은 교육기능에 치중하는 모델
    - 외부결합형은 대학 본연의 기능이 발전하지 못한 후진적 고등교육체제

2) 혁신방향

이공계 대학 교육정책 기조의 혁신 방향은 다음과 같다.

첫째, 중앙정부와 대학 등 공급자 중심의 교육정책 기조에서 공급자와 학습자의 균형을 유지하는 정책으로 변화되어야 한다. 최근 청년 실업이 심각한 상황을 고려한다면, 이공계 대학 교육은 학문분야의 전문성과 양질의 일자리로 진출할 수 있는 고용가능성(emploiability)을 제고할 수 있어야 한다.

그러나 모든 이공계 대학이 취업을 위한 실용학문 위주로 개편되는 것은 이공계 대학 교육의 다양성 확보와 기초학문 인재를 양성할 역할 측면에서 바람직하지 않다. 이에 전국의 이공계 대학들이 지닌 고유의 장점과 대학 교수, 학생, 지역사회 등의 특징을 고려하여 기초학문과 실용학문으로 역할을 분담하는 대학 구조조정을 고려할 필요가 있다.[7]

둘째, 이공계 대학의 교육과 연구를 연계시키는 정책이 필요하다. 이를 위해서는 이공계 대학의 전통적인 기능인 연구기능을 보전하는 동시에 교

---

7) 이에 대하여 민철구 외(2010)는 국·공립대학들을 기초학문 중심의 교육 및 연구로 특화하고 사립대학을 실용학문 위주의 재편해야 한다고 주장하였다. 이는 사립대의 경우 재정적으로 재학생 등록금에 의존하기 때문에 졸업생 취업시장의 요구에 민감하여 실용학문 위주로 재편할 수밖에 없는 구조적 원인이 존재하지만, 국·공립대의 경우 그러한 제약에서 보다 자유로울 수 있기 때문이다. 이러한 역할분담을 보다 효율적으로 촉진하기 위해서는 국·공립대학들이 인근 사립대학들과 학점교환 및 교수교류·파견 협정을 맺고 기초학문 분야 소양 교육을 위탁받아 가르치는 방안도 필요하다. 특히 권역별 대학 협력을 추진하여 권역별로 참여대학 간 역할분담을 진행한 후 이들 간의 협력관계를 구축하는 것도 중요하다. 이는 지역거점 연구중심대학 소속 집단연구의 경우 해당 권역 소재의 여타 대학 교수에게도 참여의 권리를 보장함으로써 연구중심 대학과 교육중심 대학 간의 권역 내 협력을 추진하거나, 4년제 대학과 전문대학 간의 권역별 협력 등을 추진함으로써 달성될 수 있다. 즉, 대학 특성화를 촉진하기 위해서 중앙정부 및 지방정부는 대학 간 협력에 대한 재정지원 및 다양한 행정지원을 제공할 필요가 있다(민철구 외, 2020: 3).

육적 기능을 강화해야 한다. 이에 대한 효과적인 방법은 산학협력을 통해 대학과 기업 간의 연구개발을 실행하면서 연구개발에 필요한 인재를 협력 기업에 채용되도록 하는 것이다. 이를 위해서는 산학협력을 기반으로 공급 중심의 이론 교육에서 현장수요 교육으로의 전환이 필요하다(박기범·홍성민, 2012: 9).

2. 정책목표 분석과 혁신

1) 분석

이공계 대학 교육정책의 목표와 내용 및 세부 과제 등을 분석하여 정책 목표를 제시하면 다음과 같다. 정책 목표는 산업·현장 중심의 대학교육 체질 개선과 대학의 연구지원 체계 고도화로 사회에서 요구하는 핵심역량을 갖춘 과학기술인재 양성(3차, '16~'20), 미래 변화대응역량을 갖춘 인재 확보(4차, '21~'25)로 정리할 수 있다. 이러한 정책 목표는 최근 4차 산업혁명 과 신산업·신기술에 대한 인력양성의 중요성이 강조되는 시점에서 바람직 하다고 할 수 있다.

그러나 다음 2가지 측면에서 문제점을 지니고 있다.

첫째, 기술변화가 기존 기술의 분화(specific) 정도인 경우에는 기존 관 련 학과에서 추가적인 교육으로 대응할 수 있지만, 기존 기술과 다른 패러 다임을 가진 변화를 요구할 경우에는 새로운 학과를 개설하거나 대학을 신 설할 필요가 있다(김안국 외, 2009: 39-40). 특히 대부분의 이공계 관련 산 업분야에 필수적인 생산 및 공정관리 단계에서는 스마트 공정이 확대됨에 따라 생산시스템 전반에 관한 데이터 분석 및 최적화 등의 업무가 대두되고 있어 이를 대비하기 위하여 데이터 과학자와 같은 새로운 전공(학과) 개설을 통한 인력양성이 요구된다(엄미정 외, 2018: 27-28). 그러나 현재의 이공계 대학 교육정책은 새로운 산업 분야의 인재양성을 위하여 학과의 교육과정을 개편하거나 학사제도를 유연하게 하는 수준의 소극적인 대처 중심인 반면, 학과 신설과 같은 적극적이고 능동적인 대처는 부족한 편이다.

둘째, 기업 현장 관점에서 살펴보면 미래 산업의 변화는 우리가 생각하는 것보다 훨씬 빠르고 그 변화의 폭이 크다. 결국 미래 산업의 변화에 효과적으로 대처하기 위해서는 실제 산업 현장에서 변화의 실체를 파악하고 체험하는 것이 중요하다(안재영 외, 2020; 홍성민 외, 2013). 그리고 기술진보에 따라 생산시스템의 통합성이 강화되어 대학 등의 교육기관에서 길러진 인력은 기업의 생산시스템에 대한 전문성을 확보하기 어렵기 때문에 기업 교육의 중요성이 커지고 있다(강흥렬 외, 2016). 그러나 현재의 이공계 대학 교육정책은 기업 현장에서의 실무교육이 부족한 편이다.

2) 혁신방향

이공계 대학 교육정책 목표의 혁신 방향은 다음과 같다.

첫째, 융합형 인재 양성을 위한 이공계 교육 산학연 클러스터를 신설해야 한다. 과거의 인재는 'ㅣ'자형 또는 'ㅡ'자형이라고 하였으나 오늘날 사회가 필요로 하는 인재의 유형은 T자형, π형, A자형으로 진화하고 있다(양단희, 2012: 81).[8] 기술인력이 수행하는 업무가 설계, 개발, 시험평가 및 검증, 보건 및 안전성 관리 등의 기술적 업무와 더불어 이들 업무 수행과 관련한 교육훈련, 기술마케팅, 구매/조달, 계약업무 등까지 확대되고 있다(엄미정 외, 2018: 3~4). 아울러 전문가와 기술자/준전문가 간 숙련경계의 붕괴가 일어나고 있고(홍성민 외, 2013: 8), 기능직-기술직-연구직으로 구분되었던 기술인력 관련 경력체계가 통합되는 등(엄미정 외, 2018: 102~106) 기존의 이공계 관련 인재의 유형이 통합되는 경향이다.

이러한 맥락에서 이공계 대학 졸업자의 노동시장 변동에 대한 대응성을 높이기 위하여 학문 간의 융합뿐만 아니라 학문-현장 간의 융합도 이루어져야 하며 교과(전공)-소프트 스킬 간 융합도 요구된다. 즉 이공계 대학 내의 다양한 전공(학과) 간 융합, 대학 교육과 현장 교육과의 융합, 교육과 연구와의 융합이 이루어져야 할 것이다.

이를 위해 대학, 대학원이라는 수준별 교육과정과 학문(대학)과 현장(기업)이라는 내용별 교육과정이 통합된 '학제 간 수직적 연계'와 산학연의 네트워킹을 통해 유기적으로 협력하는 '산학연 수평적 연계'가 결합된, '이공계 교육 산학연 클러스터'를 신설할 필요가 있다. 이를 진행하는 과정에서 발생하는 대학 간, 산학연 간의 이견과 조정 사항은 해당 전공 및 산업분야의 학회, 산업별 협회, 대학 협의체 간의 협의를 통해 조정하는 것이 효과적일 것이다(안재영 외, 2020).[9]

둘째, 산업 변화 및 인력수요에 능동적으로 대처하기 위하여 ① 신산업·신기술분야 학과 신설과 ② 기업 실무 교육을 강화해야 있다. 그러나 신산

---

8) 'ㅣ'자형은 한 분야만 잘 아는 인재를, 'ㅡ'자형은 폭넓게 알지만 깊이가 없는 인재를 말한다. T자형은 다양한 분야에 대한 폭넓은 지식 하에 한 분야에 대해서는 전문성을 갖춘 인재를 칭한다. π형은 T지형과는 달리 한 가지가 아닌 두 가지 전문 분야에 대한 전문성을 가진 인재를 말한다. A자형에서 두 개의 수직선은 전문지식과 다른 분야에 대한 상식과 포용력을, 수평선은 소통능력을 의미한다(양단희, 2012: 81).

9) '이공계 교육 산학연 클러스터'는 안재영 외(2020)의 연구에서 제안한 '신산업분야 교육-훈련-산학연 클러스터'를 수정·보완한 것이다.

업·신기술분야 인력양성 현황을 분석한 결과(안재영 외, 2020), 기존 학과를 유지하면서 신산업·신기술분야의 교육을 추가하는 경우가 대부분이고 ① 신산업·신기술분야에 특화된 학과를 신설한 경우는 매우 적었다. 오히려 대학보다 유연성이 높은 직업훈련기관에서 신산업·신기술분야의 인력양성이 활발한 편이다. 이는 신산업·신기술분야의 학과나 교육과정을 개편 및 신설하는데 이를 실행할 대학 교원의 선발이 어렵다는 것이 주요 원인으로 지목된다. 아울러 ② 기업 실무 교육을 하기 위한 산학협력도 활성화되지 못하였는데 이는 대학이 지닌 교육의 경직성과 기업의 소극적인 참여가 주요 원인으로 지목된다(안재영 외, 2020).

따라서 ① 신산업·신기술분야에 특화된 학과를 신설하는데 필요한 교육과정, 교원, 학생 진로 및 경력개발, 재정 등 학과 신설 전반에 걸친 종합적인 지원 정책이 필요하다. 아울러 ② 기업 실무 교육을 대학과 기업이 희망하는 다양한 형태로 운영할 수 있도록 창의적이고 유연한 기업 실무 교육 지원 정책이 요구된다.

3. 정책수단 분석과 혁신

1) 집행기구

(1) 분석

앞서 살펴본 바와 같이, 이공계지원법의 제4조에 의거하여 정부는 5년마다 이공계인력을 육성·지원하는 기본계획을 세우고 교육부의 「인적자원개발 기본법」에 따른 국가인적자원위원회와 과학기술정보통신부의 「국가과학기술자문회의법」에 따른 국가과학기술자문회의의 심의를 받아 확정한다. 이에 이공계 대학 교육정책의 집행기구는 교육정책과 인력양성정책을 관장하는 교육부와 과학기술정책 및 연구개발정책을 관장하는 과학기술정보통신부로 볼 수 있다.

과거 이공계 인력양성정책은 특정 기술분야의 연구개발정책을 뒷받침하는 인프라 정책으로 출발하여 연구개발활동을 축으로 연구인력을 양성하거나 대학 교육력을 강화하는 정책으로 운영되었다. 그러나 2000년대 이후 이공계 진학률이 급속히 떨어지고 사회적 대우 문제가 제기된 이후 과학기술인력에 대한 종합 대책이 마련되기 시작하였다(박기범·홍성민, 2012: 5).

이에 따라 이공계 대학 졸업자의 취업과 경력개발의 중요성이 높아지고 다양한 산업분야에 대한 대응력이 강조되면서 고용노동부, 중소벤처기업부, 산업통상자원부 등 다양한 부처와의 정책 연계가 제시되어 있다[10]. 그러나 부처 간 의사결정과 정책 집행 과정 및 결과에 대한 관리 주체가 명시되어 있지 않아 부처 간의 효과적인 협업이 어려운 수준이다.

(2) 혁신방향

이공계 대학 교육정책의 정책수단의 혁신 방향은 다음과 같다.

첫째, 이공계 대학 교육정책의 거버넌스를 재설계해야 한다. 이공계 대학 교육정책에 다양한 부처가 참여함에 따라 다양한 국책연구기관(한국직업능력연구원, 한국교육개발원, 과학기술정책연구원 등)도 참여하여 다양

---

[10] 실제로 「제4차 과학기술인재 육성·지원 기본계획('21~'25)(안). 관계부처 합동(2021.2.25.)」에서는 추진과제별 소관부처로 과학기술정보통신부, 교육부, 고용노동부, 중소벤처기업부, 산업통상자원부, 환경부, 보건복지부, 국토교통부, 해양수산부, 농림식품부, 특허청, 법무부, 인사혁신처 등이 제시되어 있다.

한 정책들이 발굴되다 보면, 정책의 혼란이 발생할 수 있다. 아울러 지방자치교육이 강조되는 시점에 반하여 현재 이공계 대학 교육정책은 중앙정부 중심이고 지방정부의 참여는 적은 편이다.

정부 정책의 의사결정은 거버넌스에 따라 이루어진다. 일반적으로 거버넌스는 사회의 구성요소들이 권력과 권위를 행사하여 공공 생활에 영향을 주는 정책이나 의사결정에 영향을 미치고 이루어지는 과정을 의미하기 때문에 통치의 절차적·구조적·기능적·도구적 측면과 관련된 규정, 절차, 행위로 구성된다(Benz, 2004; European Training Foundation, 2013:2). 이에 거버넌스는 권력이 행사되는 방식, 의사결정이 이루어지는 방식, 시민을 포함한 이해관계자들의 발언권을 가지는 방식 등을 결정한다(Oliver, 2010). 무엇보다 이공계 대학 교육과 같은 인력양성 정책에서는 국가수준의 거버넌스와 지역수준의 거버넌스의 연계를 강조하고 있다(김미란 외, 2019; European Training Foundation, 2013; OECD, 2015).[11] 또한 과학기술에 관한 정부의 역할 재설정과 민간과의 효과적인 연계를 위한 거버넌스 재정립이 필요하다(송하중 외, 2021).

이러한 맥락에서 이공계 대학 교육정책을 포함한 과학기술인재정책에 관한 정책 거버넌스는 중앙부처와 국책연구기관으로 구성된 국가수준 거버넌스, 지자체, 대학, 산업별 협의체가 참여하는 지역수준 거버넌스, 전략적 해외 우수인재 유치 및 글로벌 네트워크를 강화하는 국제협력 거버넌스로

---

11) 한 예로 김미란 외(2019)의 연구에 따르면 국가수준의 거버넌스는 법·제도와 정책을 대상으로 중앙부처 관료가 중심이 되고 관련 이해집단 대표가 참여하여 심의·조정하는 방식으로 운영되고 지역 거버넌스는 지방 수준에서 자원 배분, 정책 결정, 서비스 전달에 대한 자율성 및 재량권을 가지는 방식으로 운영된다.

운영할 필요가 있다.

둘째, 교육과 고용의 연계가 강조되는 사회적 요구에 따라 이공계 대학 교육정책은 이공계 인력의 양성뿐만 아니라 활용·성장이라는 인적자원개발·관리(HRD, HRM) 측면까지도 고려하여 다양한 부처를 집행기구로 설정해야 한다. 동시에 집행기구가 다양해짐에 따라 정책도 세분화·전문화되어야 한다.[12]

이를 위해 거버넌스 내의 의사결정과 정책 집행 과정을 담당하는 소관 부처와 정책 자문기구를 설정할 필요가 있다. 이공계 대학 교육정책이 과학기술인재에 관한 정책이므로 소관 부처는 과학기술정보통신부로 설정하되, 이공계 대학 교육정책이 다양한 중앙부처-지자체 연계, 교육-연구-고용 연계, 글로벌 네트워크가 요구된다는 점에서 연계 정책에 탁월한 노하우와 경험을 지닌 국책 연구기관을 정책 자문기구로 설정할 필요가 있다.

2) 재정

(1) 분석

정부의 대학 재정 지원은 특정 목적을 위한 사업 단위 지원과 기관 단위의 지원으로 구분할 수 있는데, 최근 기관 단위 지원에 비해 사업 단위 지원의 비중이 더 높아지고 있다(민철구 외, 2010: 4). 이공계 대학 교육을 지원하는 사업은 지방대학 특성화 사업(1974), 공과대학 중점지원사업(1994), 지방대학 특성화 사업(1997), 산학협력 선도대학 육성 사업(2012~ 2016),

---

12) 예를 들어, 이공계 대학 내에서도 전공계열별 취업 및 미취업에 관한 편차가 있어 전공계열별 취업 지원 정책이 필요하다(박진희, 2011: 450).

산업연계교육 활성화 선도대학(2016)이 있으며, 인문사회 및 예체능 계열에 대한 지원보다 월등히 높은 편이다(김미란, 2017: 52)

이와 같이 정부는 대학에 지원하는 여러 사업비를 정책목표에 맞게 효율적으로 배분함으로써 대학의 구조변화를 이끌어낼 수 있다. 이공계 대학 재정 지원 사업은 통상적으로 HRD(Human Resources Development)와 R&D(Research & Development)를 기본 틀로 하고 있다. 이러한 구분이 중요한 이유는 대학 특성화와 구조개혁에 있어서 연구력과 교육력의 대비가 핵심적인 역할을 하고 있기 때문이다(민철구 외, 2010: 4-6).

그러나 정부의 대학재정지원사업은 대학의 연구역량 강화를 위한 R&D 중심의 지원이며 지원 대상을 연구인력과 산업인력으로 구분하였을 때 산업인력 양성형 대학(원)에 지원한 예산은 연구인력 양성형 대학(원)에 지원한 것에 턱없이 부족하다(박기범·홍성민, 2012: 6)[13]. 그리고 예산이 많은 R&D 사업은 수도권의 우수연구중심대학에 집중 지원되고 예산이 적은 HRD 사업은 비수도권 대학에 지원되어 수도권-비수도권 대학의 재정 지원이 불균형적이다(박기범·홍성민, 2012: 6). 아울러 부처 간 조정 없이 유사 사업이 수도권 및 국·공립대학으로 중복지원되었다(민철구 외, 2010: 4-6).

이와 같이 이공계 대학의 재정 지원이 사업 단위로 이루어지고 R&D 사업에 집중되어 이공계 대학 교육 및 취업에 관한 재정 지원은 상대적으로 부족한 것으로 평가된다.

---

13) 2012년 산업인력 양성형대학(원)에 지원된 예산은 482억원으로 연구인력 양성형 대학(원) 지원금액(1조 5,368억원)의 약 3%에 불과한 수준이다(박기범·홍성민, 2012: 6)

(2) 혁신방향

이공계 대학 교육정책 재정 지원의 혁신 방향은 다음과 같다.

첫째, R&D뿐만 아니라 HRD에 대한 재정 지원을 확대한다. 왜냐하면 최근의 대학에서는 연구역량뿐만 아니라 교육 및 취업역량도 강조되기 때문이다.

둘째, 비수도권 대학에 대한 재정 지원을 확대하여 지역별 불균형을 해소해야 한다. 이는 교육분권화와 교육자치라는 교육의 큰 방향과 부합하고 인구감소에 따른 지역소멸에도 예방적 효과를 가져올 수 있다.

셋째, 부처 간 재정 지원 중복 문제를 해결하기 위하여 부처별 재원 지원 항목을 설정한다. 예를 들어 이공계 대학의 교육에 관한 사업은 교육부가 주관하고 연구환경 개선이나 취·창업 등에 관한 것은 과학기술정보통신부나 고용노동부 등 타 부처가 담당하는 것으로 개편이 필요하다.[14]

넷째, 부처별 재정 지원의 통합 관리를 통하여 참여 대학의 다양한 상황과 목적에 부합하도록 재정을 지원함으로써 재정의 효율성과 합목적성을 강화한다.

3) 유인

(1) 분석

이공계 대학 교육정책에서 설정한 정책 목표인 산업·현장 중심의 대학 교육 체질 개선과 대학의 연구지원 체계 고도화로 사회에서 요구하는 핵심

---

14) 이와 관련하여 민철구 외(2010)는 교육과정의 개설과 관련된 사업은 교육부가 주관하고 타 부처의 HRD 지원은 일괄지원방식을 도입하여 대학 자율 확대와 부처 간 중복문제를 해소해야 한다고 주장하였다.

역량을 갖춘 과학기술인재 양성(3차, '16~'20), 미래 변화대응역량을 갖춘 인재 확보(4차, '21~'25)는 대체로 바람직하지만, 정책 목표에 부합하는 구체적인 성과 지표는 찾아보기 힘들다. 대부분의 정책 과제가 '지원'이나 '노력'의 형태로 기술되어 성과 분석이 어렵다보니 유인 수단도 부족하다고 평가된다.

지금까지 정부의 대학재정지원사업은 거시적 전략 없이 개별 부처/사업의 필요성에 의해 산발적으로 추진되어 비효율성을 초래하고 오히려 대학 특성화를 저해하는 동기로 작용하였다(민철구 외, 2010: 18~19). 정부의 대학재정지원사업에서 가장 비율이 높은 R&D 지원 사업도 '교원 간 나눠갖기'식으로 변질되어 성과평가를 통해 평가의 결과를 지원 규모에 연동시키는 방식이 요구된다(박기범·홍성민, 2012: 8~9).

(2) 혁신방향

이공계 대학 교육정책에 대한 성과 분석을 강화하여 참여 대학의 유인가를 높일 필요가 있다. 성과 분석을 위한 성과 지표의 설정은 산업 변화에 대응하는 역량중심교육, 전문화, 특성화, 학생 취업 지원, 그리고 학문의 실용성을 강조하는 시대적 요구를 반영할 필요가 있다.

이러한 맥락에서 이공계 대학 교육정책의 유인 수단에 관한 혁신 방향은 다음과 같다.

첫째, 산업 변화에 대응하는 학과 개편 실적, 교육과정 개편 실적, 특성화 실적, 역량중심교육 실적 등을 평가한다. 이때 교육을 결정짓는 교육과정, 교육공학, 교원 등 주요 요소에 대한 구체적인 성과 지표를 적용할 필요가 있다.

둘째, 학생 취업 지원을 위해 전공별 노동시장 분석, 학생 진로상담 및 경력개발 경로 분석, 산업 현장 연계 교육 실적 등을 평가한다. 이는 대학교육을 통해 양성된 이공계 인력 활용을 강화하기 위한 것으로 이공계 관련 직업으로의 진입을 용이하게 하고 중장기적인 경력 경로를 구축하여 보급해야 한다는 측면에서 중요한 과제이다(박진희, 2011: 450-451).

셋째, 신산업·신기술 분야에서는 신기술의 개발과 적용 및 사업화가 빈번하게 일어나는 환경이 중요하기 때문에 산학협력을 기반으로 한 학문의 실용성을 강조해야 한다. 학술적인 연구만을 강조하면 산학협력이 협소화되고 사업화 가능성이 낮아지게 된다.[15] 이공계분야에서는 기술의 사업화와 현장 응용과 같이 대학교육을 실제 산업협장에 적용할 수 있는 '학문적 실용성'이 중요하다.[16] 이러한 측면에서 신기술의 개발과 적용 및 사업화에 관한 평가를 강화하고 특허와 기술 사업화 등을 성과 지표로 적용할 필요가 있다.

---

[15] 이와 관련하여 학술적인 연구에 집중하는 대학교수일수록 산학협력이 활발하지 않다. 반면, 특허수로 측정된 응용역량은 산학협력의 활성화와 양의 유의한 관계를 가지고 있다(권기석·송재준, 2009: 24).

[16] 응용성이 높은 공학과 농수해양학 분야에서 산학협력채널이 활성화되어 있는네, 공학이 유일하게 상업모드에 유의한 관련을 가지는 분야로 나타났으나, 화학과 생물학은 자연과학과 유의한 차이를 보여주지 못했다. 반면 협력모드에 있어서는 모든 분야가 자연과학에 비하여 유의미한 차이를 보여 주었다. 따라서 공학분야가 산학간 활발한 상업적 채널이 구축에 있어 매우 중요한 분야임을 알 수 있다(권기석·송재준, 2009: 27).

제4절 요약 및 결론

1. 요약

이공계 대학 교육정책을 분석한 내용과 혁신 방향을 제시하면 〈표 5-6〉
과 같다.

〈표 5-6〉 연구결과 요약

구 분		분석(문제점)	혁신 방향
정책 기조		• 공급자 중심인 반면, 학습 자 요구를 충분히 고려하지 못함 • 정책이 교육과 연구로 분절 되어 과학기술인재의 경력 개발에 한계	• 공급자 중심의 교육정책 기조에서 공급자와 학습자의 균형 유지하는 정책으로 변화 • 이공계 대학을 기초학문과 실용학문으로 역할 분담하 는 대학 구조조정 필요 • 이공계 대학의 교육과 연구 연계 강화
정책 목표		• 산업변화에 대처하는 방식 이 소극적인 방식임(학과 커리큘럼 개편, 학사제도 유연화 등) • 기업 현장에서의 실무교육 부족	• 융합형 인재 양성을 위한 이공계 교육 산학연 클러스 터 신설 • 신산업·신기술분야 학과 신설 • 기업 실무 교육 강화
정책 수단	집행 기구	• 이공계 대학 교육정책에 다 양한 부처가 관여되어 있으 나 정책 집행 과정 및 결과 에 대한 관리 주체가 명시 되어 있지 않아 부처 간의 효과적인 협업이 어려움	• 거버넌스 구축: 국가수준 거버넌스(중앙부처, 국책연 구기관), 지역수준 거버넌스(지자체, 대학, 산업별 협 의체), 국제협력 거버넌스(전략적 해외 우수인재 유치 및 글로벌 네트워크 강화) • 거버넌스 내의 의사결정과 정책 집행 과정을 담당하 는 소관 부처와 정책 자문기구 설정
	재정	• 이공계 대학의 재정 지원 이 사업 단위로 이루어지고 R&D 사업에 집중됨	• R&D뿐만 아니라 HRD 재정 지원 확대 • 비수도권 대학에 대한 재정 지원을 확대하여 지역별 불균형 해소 • 부처 간 재정 지원 중복 문제 해결을 위한 부처별 재정 지원 항목 설정, 부처별 재정 지원 통합 관리
	유인	• 정책 목표에 부합하는 성과 분석 및 유인 수단 부족	• 산업 변화에 대응하는 학과 개편 실적, 교육과정 개편, 특성화 실적, 역량중심교육 실적을 평가 • 학생 취업 지원을 위해 전공별 노동시장 분석, 학생 진 로상담 및 경력개발 경로 분석, 산업 현장 연계 교육 실적을 평가 • 신기술의 개발과 적용 및 사업화에 관한 실적을 평가

2. 결론

코로나 19와 4차 산업혁명으로 산업 전반의 기술 혁신뿐만 아니라 우리가 사는 일상에 새로운 질서와 기준이 요구되고 있다. 이와 같은 사회 구조의 전면적인 변화가 빠르게 발생하는 상황에서 과학기술인력을 양성·활용하는 이공계 대학 교육의 혁신이 요구되고 있다. 여기에서 주목해야 할 점은 과학기술인력 양성·활용에 관한 혁신에는 산업 변화에 따른 기술 측면의 혁신뿐만 아니라 사회에서 요구하는 인적자원 측면의 혁신까지도 반영되어야 한다는 점이다. 이러한 맥락에서 이공계 대학 교육정책의 혁신 방향을 다음과 같이 제시할 수 있다.

첫째, 기존의 이공계 대학 교육은 산업에서 요구하는 기술 변화에 초점을 맞추었다. 그러나 산업의 변화가 빠르고 이러한 변화가 사회의 구조적 혁신으로 이어지면서 과학기술인력 개인의 삶 측면에서 인재 양성의 방향을 설정해야 한다. 이러한 측면에서 과학기술인력이 산업의 변화뿐만 아니라 산업 사회에 진출하고 그 속에서 성장하기 위해서는 개인의 학습 요구와 진로를 고려한 이공계 대학 교육이 이루어져야 한다. 따라서 산업의 기술 요구뿐만 아니라 학습자의 교육 및 진로 요구를 반영하여 과학기술인재 양성 시스템을 개편해야 한다.

둘째, 과학기술인력의 장기적인 성장을 위해서는 경력단계별로 지속적인 학습이 이루어져야 한다. 과학기술인력의 경력단계별로 요구되는 지식과 역량은 전문화·세분화되며 그 범위와 깊이 역시 크게 늘어나고 있다(홍성민 외, 2013). 따라서 과학기술인력의 경력단계별로 이공계 교육을 확대 제공하고 이공계 교육을 평생직업교육의 관점에서 관련 지식과 기술뿐만 아니라 실제 역량을 함양하는 방식으로 개편해야 한다.

셋째, 연구인력과 생산기술인력 간의 격차가 줄어들고 융합적 기술 인재가 요구되는 시대에 발맞추어 연구-교육 연계를 강화해야 한다. 이는 연구 분야에서 개발된 기술의 사업화뿐만 아니라 학문적 실용성을 높이고 다시 학문의 깊이를 높여 교육의 질 제고로 이어질 수 있다. 뿐만 아니라 이공계 교육에 대한 학습자 측면의 학문적, 실용적 성과뿐만 아니라 산업계의 실제적인 요구에도 부합하여 이공계 교육의 가치를 높일 수 있을 것이다.

참고문헌

강흥렬·허재준·김형만·한은영·최승재 (2016), 기술변화와 인적자원 운영 연구: 변화요인의 파악 및 영향의 파급경로 분석. 정보통신정책연구원.

관계부처 합동 (2016), 제3차 과학기술인재 육성·지원 기본계획('16~'20)(안).

_____ (2021), 제4차 과학기술인재 육성·지원 기본계획('21~'25)(안).

국가과학기술심의회 (2016), 제3차 과학기술인재 육성·지원 기본계획('16~'20)(안).

국가과학기술위원회 운영위원회 (2011), 제1차 이공계인력 육성지원 기본계획('06~'10): 2010년도 추진실적 점검결과(안).

권기석·송재준 (2009), 한국 이공계 대학교수의 특성과 산학협력 방식과의 관계. 정책자료 2009-16, 과학기술정책연구원.

기획재정부 외 (2011), 제2차 과학기술인재 육성·지원 기본계획('11~'15)(안).

김미란 (2017), 대학교육 혁신을 위한 정책 진단과 방안(Ⅰ): 대학 교육과정 혁신을 중심으로. 한국교육개발원.

김미란·임언·유한구·정재호·이주희 (2019), 지방분권화시대 지역인적자원개발 거버넌스 연구.

한국직업능력개발원.

김안국·신선미·홍광표 (2009), 기술변화와 교육훈련. 한국직업능력개발원.

미래창조과학부 (2017), 미래전략보고서_미래 일자리의 길을 찾다.

민철구·박기범·정승일·정기철 (2010), 이공계 대학 구조변화 추세분석과 대학경쟁력 확보방안. 정책연구 2010-15, 과학기술정책연구원.

박기범·엄미정·송창용·진미석 (2008), 이공계 위기 대응방안 모색을 위한 박사인력의 특성과 수급 현황 분석. 정책연구 2008 - 13, 과학기술정책연구원.

박기범·홍성민 (2012), 연구개발을 통한 이공계 인력양성 모델. 정책연구 2012-19, 과학기술정책 연구원.

박진희 (2011), 이공계 대학졸업자의 노동이동과 이공계 직업 이탈 요인분석. 2011 한국고용정보원 고용동향조사 심포지엄.

송하중·윤지웅·박상욱·유상엽·최선미·이지은 (2021), 과학기술인재 성장정책 개선방안 수립연구. 국가과학기술인력개발원.

양단희 (2012), 미래 이공계 교육의 방향. 한국 인터넷 정보학회, 제13권 제3호, 77-82.

엄미정·박기범·김형주·이윤지·박동오 (2012), 이공계 대학원의 특성화 발전을 위한 정부지원정책 개선방안. 정책연구 2012 -18, 과학기술정책연구원.

엄미정·서지영·조가원·박기범·진설아 (2018), 과학기술 발전에 따른 기술인력 직무 변화 추세 진단과 대응방안. 과학기술정책연구원.

안재영·김대영·김종욱·임해경·이미란·김한성 (2020), 4차 산업혁명에 대응한 직업교육훈련기관 신산업분야 교원운영 패러다임 전환 연구. 한국직업능력개발원.

홍성민·김형주·조가원·박기범·김선우·정재호 (2013), 미래 과학기술 인재상과 이공계 대학 지원 정책의 전환방향. 과학기술정책연구원.

Benz. A. (2004). Governance in complex control systems. An introduction.

European Training Foundation(2013). Good multilevel governance for vocational education and training.

OECD(2015). Education Policy Outlook 2015: Making Reforms Happen.

Oliver, D. (2010). Complexity in vocational education and training governance. Research in Comparative and International Education, 5(3), 261-273.

과학기술정보통신부 2018~2021년 업무계획.

교육부 2017~2021년 업무계획.

미래창조과학부 2017년 업무계획.

「국가과학기술 경쟁력 강화를 위한 이공계지원 특별법(약칭: 이공계지원법)」[시행 2021. 10. 21.] [법률 제18075호, 2021. 4. 20., 타법개정]

제**6**장

원자력 안전정책

김 창 수

원전시설의 인·허가에서부터 원자력 발전시설 안전규제에 이르기까지
통합 관리하는 기본법이 필요하며, 방사성폐기물 처분은 물론 원전해체에 이르기까지
전주기를 관할하는 법체계의 구성이 필요하다

제1절 서 론

2021년 12월 31일 유럽연합의 녹색분류체계(Green Taxonomy) 초안에 방사성 폐기물을 안전하게 처분할 계획과 자금, 부지가 있는 경우에만 녹색투자가 가능하도록 제한하는 내용이 담겼다. 유럽연합 집행위원회가 2022년 2월 2일 확정 발의한 규정안에 따르면, 신규 원전에 대한 투자가 녹색으로 분류되기 위해서는 2045년 전에 건축허가를 받고, 계획과 조달된 자금이 있고, 2050년까지 방사성 폐기물을 안전하게 처분할 수 있는 국가에 위치해야 한다(연합뉴스, 2022. 2. 3). 그러나 환경부가 2021년 12월 30일 발표한 한국형 녹색분류체계(K-Taxonomy)에서 원자력발전은 빠져있는 등 논란이 있으며, 사용후핵연료인 고준위방사성폐기물 처분장 확보 방안을 놓고도 논란이 있다(정정화, 2021). 20대 대선을 앞두고 후보들의 원전 확대와 축소 공약이 팽팽하게 맞서는 가운데, 이 지점에서 탄소중립과 원자력안전정책에 대한 지속가능성과 사회적 합의의 중요성이 부각되며, 미래 에너지 게임 체인저인 소형모듈원자로(SMR : Small Modular Reactor) 확대에 대해 어떻게 안전기준을 적용하고 민첩하게 대응할 것인가의 과제도 쟁점이 되고 있다. 여하튼 원자력발전에서부터 폐기물의 완벽한 처리까지 전주기적으로 안전성을 확보하는 논의가 절실한 시점이다.

안전신화에 빠지게 되면 오차가 허용되지 않고 학습이 이루어지지 않으면서 엄청난 위험과 불확실성에 직면하게 되게 되는데, 후쿠시마 원전사고의 경우가 좋은 사례가 된다(하타무라 요타로 등, 2015: 95-100). 원전전문가들은 후쿠시마 원전을 운영하는 도쿄전력이 단기적인 경제성을 우선하다가 지금은 210조 원을 투입하여도 복구가 어려운 사회적 비용을 초래하고 있다고 분석했다. 1979년 쓰리마일 아일랜드 원전사고와 1986년 체르노빌 원전사고에 대해 자체조사를 진행한 일본 원자력안전위원회는 1987년 중대사고 대책 검토 후에 1992년 5월 「발전용 경수형 원자로시설에서 중대사고(severe accident) 대책으로서 사고관리(accident management)에 대하여」라는 보고서를 작성하여 발표하였다. 일본에서는 중대사고가 발생할 가능성은 극히 낮으며, 사고관리도 사업자의 자율적인 노력으로 충분하다는 것이 핵심적인 내용이었다(하타무라 요타로 등, 2015: 108-109).

후쿠시마 원전사고 때에 이러한 결정이 무력해지자 일본 원자력안전위원회는 2011년 10월 20일에 폐지된다.[1]. 매뉴얼을 통한 원전안전의 신화(myth)가 붕괴되는 순간이었다. 이를 반면교사 삼아 한국 고리원전의 경우 시설투자 측면에서 가외적인 요소를 고려하여 높은 불확실성하에서 8단계에 걸친 높은 비용을 지불하였다. 한국수력원자력(이하 '한수원'이라 한다)은 2011년 이후 1조 1천억 원의 재원을 투입하여 단계적으로 안전개선 대책을 추진하였다. 고리원자력본부에서는 이러한 오차에 대한 학습을 통

---

[1] 일본에서도 전력회사, 정부부처, 학계 그리고 정계의 유착관계가 후쿠시마 원전사고에 대비하지 못한 원인으로 작용했다는 비판이 있다(야마모토, 2011: 8-9).

해 끊임없이 불확실성에 대비하고 있었고, 그러한 성과들을 소위 8개 감시의 눈으로 불리는 중앙과 지방의 유관기관과 부산광역시 원자력안전대책위원회를 통해 공개하고 보고하는 형식을 취하였다. 그러나 아이러니하게도 2017년 6월 고리원전 1호기는 영구정지에 들어가게 되고, 급조된 8단계 안전대책들은 시민단체와 언론의 신랄한 비판을 받고 있다.

대한민국은 일본 후쿠시마 원전 사고 이후, 원전에 대한 국민 불안을 해소하기 위해 2011년 7월에 원자력안전법과 원자력안전위원회 설치 및 운영에 관한 법률을 분법 제정하였고, 원자력안전규제를 담당하는 독립적 합의제 의결기관으로 원자력안전위원회(이하 '원안위'라 한다)를 2011년 10월에 출범시켰다. 지난 10년 동안 원안위는 대내외적인 변화 속에서도 일관성 있게 원자력 안전규제의 투명성과 전문성을 높이고자 노력해온 것으로 평가된다(원자력안전위원회 등, 2020: 1-2).

이 연구에서는 현재 한국 원자력안전정책의 핵심대상이라고 할 수 있는 원자력시설 안전, 방사성이용기관의 방사성안전, 라돈 등 생활방사선안전, 방사성폐기물 처분시설 안전, 핵 비확산 및 핵 안보 위협 대응, 그리고 후쿠시마원전 오염수의 방류 대응에 관한 핵심 내용을 분석하고 혁신방향을 제안하고자 한다. 구체적으로 정책기조와 정책목표, 정책수단의 연결고리를 면밀하게 살펴보되, 정책수단의 경우 집행기구, 재정, 법과 규제를 중심으로 논의하고자 한다.

원전안전은 당연히 확보될 수 있다는 도그마를 경계하고, 원전안전은 상당한 비용과 과학기술의 뒷받침 없이는 확보되기 어렵다는 근거를 3차에 걸친 「원자력안전종합계획」과 「원자력안전연감」 등의 분석을 통해 확인하고자 한다(원자력안전위원회 등, 2020: 21-22; 원자력안전위원회, 2021).

국내외 원전안전사고사례와 서로 상반된 의견을 가진 공무원과 전문가 그리고 NGO와의 면담을 통해 도그마의 위험성을 확인하고 혁신방안을 제안하고자 한다. 연구의 시간적 범위는 제1차 원자력안전종합대책 기간이 시작되는 2012년부터 현재까지로 한다.

제2절 원자력안전정책의 개관

1. 정책분석의 핵심대상

1) 원자력시설 안전

정부는 국내 원전 30기에 대한 안전관리체계를 지속적으로 강화하고 있다.[2] 2020년 5월 한빛1호기 정지사건이 발생하였는데, 제어봉 시험과정에서 원자로 열 출력이 제한치를 초과하여 급증했음에도 제때 수동정지 조치가 이루어지지 못했던 사건으로, 관련 법령과 절차서 위반, 운전조작 미숙 등 복합적인 인적 오류(human error)가 원인이었다.[3]

원안위에서는 특별조사를 바탕으로 근본원인 분석을 통해 재발방지대책을 마련하였다. 주요 안전변수에 대한 상시 모니터링 체계를 마련하고, 운전원에 대한 교육 및 자격요건을 강화하는 한편, 원안위 지역사무소의 권한과 역량을 강화토록 조치하였다. 이와 함께 업체 스스로 안전문화를 뿌리내

---

2) 고리 1호기는 2017년 6월, 월성 1호기는 2019년 12월에 종료했다.

릴 수 있도록 지속적으로 지원할 계획이다.

2) 방사선이용기관의 방사성안전

정부는 방사선이용기관의 안전관리 사각지대 해소를 위한 제도개선을 추진 중에 있다. 2019년 7월, 방사선이용기관에서 안전장비를 무단 해제하여 종사자가 피폭되는 사건이 발생하였다. 방사선이용기관은 허가기관과 신고기관으로 나뉘는데, 이번 사건은 전국에 산재해 있는 약 7천개의 신고기관 중에서 발생하였다. 이를 계기로 신고기관에 대한 종사자의 교육과 건강진단에 관한 사항을 합리적으로 설계하고, 필요한 경우에 한해 기록관리 의무도 부과할 계획이다.

3) 생활방사선안전

2019년에는 원자력·방사선안전 분야의 다양한 현안들이 발생했고, 이에 대응하는 과정에서 우리의 원자력 안전규제 역량은 한 단계 더 도약하게 되었다. 이때 라돈 등 생활주변방사선에 대한 종합적인 안전관리체계를 마련하였다. 2018년 국민적 관심이 높았던 라돈침대 사건 이후 원안위

---

3) 2011년 후쿠시마 원전사고는 원전이 기술적 결함과 인간적 결함뿐만 아니라 자연재해에도 무척 취약함을 보여주었기 때문에 이에 대한 이론구성과 실천적 논의도 요구된다. 2012년 2월 4일 고리원전 1호기 계획예방정비를 시작했다. 정전사고의 발단이 된 발전기 보호 장치 시험은 당초 11일로 예정되어 있었지만 본사에 통보하지 않고 8일로 무단 변경했다. 원자력발전 운영 기술지침서에 따르면 날짜 변경은 본사에 통보하도록 돼 있다. 2012년 2월 9일에는 발전기 보호 장치 시험을 실시했다. 오후 8시 34분 현장 용역직원의 작업 실수로 전원공급이 중단됐다. 당시 비상전원발전기 2대 중 1대는 정비를 위해 분해된 상태였다. 나머지 비상발전기마저 솔레노이드밸브 고장으로 작동하지 않았다. 원전에 전원을 공급하던 모든 전원장치가 불능상태에 빠지면서 고리 1호기는 결국 12분간 전원공급이 중단됐다. 그런데 이러한 원전사고에 대한 은폐가 이루어졌다(김창수, 2013).

는 유사 사례의 재발방지를 위해 총력을 기울였다. 2019년 2월부터 부적합 제품의 사전 유통 차단을 위해 관세청과의 방사선 협업검사에 착수하였고, 공항·항만 방사선감시기 6대를 추가로 설치하여 수입단계 검사를 강화하였다. 또한, 찾아가는 라돈측정 서비스와 국내 유통제품 분석 강화를 통해 약 8만4천여 부적합제품을 확인하여 수거·폐기하기도 하였다. 2018년 12월「생활주변 방사선 안전 관리법」을 개정한 이래 시행령 개정 등을 거쳐 2019년 7월부터는 신체 밀착형 제품에 원료물질의 사용을 원천적으로 금지하고, 가공제품 제조업자 등록제도도 신설하였다.

4) 방사성폐기물 처분시설 안전과 원전해체관리 안전

중·저준위 방사성폐기물관리 기본계획에 따라 방사성폐기물의 안전하고 효율적인 관리를 위하여 매년 시행계획을 수립·시행하는데(방사성폐기물 관리법 제7조), 방사성폐기물관리법 제6조(방사성폐기물 관리 기본계획) 제1항에 따라 산업통상자원부장관은 방사성폐기물을 안전하고 효율적으로 관리하기 위하여 30년을 계획기간으로 하는 방사성폐기물 관리에 관한 기본계획을 5년마다 수립하여야 한다.

한국원자력환경공단(2020)은 방사성폐기물의 발생에서부터 처분까지 철저한 검사 및 추적관리를 통한 처분 적합성 확보에 초점을 맞추고 있다. 국내·외 기술기준에 적합한 운반수단 확보, 운반경로에 대한 방사선 영향평가 및 비상대응계획 수립 등을 통한 운반 안전성 확보에 주력하고 있다. 원자력안전의 전주기적 관점에서 최종 단계이기 때문에 세심한 대응이 필요하다.

5) 후쿠시마 원전 오염수 방류에 대한 안전

사회적 관심이 높은 일본 후쿠시마 원전 오염수의 해양방류 가능성 문제에 대해서도 국제적으로 공론화한 바 있다(김나정, 2021: 1-4). 원안위를 비롯한 우리정부 대표단은 2019년 9월 국제원자력기구(IAEA : International Atomic Energy Agency) 총회에서 일본정부가 국제사회와 충분한 논의를 거쳐 합리적인 오염수 처리방안을 결정할 것을 촉구하였다. 이어서 11월에 열린 한중일 고위규제자협의회에서 재차 주변국에 투명하게 정보를 제공하고 충분한 설명과 협의 절차를 거쳐 이해와 공감을 구할 것을 요청하였다(원자력안전위원회 등, 2020: 1-2).

일본 정부는 오염수 처리 문제가 대두되자 해양 방류, 대기 방출, 지층 주입, 전기 분해, 지하 매설 등 5개 방안을 검토하며 문제를 수습하기 위해 노력하는 듯 보였으나, 결국 2021년 4월 13일 관계각료 회의에서 「후쿠시마 제1원자력발전소의 다핵종제거시설 등 처리수의 처분에 관한 기본 방침」을 의결하였다. 확산예측 및 모니터링의 용이성, 낮은 방사선 영향 등을 이유로 세부 계획 수립, 관련 설비 건설 등 2년여의 준비과정을 거친 후 해양 방류를 시작하겠다는 내용이었다. IAEA도 일본이 제안한 방안들 중에 대기 방출과 해양 방류가 규제적·기술적·시간적 측면에서 가장 실현 가능하다는 검토의견을 표한 바 있다(김나정, 2021: 1-4).

2. 해외 정책 동향

해외 정책동향을 살펴보면 우리나라 역시 국제적인 정책동향에 크게 벗어나지 않게 정책을 추진하고 있음을 알 수 있다(원자력안전위원회, 2016: 7-8; 원자력안전위원회, 2021: 5-6).

1) 후쿠시마 원전사고 10주기를 맞아 안전기준 점검 강화

국제사회는 2015년 2월 비엔나선언을 통해 원전 안전관련 새로운 규범을 채택하였고, 국가별 이행여부에 대한 상호평가, 공조강화가 지속될 전망이다. 신규원전을 설계·건설시 장기적 방사능 영향을 초래하는 사고발생 가능성을 배제할 것을 목표로 하고, 이를 가동원전에도 최대한 적용한다. 각국은 후쿠시마 조치를 마무리하고,[4] 정규 규제체계에 반영하는 중이다. IAEA와 OECD 산하 원자력기구(NEA : Nuclear Energy Agency)는 원전시설 외에 인적·조직적 측면 등 종합적 사고 예방 방안을 모색하기 위해 '예상 밖 사고'까지 대응할 안전개념을 논의하고 있다. 그러므로 중대 사고를 예방·완화하기 위해 기술적·조직적·제도적 개선 지속이 필요하다(원자력안전위원회, 2016: 7-8). 2021년 11월 8~12일까지 열린 후쿠시마 10주기 IAEA 컨퍼런스에서 각국은 안전점검 실시, IAEA 검토 및 자문서비스 강화, 비상 대비 및 대응 강화, 안전규제기관 강화, 정보 투명성 제고 등 12개 항목(제55차 총회에서 채택)의 IAEA 원자력 안전 행동계획 이행 현황 평가 필요성을 공유하였다. 각국은 IAEA의 통합규제검토서비스(IRRS : Integrated Regulatory Review Service) 수검, 국가 비상 대응체계 개편 및 중대사고 안전연구 등 안전강화에 역점을 두기로 하였다. 그리고 일본 원자력규제위원회(NRA : Nuclear Regulation Authority)는 후쿠시마 사고 경험을 반영하여 전면 개편한 신규 검사 제도를 2020년부터 본격 시행하여 안전성을 강화하고 있다(원자력안전위원회, 2021: 5-6).

---

4) 후쿠시마 사고 이후 한국은 50개 대책 및 스트레스테스트, 미국은 FLEX(Diverse and Flexible Coping Strategies) 등 12개 대책, EU와 일본은 스트레스테스트를 실시한다.

2) 원전해체와 소형모듈원자로 규제기반 구축 관심 증대

IAEA(2014)는 방사선방호 관련 기본안전기준(상황에 따른 방사선방호 최적화, 환경방호, 이해당사자 참여 등 강조)을 발간하였다. 세계적으로 영구정지 원전이 증가함에 따라 원전 해체 및 사용후핵연료 관리 등 원전 가동이후 사후관리가 미래 세대의 현안과제로 대두하였다. 2015년 말 기준, 전 세계 157기의 원전이 영구 정지되었다.[5] OECD/NEA는 향후 중요과제로 사용후핵연료 관련 정책결정을 선정하였다(원자력안전위원회, 2016: 7-8). 그러므로 원자력 시설의 해체, 방사성폐기물, 사용후핵연료 등에 관한 규제체계의 지속 보완이 필요하다.[6] 새로운 시장으로 급부상 중인 원전 해체와 소형모듈원자로(SMR) 분야의 관련 규제 인프라 구축이 주요 관심사로 대두되고 있다. IAEA도 회원국 지원을 위해 방사성폐기물·해체 분야, 사용후핵연료 저장 관련 안전지침을 지속적으로 제정하고 있다. 미국·프랑스 등 원자력 선진국은 SMR 개발은 물론 인허가 목표 시한을 구체적으로 정하고 중점 지원하고 있다. IAEA는 2021년 3월 이사회에서 기존 안전기준의 SMR 적용가능성 검토 및 안전기준 적용 로드맵 개발을 결정하였다. 우리나라 역시 원전 해체와 SMR 등 새로운 분야의 규제기반 사전 완비가 필요하다(원자력안전위원회, 2021: 5-6).

원자력관련시설의 구축과 건설에 대한 단계, 원자력관련시설의 운영에 대한 단계 그리고 원자력관련시설의 해체와 방사성폐기물관리에 대한 단계

---

5) 2021년 11월 기준 미국 40기, 영국 32기, 독일 30기, 일본 27기, 프랑스 14기의 원전이 폐쇄되었다(원자력안전위원회, 2021: 5).

6) 서론에서 언급했듯이 EU 녹색분류체계(Green Taxonomy)와 '한국형 녹색분류체계(K-Taxonomy)'는 2022년 이후 초미의 관심사가 될 것으로 보인다. 중요한 것은 전주기적 원전안전관리에 있다.

가 존재합니다. 동아시아의 경우, 일본과 한국의 관심이 원전운영의 성숙기를 넘어 해체와 방사성폐기물관리에 관심이 많은 반면, 중국은 원전확대에 따라 시설구축에 더 큰 관심이 있는 상황이 존재합니다. 각국의 관심의 차이에 따라서 관련분야의 기술개발의 차이는 물론 안전기준 및 규제정도에 대한 차이도 있을 수 있습니다. 과거 우리나라가 원자력을 시작할 때에는 원전해체나 방사성폐기물관리에 대한 관심이 건설과 운영에 대한 관심보다 크지 못했습니다. 이제는 사용후핵연료를 포함한 방사성폐기물관리에 대한 관심이 원전건설과 운영을 포함한 전체 원자력산업의 미래를 결정하는 단계라고 판단합니다(한국원자력환경공단 관계자 면담, 2021. 9. 17).

3) 코로나19 및 사이버테러 등 신규 위협 대응

국제 핵시설 이용 확대에 따라 국제 핵 비확산 체제 강화 필요성이 대두되고 있다. 중동의 원자력시설 확대에 따른 핵 비확산 이행체제 수요 증가 등으로 IAEA는 효율적·효과적 안전조치 이행을 위한 국가수준의 개념을 도입하였다. 2015년 기준, 709개 시설과 57개 물질수지구역(MBA : Material Balance Area)이 IAEA의 안전조치 대상이다. 총 4회에 걸친 핵안보 정상회의(2010~2016) 및 개정 핵물질방호협약(CPNM : Convention on the Physical Protection of Nuclear Materials), 핵 테러 억제 협약(ICSANT : International Convention on Suppression of Acts of Nuclear Terrorism) 등 국제협약을 통해 핵 안보 관련 사항은 국제규범화 추세이다. 원자력시설에 대한 사이버보안, 핵물질 운송방호, 핵 테러·밀수 대응 강화 등 핵 안보 개선 필요성에 대한 국제사회의 공감이 확산되고 있다. 그러므로 국가수준 개념의 안전조치 체제 도입 및 핵 안보 체제 강화와 수출통제 강화가 필요하다. 코로나19로 인해 각 국 규제기관은 원자력시설에 대한 대면검사 축소·연기 및 방사선이용 사업장 폐쇄 증가로 인한 안전 확보에 애로를 겪고 있다. 원전 등 주요시설에 대한 사이버공격 시도가 2010년 39건에서 2016년 290건으로 증가함에 따라, 미국 원자력 규제 위원회(NRC : Nuclear Regulatory Commission) 등 주요 원전국가 규제기관에서는 사이버보안 규제활동을 강화하고 있다. 우리나라 역시 코로나19 장기화, 사이버테러 고도화 등을 고려한 안전체계 정비가 필요하다(원자력안전위원회, 2021: 5-6).

4) 중국·일본 등 인접국 위협요인 증가

세계 각국이 원전 규제기준을 강화해 나감에 있어서 이에 대한 국제협력 수요가 증대되고 있는 상황이다. 비엔나 선언 이행, 해체, 사용후핵연료 관리, 미래형 원전 인허가 대비 등이 그런 예이다. 원전 기기 제작, 수출, 신형 원자로 개발 등이 다수의 국가에서 진행되므로 한 국가의 안전현안이 타국으로 피드백 되는 현상이 증가하고 있다. IAEA의 원자력정보시스템(PRIS : Power Reactor Information System)과 원자력안전위원회(2021: 6)에 따르면 중국의 원전확대 정책(2021년 12월 기준 원전 52기 운영 중이며, 향후 15년간 150기 추가건설 예정), 일본의 원전지속 정책 등에 따라 동북아 지역의 원전시설 증가로 인접국 간 협력 필요성이 증대하고 있다. 주변국의 핵실험 등 다양한 비상상황에 대한 대응 수요 증가에 따라 국제 환경변화 속에서 관련 이슈에 대한 신속한 피드백, 인접국 간 긴밀한 협력을 위한 전략적 국제협력 추진체계가 필요하다. 중국은 서해와 인접한 연안에 지속적으로 신규 원전 확대 발표하였는데, 2021년 12월 기준 52기의 원전을 운영 중이며 제13차 5개년계획(2016~2020)에서 매년 6~8기의 원전 건설 승인을 계획, 향후 15년간 150기를 추가 건설할 예정이다. 2021년 7월 국유기업인 타이산 원전 1호기의 작동 과정에서 소량의 연료 파손이 발생하면서 가동이 중단되는 등 사건·사고 증가 가능성이 높다. 한편, 일본은 후쿠시마 사고 이후 정지되었던 원전의 재가동 결정으로 현재 10기에서 약 30기를 가동 예정이며, 후쿠시마 오염수를 2023년 해양 방류하기로 확정하였다. 2018년 7월 승인된 제5차 기본에너지계획에서 2030년까지 원전 비중을 20~22%로 유지하기로 결정하였다. 그러므로 우리나라 입장에서는 인접국 방사능 위협에 대한 철저한 대비 및 지속적인 국제협력이 필요하다(원자력안전위원회, 2021: 5-6).

3. 분석틀

(그림 6-1)의 분석틀에 나타난 바와 같이 원자력안전을 위한 정책 환경에서의 요구와 지지를 통해 포괄적이고 전주기적인 범위의 원자력안전을 확보하기 위한 정책기조와 정책목표, 그리고 이러한 정책목표를 달성하기

(그림 6-1) 분석틀

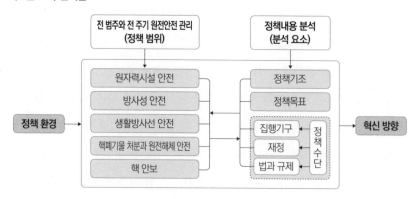

위한 정책수단으로서 집행기구, 재정, 법령과 규제를 분석하고 혁신방안을
제안하고자 한다.

제3절 원자력안전정책의 분석과 혁신

1. 정책환경의 분석

원자력안전을 확보하기 위한 국내 정책 환경은 다음과 같이 분석된다(원
자력안전위원회, 2016: 9-10). 환경의 정신적·물질적 지지가 당연히 전제
되는 것이지만, 주로 환경의 요구가 대부분을 차지하고 있다(원자력안전위
원회, 2021: 7-8).

1) 원자력 안전규제 수요의 지속적 증가

첫째, 신규 원전건설은 없으나, 설계수명 만료 원전의 계속운전 또는 영
구정지 시 해체에 대한 규제 수요의 집중적 발생이 예상된다. 향후 10년 내
원전 총 10기가 설계수명 기간이 만료될 예정이며, 고리1호기와 월성1호
기는 현재 영구정지 상태이다. 10년 내 설계수명 만료 원전은 고리2·3·4호
기, 한빛1·2호기, 월성2·3·4호기, 한울1·2호기이다.

둘째, 사용후핵연료 관리정책에 대한 지속적인 논의, 소형모듈원자로
(SMR) 혁신요소기술 개발 계획 확정 등에 따라 규제기반 확충이 필요하다.
사용후핵연료 관리정책 재검토위원회는 2021년 4월 9일 권고안을 정부
에 제출하였고, 산업통상자원부(이하 '산업부'라 한다)가 「제2차 고준위 방

폐물 관리기본계획(안)」을 마련하고 있는데, 「제5차 원자력진흥종합계획 (2017~2021)」에 따라 6년간 5,800억 원 규모의 예비타당성 조사를 진행 중이다. 결국 규제제도, 조직 등에 대한 정비를 통해 신규규제 수요에 대한 철저한 대비가 필요하다.

2) 규제 과정에 대한 국민 참여 요구 증대

첫째, 정보공개 범위의 지속 확대, 의견수렴 등 안전규제 소통의 상당한 진전에도 불구하고, 국민들의 선제적·참여형 소통강화 요구가 증대하였다. 둘째, 한빛원전 공극, 월성원전 삼중수소 등 현안 조사과정에서 지역주민, 시민단체 등 민간의 직접 참여 요구가 증대하였다. 2021년 월성원전 삼중수소 민간조사단 및 현안소통협의회를 구성·운영하였다. 결국 정책 수립 초기부터 국민참여를 활성화하고, 안전현안 등에 대한 적극적인 양방향 소통 강화가 필요하다.

3) 생활환경 주변의 방사선에 대한 관심 급증

첫째, 2018년 라돈침대 사건 이후 생활방사선 분야에 대한 관심이 높아졌고, 국민 불안을 해소할 수 있는 건강영향조사 요구가 있었다. 월성원전 인근 주민 역학조사(환경부), 라돈침대 유해성 검증사업(경기도)이 있었다.

둘째, 후쿠시마 오염수의 해양방류 문제로 인해 방사능의 직접적인 유해성 등에 대한 국민적 관심이 급증하였다. 결국 생활주변 방사선에 대한 실효적인 안전관리와 국가차원의 통합 관리가 필요하며, 안전관리 관련 공개·소통과정을 정교하게 발전시키고, 일반국민 대상 교육시스템을 획기적으로 개선할 필요가 있었다.

4) 규제기관의 역량 제고 및 규제체계 혁신 필요

첫째, 기존 규제체계로 확인하지 못한 월성원전 삼중수소 문제 등이 확인됨에 따라, 원자력시설 검사체계 등에 대한 근본적인 개선 필요성이 제기되고 있다. 기술기준 만족 여부 중심의 검사로는 잠재된 문제를 찾는 데 한계가 있기 때문이다.

둘째, 지속적인 규제수요 증대, 국민들의 기대 수준에 맞는 안전규제 이행을 위해 규제기관의 역량 제고와 독립성 강화가 수반될 필요가 있다. 국민참여단은 원자력안전강화를 위해 규제기관의 독립성 강화를 과제로 제안하였다. 효과적 의사결정을 위해 원안위 상임위원 확대 필요성도 지속적으로 제기되었다. 미국, 프랑스, 일본 규제기관은 상임위원 비율이 모두 100%인데, 한국은 22%이다. 결국 국민의 눈높이에 맞는 규제체계 재정비와 규제기관 역량 확보가 요구된다.

2. 정책기조와 정책목표의 분석과 혁신

1) 정책기조와 정책목표의 분석 : 점진적 정책변화

(1) 제1차 종합계획의 분석

원안위는 2011년 제정된 「원자력안전법」 제3조(원자력안전종합계획의 수립)에 근거하여 5년마다 원자력 안전 관련 중장기 정책방향을 제시하는 최상위 국가계획으로서 원자력안전종합계획을 수립하여 이행하고 있다. 2012년 10월 수립된 「제1차 원자력안전종합계획(2012~2016)」은 일본 후쿠시마 원전사고의 교훈 반영을 중심으로 국내외 정책환경에 대응하기 위한 3개 정책목표, 7대 추진전략, 16개 중점 추진과제를 설정하여 2012년부터 2016년까지 이행되었다.

제1차 종합계획 기간(2012~2016)에 대한 평가는 다음과 같다(원자력안전위원회, 2016: 3-6). 첫째, 원안위가 독립규제기관으로 자리매김한 성과다. ① 원안위는 출범(2011.10.26) 이후 5년간 규제기관으로서 신속하고 투명하게 안전규제활동을 수행, ② 원자력안전정책협의회를 신설·운영함으로써 원자력 안전 관련 범부처 종합조정기능을 강화하는 컨트롤타워 역할 기반 마련, ③ 연간 약 1,000억 원 규모의 원자력규제기금을 신설하여 규제기관으로서 독립적이고 안정적인 재원 확보, ④ 원전부지별로 지역사무소를 설치하고 현장중심의 규제체제로 전환하여 사업자에 대한 상시감독 기능을 강화, ⑤ 원안위 인지도가 60.6%에서 65.7%로 상승되었고, 지속적인 정보공개 확대 및 회의운영 방식 개선 등으로 규제활동의 투명성은 2015년 말 기준 65.4%까지 상승한 점이다.

둘째, 국내 원자력시설의 안전성을 보다 광범위하고 촘촘하게 확인한 성과다. ① 후쿠시마 사고 교훈을 반영한 50개 대책 이행, 장기가동원전(월성 1호기, 고리1호기)에 대한 스트레스테스트 실시, ② 그간 행정조치(2000년 8월 중대사고 정책)로 규제해오던 중대 사고를 포함한 사고관리체계를 법제화(2016.6.23. 시행)하여 국내 원전 안전수준 제고, ③ 원전부품 공급자·설계자·성능검증기관까지 규제대상으로 확대하여 공급자검사, 부적합사항 보고, 성능검증기관 인증관리제도 도입 등이다.

셋째, 신규 규제수요에 적극 대응하여 규제체제를 새롭게 정비한 성과다. ① 원자력시설의 해체제도를 개선하여 최종 해체계획서에 대한 주민의견 수렴을 법에 반영하고, 세부 기준 등 해체관련 규정을 정비, ② 원자력시설에 대한 사이버 위협에 대응하기 위해 사이버보안 체계를 법령에 반영하여 사이버보안계획 심·검사 등 본격적인 규제이행 착수, ③ 중·저준위방사성폐기물 운반 신고 검사제도, 방사성폐기물 신분류 체계 도입 등 방사성폐기물이 안전하고 체계적으로 관리될 수 있는 기반 마련 등이다.

넷째, 극한재난과 복합적 재난까지 고려하여 비상대응시스템을 구축한 성과이다. ① 후쿠시마 사고의 교훈을 반영하여 방사선비상계획 구역을 확대 강화하고 주민보호 실효성을 제고하도록 국가방사능방재체계를 개편, ② 지진 해일 등 재난에 대비한 비상대응체계 인프라 확충을 위해 국가 방사능방재계획을 수립하고 범부처 중앙방사능방재대책본부를 구성 등이다.

다섯째, 방사선 안전관리 강화로 생활근접 방사선 피해 저감 성과이다. ① '생활주변방사선 안전관리법'의 시행(2012.7.25)으로 관계부처 협조 하에 생활주변방사선 종합계획 수립 등 사각지대 없는 방사선 안전관리에 주력, ② 수시출입자 피폭관리 강화 등 교육·의료·산업분야 방사선이용에 대한 안전관리제도를 종합 개선하여 건강한 일터 조성에 기여, ③ 치료로 인한 방사선 피폭에 대해 국제기준을 적용하여 의료피폭 정당화 최적화 요건을 반영하고 여성 환자(임신 모유수유)에 대한 방호절차 강화 등이다.

여섯째, 핵 비확산 및 핵 안보 체제 선진화 추진 성과이다. ① 물리적 방호 훈련평가 전면실시로 이행체계를 고도화하였으며, 핵물질 계량관리 검사 개선 등 IAEA 사찰에 상시 대비하는 체계를 완성, ② 전략물자의 대량 이전이 수반되는 원전수출 등에 효과적으로 대응하도록 지능형 전략물자 수출통제시스템 개발, ③ IAEA 국제 물리적 방호 자문서비스(IPPAS : International Physical Protection Advisory Service)를 수검하여 외국의 경험과 지식을 습득하고, 선진적 핵 안보 체제를 객관적으로 검증하는 성과를 창출하였다.

마지막으로 안전문화 확산, 국민소통 강화 및 원자력안전 모범국 역할을 하게 된 성과이다. ① 사업자로 하여금 안전최우선 경영체제를 구축토록 각종 제도를 개선하고, 안전문화 특별점검을 실시하여 안전문화 확산에 기여, ② 투명한 규제행정행위 수행, 원전 지역별 원자력안전협의회(총 7개)를 운영하여 원전 인근지역 주민들과 긴밀한 소통 활성화로 국민 누구나 볼 수 있도록 원안위 회의 속기록 공개, 방청제도 운영, 원자력안전정보 공개센터

〈표 6-1〉 제1차 원자력안전종합계획(2012~2016) 주요내용

비 전	국민이 신뢰하고 세계와 함께 하는 원자력 안전 구현
중장기 정책목표	• 국민이 안심할 수 있는 원자력 안전달성 • 세계 선도적 수준의 핵비확산 및 핵 안보 체제 구축 • 세계 일류의 원자력안전·핵안보 인프라 확충

	7대 추진전략	중점 추진과제
1	후쿠시마 사고교훈을 반영한 원전 안전성 강화	1-1. 원전 안전 목표 및 안전규제 기준체계 재정립 1-2. 후쿠시마 사고 교훈을 반영한 국내원전 안전성 개선 1-3. 현장 중심의 원전 안전점검 및 관리감독 강화 1-4. 장기가동 원전 및 미래 안전 규제 현안 대응 강화 1-5. 극한복합재난 시 실효성 있는 비상대응체제 구축
2	안전문화 확산 및 국민과의 소통 강화	2-1. 사업의 안전 최우선 경영체제구축 및 안전문화 확산 2-2. 원자력 안전의 투명성 제고 및 국민과의 소통 강화
3	통합적인 방사선 안전 관리체제 구축	3-1. 생활 주변 방사선 안전관리 정착 3-2. 방사선 안전관리 제도 선진화
4	핵비확산 및 핵안보 체제 확립	4-1. 핵 비확산 역량 강화 및 체제 확립 4-2. 핵 안보체제 선진화 및 내실화
5	연구개발 및 인력양성 등 원자력 안전 규제 역량 강화	5-1. 원자력 안전규제 연구 활성화 5-2. 원자력 안전, 핵 비확산 및 핵 안보 인력양성 포트폴리오 최적화
6	국제 원자력 안전체제에 대한 기여 확대	6-1. 최초 원전 도입국 안전인프라 구축 지원 6-2. 다자간 및 양자간 국제협력 활성화
7	국가 원자력안전 법제도 혁신	7-1. 원자력 안전 법령체계 정비 및 범부처 종합조정 기능 강화

출처 : 원자력안전위원회(2016: 28-29)

포털 운영(원자력안전 관련 정보를 적극적으로 공개), ③ 한·중·일 고위규제자회의에서 합동 방재훈련 합의 등 인접국 협력을 선도하고, 원전 도입국 등에 국내개발 종합 규제패키지 지원 및 맞춤형 교육 실시 등이다.

〈표 6-1〉의 제1차 종합계획은 국민이 신뢰하고 세계와 함께 하는 원자력 안전 구현이라는 비전을 토대로 중장기 정책목표는 국민이 안심할 수 있는 원자력안전 달성, 세계 선도적 수준의 핵 비확산 및 핵 안보 체계 구축, 세계 일류의 원자력안전·핵 안보인프라 확충으로 구성되었다. 〈표 6-2〉 제2차 원자력안전종합계획(2017~2021) 비전과 정책 방향에 따르면, 국민이 공감하는 원자력 안전, 방사선 위험으로부터 안전한 사회라는 비전 아래 엄정한 안전관리로 사고예방률 제고, 투명하고 신뢰받는 규제시스템 구축, 규제 인프라 혁신 및 미래대비 역량 확보 등으로 변화된다(원자력안전위원회, 2016: 9-10).

(2) 제2차 종합계획의 분석

제2차 원자력안전종합계획(안)은 「원자력안전법」 제3조에 근거, 원자력 안전관리를 위한 중장기 정책방향을 제시하기 위하여 5년마다 원자력안전종합계획을 수립한다. 계획기간은 2017~2021년(5년)으로서 원자력 안전 관련 중장기 정책방향을 제시하는 최상위 국가계획으로서 관계부처 협의 후 원안위 심의·의결을 거쳐 확정한다.

〈표 6-2〉의 제2차 원자력안전종합계획(2017~2021) 비전 및 정책 방향을 참고하더라도 원자력안전정책의 범위를 명확하게 규정하기는 쉽지 않다. 그리고 〈표 6-1〉 '제1차 원자력안전종합계획(2012~2016)' 주요내용으로 다루어졌던 원자력안전 법제도 혁신내용은 제2차 종합계획에서는 빠져

〈표 6-2〉 제2차 원자력안전종합계획(2017~2021) 비전 및 정책 방향

비 전	국민이 공감하는 원자력 안전, 방사선 위험으로부터 안전한 사회	
정책방향	• 엄정한 안전관리로 사고 예방을 제고 • 투명하고 신뢰받는 규제시스템 구축 • 규제인프라 혁신 및 미래대비 역량 확보	
7대 추진전략	21개 중점 추진과제	
1	정상운전에서 중대사고까지 원전의 안전관리 강화	1-1. 중대 사고를 포함한 사고관리체계 구축 1-2. 원전의 안전한 운전을 위한 종합분석, 평가체계 도입 1-3. 주요 구조물, 계통, 기기의 전주기적 안전관리 강화
2	정보공개, 소통을 통한 투명성 제고	2-1. 원자력 안전정보의 적극적 공개 2-2. 국민과 소통하는 장을 적극 마련
3	원자력산업의 후행주기 관련 안전관리 체계 구축	3-1. 원자력시설, 해체 본격화 시대에 철저히 대비 3-2. 방사성폐기물 안전관리 철저
4	지진재난 대비 및 방사능 비상대응체계의 실효성 제고	4-1. 원전에 영향을 줄 수 있는 지역 정밀 지질조사 실시 4-2. 면진기능을 갖춘 소내 비상대응거점 확보 4-3. 방사선비상 대응시스템을 획기적으로 개선 4-4. 방사능 테러 대응능력 강화
5	핵안보 및 핵비확산 체제의 국제사회 선도	5-1. 물리적 방호 규제기반을 재정비하여 위협에 효과적으로 대비 5-2. 원자력시설, 사이버보안 규제 이행체계 확립 5-3. 안전조치 이행 고도화로 국제 핵 비확산 체제 강화에 기여 5-4. 원자력 수출통제 선진화 및 핵 안보 문화 확산
6	방사선 이용 환경변화에 대응한 선제적 안전관리	6-1. 방사선 이용단계별 특성을 고려한 규제체계 재정립 6-2. 피폭 최소화를 위한 예방적 안전조치 강화 6-3. 생활주변 방사선 안심환경 조성
7	연구개발, 인력양성, 국제 협력 등 규제인프라 확충	7-1. 규제주요에 적기대응이 가능한 연구개발 추진 7-2. 원자력안전 및 핵 안보 교육훈련 효율화 추진 7-3. 원자력 안전, 핵 안보 국제사회 리더십 확보

출처 : 원자력안전위원회(2016: 12)

있는 등 분절성을 나타내고 있다.

그러나 원안위를 중심으로 기본법체계를 정비하고, 추가로 정보공개 및 소통강화 전략 차원에서 「원자력안전 정보공개 및 소통에 관한 법률」 (2021.5.25. 국회통과, 2022.6.9. 시행)이 제정되고, 제13조에 근거하여 원

자력안전협의회가 법정기구로 구성된 점은 혁신적이다.

정부는 2001년 9월 6일 "원자력안전헌장"을 제정하며 원자력을 안전하게 관리하여 국민을 보호하고 환경을 보존하는 것이 최우선임을 선포하였다. 또한, 원자력계 종사자의 안전성 확보를 위한 책임의식을 고취시키고 일반 국민의 원자력안전에 대한 신뢰를 확보하고자 하였다. 이 보다 앞선 1994년 9월 정부는 '원자력안전정책성명' 공표를 통해 규제활동에 대한 일관성, 적절성 및 합리성을 도모하기 위하여 '원자력 안전규제 5대 원칙'과 이의 구체적 추진을 위한 '11개 항목의 안전규제 정책방향'을 제시하였다.

'원자력안전정책성명'에서는 안전성 확보가 원자력 개발·이용의 대전제이며, 이를 위해서는 원자력 관계 업무에 종사하는 모든 사람이 안전우선원칙을 철저히 준수해야 함을 명시하고, 원자력 안전문화 정착의 중요성을 강조하였다. 또한, 원자력시설의 안전에 관한 궁극적인 책임이 운영자에게 있으며, 이러한 책임은 설계자, 공급자, 시공업자 또는 규제자의 독립된 관련 활동 및 책임에 의하여 경감될 수 없음을 밝히고, 원자력의 개발·이용에 수반되는 방사선 위해로부터 국민과 환경을 보호하여야 할 정부의 포괄적인 책임을 명시하였다. 이와 함께 정부는 2002년부터 매년 '원자력 안전규제 정책방향'을 수립하여 원안위의 심의를 거쳐 공표함으로써 원자력 안전성 향상을 위해 정부가 해당 연도에 중점을 두어 추진할 정책방향과 추진과제를 사전에 투명하게 제시해 왔다.

원안위는 2016년 12월에 제1차 종합계획의 성과와 향후의 정책환경 분석을 통해 「제2차 원자력안전종합계획(2017~2021)」을 수립하여 연도별 세부 추진계획에 따라 이행하고 있다. 제2차 종합계획은 원자력안전 관련 정부 및 산학연 업무를 포괄하는 국가차원 종합계획으로 〈표 6-2〉에 나타난 바와 같이 '국민이 공감하는 원자력 안전, 방사선 위험으로부터 안전한 사회'를 비전으로 하고, 3가지 정책방향 하에 7대 전략을 제시하고 있다.

이러한 전략 하에 향후 5년간 체계적으로 이행할 21개의 중점 추진과제가 구성되어 매년 연도별 세부사업 추진계획에 따라 이행되고 있다. 2019년도의 세부 계획에서는 후쿠시마 원전 사고 이후 도입된 사고관리계획서 제출 요건에 따른 사고관리체계 구축, 사용후핵연료 정책의 재검토와 영구정지 등과 같은 환경변화에 대한 규제차원의 선제적 대응, 라돈 침대 사태 이후 생활 속 방사선 안전에 대한 관리 강화, 원자력안전 관련 정보에 대한 공개 및 소통 확대 등이 강조되었다(원자력안전위원회 등, 2020: 21-22).

2) 혁신방향 제언

〈표 6-1〉과 〈표 6-2〉에 나타난 바와 같이 원자력안전종합계획은 시간적으로 원전의 탄생에서부터 해체에 이르기까지 전주기적으로 관심이 필요할 뿐만 아니라 공간적으로 여러 부처가 연관되어 있기 때문에 원전안전정책의 범위와 정체성을 명확하게 규정하기가 쉽지 않다. 그러므로 전문가들은 긴 호흡으로 1953년 원자력법 제정 이후 파편화된 다양한 관련 법령들을 조율할 가칭 「원자력안전기본법」의 제정을 주장하고 있다.

그리고 원안위를 중심으로 기본법체계를 정비하고, 추가로 정보공개 및 소통강화 전략 차원에서 「원자력안전 정보공개 및 소통에 관한 법률」 제13조 제1항에 따라 원안위는 주변지역을 관할하는 지방자치단체 및 지역 주민과의 원자력안전정보의 공개 및 소통을 위하여 해당 시·군·구 또는 해당 시·군·구를 관할하는 특별시·광역시·특별자치시·도·특별자치도와 주민대표 등이 참여하는 원자력안전협의회를 구성·운영할 것을 제안한다.

〈표 6-3〉에 나타난 바와 같이, 2020년 10월 31일 120명의 세대별, 연령별, 직군별 국민계획단을 구성하여 토론과 숙의과정을 거쳐 제3차 원자력안전종합계획 수립을 위한 국민제안서를 창출한 절차와 결과 역시 혁신적이기 때문에 적극적인 수용이 필요하다. 이를 바탕으로 2021년 12월 17일 「제3차 원자력안전종합계획(안) 2022~2026」이 제150회 원안위에서 의결되었다.

〈표 6-3〉 제3차 원자력안전종합계획 수립을 위한 국민제안서

비 전	적극적인 국민 참여를 통한 투명성과 신뢰성을 담보로 원자력·방사선 안전을 관리하는 사회
4대 정책방향	**12대 전략과제**
국민 참여와 알 권리가 보장된 안전규제체계 구축	• 국민과의 실질적 소통체계 강화를 통한 정보의 신뢰성 및 수용성 제고 • 규제기관의 독립성 강화 및 규제과정의 국민참여 확대
국민안전을 최우선하는 선제적이고 실효성 있는 안전관리 혁신	• 국민이 공감하는 사고관리체계 고도화 • 복합재난에 대비한 원전 안전성 확보 • 전주기적 품질 및 안전관리 체계 혁신 • 해체 계획 수립을 포함한 해체 단계별 규제 지침 상세화 • 국민이 명확히 인지할 수 있고 현실성 있는 방사능 방재 내용 및 체계 수립 • 인위적 원자력 사고 발생이 불가능하도록 선제적 대비 체계 마련
방사선 걱정 없는 안전한 사회를 위한 빈틈없는 방사선규제체계 구축	• 방사선 피폭 및 생활방사선 관리 강화 • 방사선 안전 규제 실질적 일원화
원자력안전 연구개발을 포함한 안전규제 인프라 전략적 확충	• 전략적 R&D 지속 확대 및 특성화된 국제협력을 통한 세계적 수준의 안전규제 전문성 확보 • 규제인력 역량강화 및 수요대상별 교육 다양화를 통한 대국민인식 제고

출처 : 원자력안전 국민참여(2021: 7)를 반영한 원자력안전위원회(2021: 24) 참조

3. 정책수단 분석과 혁신

1) 집행기구

(1) 분석

첫째, 원안위가 독립규제기관으로 자리매김했다는 점이다. 제1차 종합계획 기간(2012~2016)에 대한 평가(원자력안전위원회, 2020: 3-6)에 따르면, 원안위는 출범(2011.10.26.) 이후 5년간 규제기관으로서 신속하고 투명하게 안전규제활동을 수행하였다. 원안위 인지도가 60.6%에서 65.7%로 상승되었고, 지속적인 정보공개 확대 및 회의운영 방식 개선 등으로 규제활동의 투명성은 2015년 말 기준 65.4%까지 상승하였다. 원자력안전정책협의회를 신설·운영함으로써 원자력 안전 관련 범부처 종합조정기능을 강화하는 컨트롤타워 역할 기반을 마련하였다. 원전부지별로 지역사무소를 설치하고 현장중심의 규제체제로 전환하여 사업자에 대한 상시감독 기능을 강화하였다(원자력안전위원회, 2016: 3). 그러나 원안위의 독립성 강화를 위해 대통령 직속 기관화와 전문성과 책임성을 강화하기 위해 상임위원을 현재 2명에서 5명으로 확대하는 방안을 요구하고 있다(원자력안전위원회, 2021: 12).

둘째, 극한재난과 복합적 재난까지 고려하여 비상대응시스템을 구축한 점이다. 지진 해일 등 재난에 대비한 비상대응체계 인프라 확충을 위해 국가방사능방재계획을 수립하고 범부처 중앙방사능방재대책본부를 구성하였다. 「제1차 국가방사능방재계획(2015-2019)」을 수립 및 중앙방사능방재대책본부(본부장: 원안위위원장)에 관계기관 공무원이 참여토록 법률을 개정·시행하였다. 범정부기관 참여 연합훈련 주기를 5년에서 1년으로 단축, 다수기 동시사고, 지진으로 인한 도로파손과 냉각재 상실 등 복합재난을 가정한 훈련을 실시하였다. 한중일 3국간 공동훈련, OECD/NEA 주관 훈련과 연계하여 인접국 사고 등에도 대비하였다.

셋째, 지역원전 안전감시체계의 출범과 시차적 구성 성과이다. 〈표 6-4〉에 나타난 바와 같이 1998년 고리원전 민간환경감시센터의 개소를 시작으로 2007년까지 총 5개의 센터가 설치되어 현재까지 운영 중인데, 여러 가지 문제점에도 불구하고 현존 체계를 유지하고 있다. 문제는 2013년 원안위 소속의 지역사무소와 원자력안전협의회, 그리고 한수원에 지역별로 소통위원회가 중복적으로 구성되면서 사업자에게 보고의 부담을 주게 되어 감시효과 측면에서 비효율성이 나타나고 있다는 점이다.[7]

〈표 6-4〉 지역원전운영 안전협의체의 시차적 구성

협의체	기장군	영광군	울진군	울주군	경주시
민간환경감시기구(조례)	1998년	1998년	2003년	2005년	2006년
원자력안전협의회(원안위 훈령)	2013년	2014년	2013년	2014년	2013년
한수원소통위원회(한수원 지침)	2014년	2014년	2014년	2014년	2014년

* 주 : 「원자력안전 정보공개 및 소통에 관한 법률」 시행(2022.6.9.)으로 원자력안전협의회가 법정 기구로 구성됨

---

7) 원자력안전협의회는 「원자력안전협의회 운영지침」(2013.9.12)을 근거로 지자체의 위원 추천을 받아 구성하고, 지자체(공무원, 의회), 지역주민, 지역주민추천 전문가 등을 포함하여 20인 내외로 구성하였다. 원안위 및 한국원자력안전기술원(KINS)은 각 1명씩 위원으로 참여(지역사무소장, KINS 주재검사팀장)하였고, 원자력 안전관련 심·검사, 사건·사고 및 방사성폐기물 관련 등 안전현안에 대한 정보교환 및 협의하였다. 그러나 원안위를 중심으로 기본법체계를 정비하고, 추가로 정보공개 및 소통강화 전략 차원에서 「원자력안전 정보공개 및 소통에 관한 법률안」(2021.5.25. 국회통과, 2022.6.9. 시행)이 제정되고, 제13조에 근거하여 원자력안전협의회가 법정기구로 구성되었다.

(2) 혁신방향

① 해외사례 검토 : 프랑스와 일본의 원자력안전정책집행기구 벤치마킹

중앙 차원의 원자력 규제기관이 수행하는 원전 안전 관리 시스템은 대부분의 원전 국가에서 대체로 유사하다. 원자력발전소 시설 점검, 원자로 신설 허가 결정, 발전소의 안전기준 준수 감독, 원자력 사고 조사 등을 담당한다. 원전안전은 국가 차원에서뿐만 아니라 지역 차원에서도 중요한 이슈인데, 사고나 환경오염에 직접 노출되는 1차 피해 당사자가 해당 지역이기 때

〈그림 6-2〉 프랑스 지역정보회의(CLI)의 상호작용지도

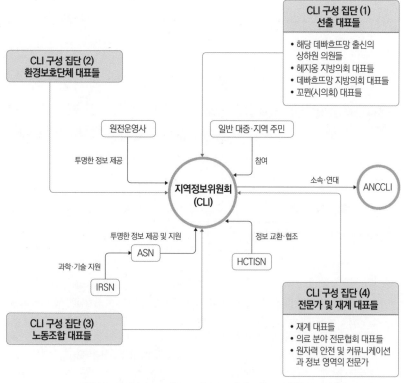

출처 : CLI de Flamanville(2016: 2) 수정 보완한 김창수·전홍찬·이민창(2018: 116) 재인용

문이다. 원자력 선진국들은 중앙규제기관을 보완하는 차원에서 지자체나 지역주민이 참여하는 안전감시 및 소통(협의) 기구를 특색 있는 방식으로 운영한다. 프랑스의 경우 (그림 6-2)에 나타난 바와 같이 법령에 근거한 통합감시모델로서 지역정보회의(CLI)를 구성하면서 민주적 대표성을 갖추고 있다.

반면 일본의 경우 신사협정에 따른 지자체 중심의 분산감시모델을 취하면서 공식적인 환경감시평가회의와 비공식적인 주민모임을 가외적으로 허용하고 있다(김창수·전홍찬·이민창, 2018: 11-80).

일본은 원자력안전협정 중심으로 운영되고 민간감시협의체가 보완하는 형식으로 구성된다. 지자체가 해당 지역 원전운영사와 개별적으로 협정(원자력안전협정)을 체결한다. 이 협정은 지자체와 원전 운영사가 임의로 체결한 '공법상 계약' 혹은 '신사협정'에 가까우며, 그 효력도 국가 법령에 기반하고 있지 않지만, 원자력안전협정은 대체로 '시설의 신·증설 그리고 사고 후 운전재개 시 지자체와 사전협의 혹은 사전양해' 그리고 '지자체에 의한 입회조사 및 조치요구'와 같은 매우 강력한 권한을 지자체에 부여한다(김창수·이강웅·허철행, 2013). 최근에는 원전 사고 은폐와 운영 비리 사건이 발생함에 따라 원전안전협정을 보완하는 민간 감시 및 협의체 결성 운동도 활발히 전개되고 있지만, 여전히 감시체계의 중심은 '원자력안전협정'이다.

일본의 안전협정체계에 따르면 지자체가 참여 주체인 감시평가회의에는 지역주민이 참여할 수 없기 때문에 이를 보완하기 위해 지자체가 민간단체인 '지역모임', '정보회의' 등을 설립하여 지역 원자력 시설의 안전과 투명성 문제에 주민이 참여할 수 있는 기회를 제공한다. (그림 6-3)에 나타난 바와 같이 '감시평가회의'는 원자력안전협정과 '환경방사능 모니터링에 관한

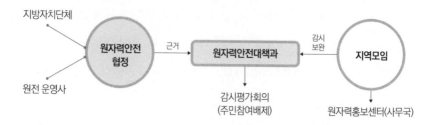

(그림 6-3) 일본의 원자력안전협정과 감시평가회의 그리고 지역모임의 구성

지침'에 따라 원전 주변의 안전 확보와 환경 보전 목적으로 설치된다.

프랑스와 일본의 원전안전감시체계를 비교하면, 정보공개나 투명성 확보가 뛰어나다는 점, 그리고 CLI가 상설협의체로서 운영되며 이것이 국가 법령에 명시되어 있다는 점에서 프랑스가 더 발전된 사례로 볼 수 있다. 그러나 일본의 경우 원자로 재가동 때 사전 동의권, 입회조사권, 조치 요구권을 지자체가 직접 행사한다는 점에서 실질적인 면에서는 일본이 좀 더 강력한 지자체 참여 시스템을 갖고 있다고 볼 수 있다.

② 원전안전 확보를 위한 다층적 거버넌스 모델의 구축

전 주기와 전범위의 원전안전 확보를 위해 원안위의 독립성을 강화하고 대통령 직속 기관화와 전문성과 책임성을 강화해야 한다. 이를 위해 원안위 상임위원을 현재 2명에서 5명으로 확대하는 방안도 필요하지만(원자력안전위원회, 2021: 12), 산업부와 과학기술정보통신부(이하 '과기부'라 한다)와의 협업 또한 중요하다.

감사원이 2012년 12월5일 발표한 '국가핵심기반시설 위기관리실태' 감사결과에 따르면, 7개 분야에서 34건에 달하는 문제점이 드러났다. 원자력 규제당국의 관리부실과 사고은폐, 직원 비리사건, 품질검증서 및 시험성적서 위조 등이 지적되었다. 특히 영광 1~6호기, 울진 3호기, 고리 2~4호기에서 위조부품 사건과 영광 3호기 핵심부품인 제어봉관로의 균열 등의 사태를 접한 인근 주민의 원전에 대한 불신과 불안은 심각한 수준이다. 한수원은 공인기관으로부터 품질보증서와 시험성적서를 직접 제출받는 방식의 개선책을 마련할 계획이라고 하나, 이 사건을 계기로 발전소 운영자와 규제기관의 관리시스템의 대대적인 개혁이 필요해 보인다(이원근, 2012: 79-80). 그러므로 다층적·다중심 관점(multi-level and polycentric governance)에서 외부통제장치의 활성화를 위한 법적 근거를 마련하고 국회와 사법부는 물론 지방정부와 시민사회의 참여를 투명하게 허용하는 것이 필요하다.

Bowen(1982: 1-22)은 처음 시도하여 성공할 확률이 0.5일 경우 2번 시도한다면 성공확률을 $0.75(1-0.5^2=1-0.25=0.75)$로 증가시킬 수 있게 되고, 10번 시도한다면 0.999까지 성공확률을 증가시킬 수 있게 된다고 한다. 따라서 중첩적인 견제와 감시 장치가 안전성을 제고할 것은 분명하기 때문에 적정한 수준의 중첩성과 가외성은 허용될 수 있다고 본다. 이는 사후적 보완조치(safety backfit)의 지속성 확보와 잔여위험에 대한 대응방안으로 적절하다(최영성, 2020: 10-24).

③ 지역감시소통기구의 발족

한국 내 모든 원전 소재지에 민간감시기구와 원전안전협의회가 결성되어 있으나 감시기구든 협의회든 국가 법령에 기반을 둔 단체가 아니고, 따라서 재정적인 독립성도 확보하지 못하고 있으며, 진정한 감시 및 소통(협의) 기구가 되는 데 필요한 권한과 책임이 취약했다. 결국 원전안전 감시,

안전성 평가, 주민소통 기능을 모두 수행하는 비중 있는 상설협의체(독립조직) 구성과 운영, 그리고 상설협의체의 조직 및 위원 구성, 법적 지위, 재정 기반, 권한, 의무(역할) 등에 대한 통합 법률을 제정하여 이에 기반을 둔 지역감시 협의소통 기구의 발족이 요구된다(김창수, 2019: 187-191).

현장에서 감시소통시스템을 강화할 필요가 있다. 우리나라는 현재 각기 주체별로 협의체를 운영하고 있다. 원안위는 원전소재지별로 원자력안전협의회를 운영 중에 있으며, 사업자가 산업부의 지침에 따라 운영하는 소통협의회와 원전소재 기초지자체 민간환경감시기구를 운영 중에 있다. 각 협의체에 참여하는 지역 주민대표와 오피니언리더들 대부분이 중복적으로 참여하고 있는 것이 현실이다.

지난 2015년 5월 21일부로 방사선비상계획구역이 20~30㎞로 확대되어 다수의 지자체가 포함된 만큼 법률에 근거를 둔 독립적인 안전협의회 신설이 필요했고, (그림 6-4)에 나타난 바와 같이 원전소재 기초지자체, 비상계획구역 소재 지자체, 관할 광역자치단체, 광역의회와 시군구의회, 공인된 시민단체 등으로 구성된 한국형 모델의 협의체 운영이 필요했다.

(그림 6-4) 지역원전 안전감시협의회의 소통과 협력

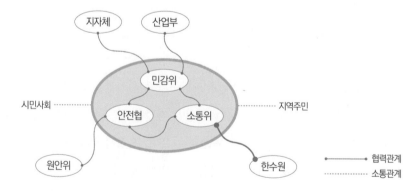

세 가지 지역원전안전협의체들이 지금처럼 각자 서로 다른 역할에 충실하게 된다면 원전안전에 문제가 없다는 입장도 강력한 것으로 나타났다. 그러므로 좀 더 치열한 논의과정을 거쳐 사회적 합의를 형성해갈 필요성이 큰 것으로 나타났다(김창수, 2019: 203-207).

현장에서는 협의체 내의 소통을 넘어서 지역주민들과 소통하기를 원하고 있었고, 여기에 분산감시체계의 타당성이 있다는 것이다. 그러므로 프랑스에서와 같이 정보공개와 소통을 위한 다양한 방안을 강구할 필요가 있는 것으로 나타났다. 분리체계의 가장 큰 장점은 서로 확보한 정보를 놓고 오차에 대해 상호 검증할 수 있는 기회가 제공된다는 점이다.

일본의 경우처럼 지자체에서 통합감시기능을 수행하면서 다양한 소통장치를 허용하는 방안도 고려할 수 있다. 한편 지역원전안전 관련 가외성의 요소에서 실패가 일어날 확률을 P라고 하고, 실패하였을 때 입어야 할 손해액을 D, 가외성의 요소를 추가로 도입하는 데 소요되는 한계가외성비용을 C라고 할 때, 세 가지 한계가외성비용을 합하더라도 P·D 값을 능가하지는 못하여 $C(C_1 + C_2 + C_3) \leq P \cdot D$라고 평가할 수 있다.[8] 그러므로 획일적인 판단으로 통합감시체계의 정당성을 주장하기는 어려운 측면이 있다. 물론 2022년 6월 9일부터 원자력안전협의회가 법정기구로 구성되지만, 통합 거버넌스의 관점에서 보면 미완의 개혁으로 볼 수 있다.

---

8) C_1 =산업부 소속 민간환경감시위원회, C_2 =원안위소속 원자력안전협의회, C_3 =한국수력원자력 소속 소통위원회로서 도입 때 한계가외성비용이 그리 크지 않았음을 알 수 있다.

2) 재정

(1) 분석

제1차 종합계획 기간(2012~2016)에 원안위가 독립규제기관으로 자리매김하면서 연간 약 1,000억 원 규모의 원자력규제기금을 신설하여 규제기관으로서 독립적이고 안정적인 재원 확보가 이루어지고 있다(원자력안전위원회, 2016: 3). 〈표 6-5〉는 제2차와 제3차 원자력안전종합계획 기간 재정계획의 변화를 보여주고 있다.

그러나 지금까지 원자력안전협의회 운영지침(행정규칙)에 근거를 둔 원자력안전협의회의 예산은 별도로 편성되지 않으며, 소요경비는 각 지역사무소 기본경비 내에서 필요경비를 지출하고 있었다. 〈표 6-6〉에 따르면 위원들의 회의비 지출 외에 별도로 원자력 안전을 위한 활동 경비는 거의 없는 것으로 평가되었다.

〈표 6-5〉 제2차와 제3차 원자력안전종합계획 소요 재원 전망

(단위 : 억 원(%))

분야	원자력안전 분야	방사선 안전, 핵안보 분야	합계
제2차 예산안 (2017~2021)	4,049(51.57)	3,803(48.43)	7,852(100)
제3차 예산안 (2022~2026)	5,842(65.58)	3,066(34.42)	8,908(100)

출처: 원자력안전위원회(2016: 27)와 원자력안전위원회(2021: 237) 수정보완

*주 : 상기 수치는 사업자 예산을 제외한 정부의 중기재정계획 기준금액으로 총투자규모 및 분야별 금액은 국가재정운용계획 및 예산편성·심의과정에서 조정·변경될 수 있음

〈표 6-6〉 2019년 원자력안전협의회 지역사무소 기본경비

(단위 : 천 원)

지역사무소	고리	월성	한빛	한울	합계
예산과목(일반수용비)	28,800	17,100	23,400	18,000	87,300

*주 : 고리(고리·새울협의회 운영), 한빛(영광·고창·대전협의회 운영)

(그림 6-5)에 나타난 것처럼 2020년 우리나라 원자력분야 전체 연구개발 예산은 3,695억 원으로 2019년 3,184억 원에서 511억이 증가하였다. 한편, 원자력분야 전체 연구개발 예산 중 원자력 안전 연구개발 예산은 2019년 1,105억 원에서 2020년 1,195억 원으로 전년 대비 약 90억 원 증가하여, 부처별 안전 연구예산을 비교하였을 때 원안위의 안전연구 예산은 증가 추세에 있다.

원자력안전연구에는 과기부(원자력안전연구개발-원자력안전), 산업부(원자력핵심기술개발-안전 분야, 원전 중대사고 방지 안전강화 기술개발, 원전 안전부품 경쟁력 강화 기술개발, 원전해체방폐물안전관리기술개발), 원안위(원자력안전연구개발, 핵 비확산 및 핵 안보 이행기술 개발 사업, 안전규제 요소·융합 기술개발, 원자력활동 검증 기반기술) 등 원자력 안전 R&D 관련 세부·내역사업을 포함한다.

(그림 6-5) 원자력분야 전체 연구개발 예산 현황

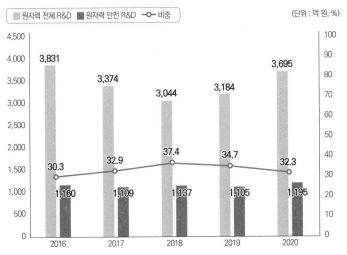

출처 : 원자력안전위원회·한국원자력안전재단(2021: 147)

〈표 6-7〉 전체 원자력분야 연구개발 예산대비 안전연구 예산 현황

(단위 : 억 원(%))

예산 구분	2016년		2017년		2018년		2019년		2020년	
	원자력 R&D	안전 연구	원자력 R&D	안전 연구	원자력 R&D	안전 연구	원자력 R&D	안전 연구	원자력 R&D	안전 연구
계	3,831	1,160	3,374	1,109	3,044	1,137	3,184	1,105	3,695	1,195
과기부	2,723	371	2,302	338	2,055	401	2,161	390	2,432	348
산업부	820	501	764	463	680	427	719	411	928	512
원안위	288	288	308	308	309	309	304	304	335	335
비중(%)	–	30.3	–	32.9	–	37.4	–	34.7	–	32.3

출처 : 원자력안전위원회·한국원자력안전재단(2021: 149)

〈표 6-8〉 수행부처 전체 원자력 R&D 예산 분야별 투자현황

(단위 : 억 원(%))

구 분	세부사업	수행 부처	2018년		2019년		2020년	
			예산	비중	예산	비중	예산	비중
원자력 안전	원자력기술개발-원자력안전	과기부	401	13.2	390	12.2	348	9.4
	원자력핵심기술개발(안전분야)	산업부	427	14.0	336	10.5	263	7.1
	원전 중대사고 방지 안전강화 기술개발	산업부	–	–	46	1.4	55	1.5
	원전 안전부품 경쟁력 강화 기술 개발	원안위	–	–	–	0.0	49	1.3
	원자력안전연구개발	원안위	249	8.2	218	6.8	205	5.5
	핵비확산 및 핵안보이행기술개발	원안위	60	2.0	51	1.6	41	1.1
	안전규제 요소·융합기술개발	원안위	–	–	11	0.3	49	1.3
	원자력활동 검증 기반기술	원안위	–	–	25	0.8	41	1.1
소 계			1,137	37.4	1,077	33.8	1,051	28.4
방패물 처리기술	원자력기술개발-핵연료주기	과기부	46.4	15.2	457	14.3	457	12.4
	방사성폐기물관리기술개발	산업부	81	2.7	54	1.7	52	1.4
	원전해체방폐물안전관리기술개발	산업부	–	–	29	0.9	146	3.9
소 계			545	17.9	540	17.0	655	17.7

구분	세부사업	수행부처	2018년		2019년		2020년	
			예산	비중	예산	비중	예산	비중
	미래형 원전 개발	과기부	276	9.1	280	8.8	301	8.1
	상용 원전 기술	산업부	172	5.7	312	9.8	484	13.1
	방사선 기술개발	과기부	602	19.8	593	18.6	440	11.9
	기 타	과기부	311	10.2	383	12.0	766	20.7
총 계			3,043	100	3,185	100	3,697	100

출처 : 원자력안전위원회·한국원자력안전재단(2021: 150-151) 수정 요약

〈표 6-7〉은 최근 5년간 전체 원자력분야 연구개발 예산대비 안전연구 예산 현황으로 2020년 원자력안전연구 예산은 전년대비 90억이 증가한 1,195억 원이다. 과기부는 전년대비 안전연구 예산이 42억 원 감소했으나, 산업부는 101억 원, 원안위는 31억 원이 증가하였다.

〈표 6-8〉은 전체 원자력 R&D 예산 분야별 투자 현황으로 원자력안전, '방폐물 처리 기술, 미래형 원전개발, 상용 원전 기술, 방사선 기술개발, 기타 분야로 구분하여 각 분야별 세부 사업을 분류한 것이다. 2020년 가장 큰 비중을 차지하는 분야는 원자력 안전 분야로 전체 예산의 28.4%를 차지한다.

(2) 혁신방향

첫째, 2022년 이후 원자력안전협의회는 법정조직이 되면서 별도 예산 편성과 집행이 요구되는데, 「원자력안전 정보공개 및 소통에 관한 법률」에 따라 정부는 안전협의회의 운영에 필요한 경비의 전부 또는 일부를 지원할 수 있다. 현장에 예산증액이 필요하기 때문에 제대로 일할 수 있는 여건을 마련해줄 필요가 있다. 그리고 폐로에 필요한 예산의 투명성 확보가 필요하다.

둘째, 이해당사자인 사업자에 의한 경비 지원은 독립적이고 중립적인 안전감시를 어렵게 하기 때문에 원칙적으로 제한하는 것이 좋다. 프랑스는 지역정보위원회(CLI) 운영비용도 애초에는 원전운영사가 출자한 자금과 지방의원이 주도하여 모금한 자금으로 충당하였으나 「원자력투명화·안전법」 제22조 VI(2006년 TSN법)에 따라 'CLI의 지출은 정부 및 지자체가 부담한다.'고 규정하였고, 시행령(2008)에서 구체적인 부담 비율까지 정하였다. 구체적으로 원자력안전청(ASN)이 50%를, 관계 지자체가 50%를 부담하도록 규정하였고, 이해당사자인 사업자의 자본 공여는 원칙적으로 금지된다.

셋째, 원자력안전연구 개발예산을 지속적이고 안정적으로 확보하고, 해체비용 역시 치밀한 설계를 통해 확보할 필요가 있다.[9] 그리고 2021년 12월 27일 확정된 「제6차 원자력진흥종합계획」에 따르면, 첨단융합기술을 활용해 향후 60여 년간 운영될 가동원전의 안전성을 극대화하고, 미래세대의 환경부담을 완화할 수 있도록 방사성폐기물의 안전한 관리기반을 마련하기 위해 가동원전 안전 R&D에 향후 8년간(2022~2029) 총 6,424억 원, 사용후핵연료 저장·처분 R&D에 향후 9년간(2021~2029) 총 4,300억 원을 각각 투자할 계획이다. 그리고 원전 건설·운영·정비 등 전주기로 수출시장을 확장하고 해체·SMR 등 미래 유망분야 핵심기술 확보를 통해 수출경쟁력 강화를 집중 지원하는데, 해외 경쟁노형 대비 경제성과 안전성이 강화된 혁신형 SMR(i-SMR) 개발을 추진, 2022년 예비타당성조사 후 표준설계

---

9) 소형모듈원자로(SMR)는 300메가와트(MW)이하의 출력을 내는 소형원전으로, 한국이 개발을 추진하는 혁신형 SMR(iSMR)는 170MW 규모다. SMR은 구성 요소들이 하나의 압력용기에 들어가 있어 사고가 발생해도 방사능 유출 위험이 현저히 줄어든다(매일경제, 2021. 6. 17).

완료 및 핵심기술 개발·검증(2023~2028)을 진행한다고 한다(에너지신문, 2021. 12. 27). 그러므로 원전안전의 관점에서 원안위는 규제 장치를 고민하고(원자력안전위원회, 2021: 5), 원자력진흥위원회와 지속적으로 조율할 필요가 있다.

3) 법과 규제

(1) 분석

제1차 종합계획 기간(2012~2016)에 대한 평가(원자력안전위원회, 2016: 4-5)에 따르면, 첫째, 후쿠시마 사고 교훈을 반영한 50개 대책 이행, 장기가동원전(월성1호기, 고리1호기)에 대한 스트레스테스트를 실시하였다. 이동형 발전기 등 전력설비 강화, 격납건물배기설비 설치, 중대사고 비상대응 전문가팀 신설 등이 이루어졌다. 둘째, 그간 행정조치(2000년 8월 중대사고 정책)로 규제해오던 중대 사고를 포함한 사고관리체계를 2016년 6월 23일 법제화하여 국내 원전 안전수준을 제고하였다. 고려해야할 사고목록 및 이에 대비한 확률론적 안전성 평가, 다수기를 고려한 사고전략, 극한 재해 완화 지침서 등 예방·완화 설비를 마련하였다. 셋째, 원전부품 공급자·설계자·성능검증기관까지 규제대상으로 확대하여 공급자검사, 부적합사항 보고, 성능검증기관 인증관리제도 등을 도입하였다. 그러나 현장에서 끊임없이 사고가 발생하고 있기 때문에 지속적인 비판이 이어지고 있다.

그리고 신규 규제수요에 적극 대응하여 규제체제를 새롭게 정비하였다. 첫째, 원자력시설의 해체제도를 개선하여 최종 해체계획서에 대한 주민의견 수렴을 법령에 반영하고, 세부 기준 등 해체관련 규정을 정비하였다. 2017년 6월 고리1호기 영구정지 대비 해체 안전규제 이행 준비를 완료하였다. 둘째, 원자력시설에 대한 사이버 위협에 대응하기 위해 사이버보안 체계를 법령에 반영하여 사이버보안계획 심·검사 등 본격적인 규제이행 착수하였다. 셋째, 중 저준위방사성폐기물 운반 신고 검사제도, 방사성폐기물 신분류 체계 도입 등 방사성폐기물이 안전하고 체계적으로 관리될 수 있는 기반을 마련하였다. 넷째, 후쿠시마 사고의 교훈을 반영하여 방사선비상계획 구역을 확대 강화하고 주민보호 실효성을 제고하도록 국가방사능방재체계를 개편하였는데, 방사선비상계획구역을 8~10km에서 20~30km로 확대하였고, 주민보호조치 요건을 2단계로 세분화하였다.

제2차 종합계획 기간(2017~2021)에 대한 평가(원자력안전위원회, 2021: 2-4)에 따르면, 2019년 3월 지진 안전성과 원전 다수기에 대한 규제 방안 마련 등 원자력 안전기준 강화 종합대책을 수립하고, 고리1호기 등 본격적인 해체에 대비하여 영구정지 및 해체단계 규제시스템을 마련하였다. 그리고 원자력안전, 방사능방재, 생활방사선안전 등과 관련한 원자력 안전 규제법령을 지속적으로 정비하였다. 그리고 2021년 5월 「원자력안전 정보 공개 및 소통에 관한 법률」이 국회를 통과하고, 2022년 6월 9일 시행될 예정이다. 다만, 제5조에는 지자체 내에 원자력안전정보공유센터를 설치하거나 필요한 전문 인력과 시설을 갖춘 기관을 정보센터로 지정해 운영할 수 있게 규정했는데, 시행령(안)을 보면 센터로 지정될 수 있는 기관으로 공공기관, 정부출연기관, 대학, 원안위가 인정하는 기관 등이 포함되는데 (그림 6-4)에서 설명한 것처럼 산업부와 지자체와 관련된 민간환경감시기구가 빠지면서 진통을 겪고 있다(김창수, 2019: 203-207).

현재 우리나라 원자력 관련 법령은 기본적으로 15개 법률로 구성된다. 대부분 행정입법 형태인 시행령과 시행규칙을 통해 실질적인 내용을 실현

〈표 6-9〉 원안위 관련 법률

법률명	대통령령(시행령)	총리령(시행규칙)
원자력안전위원회의 설치 및 운영에 관한 법률	원자력안전위원회의 설치 및 운영에 관한 법률 시행령	
	원자력안전위원회와 그 소속기관 직제	원자력안전위원회와 그 소속기관 직제 시행규칙
원자력안전법	원자력안전법 시행령	원자력안전법 시행규칙
원자력시설 등의 방호 및 방사능 방재 대책법	원자력시설 등의 방호 및 방사능 방재 대책법	원자력시설 등의 방호 및 방사능 방재 대책법 시행규칙
원자력손해배상법	원자력 손해배상법 시행령	
원자력 손해배상 보상 계약에 관한 법률	원자력 손해배상 보상 계약에 관한 법률 시행령	
생활주변방사선 안전관리법	생활주변방사선 안전관리법 시행령	생활주변방사선 안전관리법 시행규칙
한국원자력안전기술원법	한국원자력안전기술원법 시행령	
원자력안전 정보공개 및 소통에 관한 법률	원자력안전 정보공개 및 소통에 관한 법률 시행령(안)	원자력안전 정보공개 및 소통에 관한 법률 시행규칙(안)

출처 : 원자력안전위원회·한국원자력안전재단(2021: 240) 수정 보완

하고 있으며, 행정규칙의 형태로 2개가 존재한다(김창수·전홍찬·이민창, 2018: 83-85). 〈표 6-9〉는 원안위 관련 법률을 소개하고 있다.

(2) 혁신방향 제언

첫째, 다수부처가 관할하는 많은 법령과 행정규칙(과도한 행정규칙 의존성 문제)이 무려 76개 이상 있는 복잡한 법체계 때문에 가칭 「원전안전기본법」 제정 필요성이 대두되고 있다. 원전시설의 인·허가에서부터 원자력 발전시설 안전규제에 이르기까지 통합 관리하는 기본법이 필요하며, 원전해체에 이르기까지 전주기를 관할하는 법체계의 구성이 필요하다.[10] 한편 방

사선 관련 개별 법령들을 아우르고, 방사선 방호의 구심적 역할을 수행하는 「(가칭)방사선방호 기본법」 제정의 추진이 필요하다(원자력안전위원회, 2021: 20).

둘째, 전문가 30명을 대상으로 개방형 질문을 통해 원자력안전 법령 개정 필요성에 대한 의견을 물어본 결과를 간략하게 소개하면 다음과 같다(김창수·전홍찬·이민창, 2018). ① 「원자력시설 등의 방호 및 방사능방재대책법」의 제정목적이 방사능재난이 발생할 경우 효율적으로 대응하고 국민의 생명과 재산을 보호할 목적임에도 이 법에서는 지자체에 무한한 책임만 부여하고 평상시 권한은 전혀 언급되어 있지 않아, 평상시부터 지자체에게 시민안전과 관련된 일부분에 대해서는 권한을 위임 또는 입회조사 등의 권한을 부여하는 것이 필요하다. ② 원전비리 방지를 위한 「원자력발전사업자 등의 관리·감독에 관한 법률」을 제정했지만 원안위와 달리 산업부는 현장에 상주하고 있지 않아, 관리·감독에 제한이 있을 수밖에 없고, 선진국처럼 연방정부가 주정부에 일부 규제에 한해 위임하듯이 우리나라도 정부와 지자체 간에 역할분담이 필요하다. ③ 원자력이용시설의 사고·고장 발생 시 보고·공개 규정은 사업자가 사고·고장이 발생하면 정부에 구두보고 및 서

---

10) 정부가 2021년 12월 27일 위원장인 국무총리 주재로 제10회 원자력진흥위원회를 개최하여 향후 5년간 추진될 원자력 정책의 방향을 담은 「제6차 원자력진흥종합계획」을 확정했다. 또 국민 안전 최우선을 원칙으로 하는 「제2차 고준위 방사성폐기물 관리 기본계획」을 수립하고, 사용후핵연료 처리 기술 연구개발 현황 및 향후 방향에 대한 대안을 마련했다(에너지신문, 2021. 12. 27). 따라서 원자력 진흥과 안전의 양축을 균형 있게 추진하는 과제를 안고 있다. 그리고 현장에서는 「제2차 고준위 방사성폐기물 관리 기본계획」과 더불어민주당이 추진 중인 「고준위 방사성폐기물 관리에 관한 특별법」은 모두 핵발전소 지역에 사용후핵연료 저장 시설을 추가로 지을 수 있게 하는 내용이 포함돼 있다면서 핵폐기물 처리에 대한 근본적인 해결책을 마련하지 않은 채 원전 소재 지역 주민에게 위험을 떠넘기려는 시도를 중단하라는 반대의 목소리가 강력한 실정이다(국제신문, 2022. 1. 25).

면보고를 하도록 되어있으나, 사고가 방사선비상으로 이어질 경우 가장 먼저 신속하게 대응해야 하는 지방자치단체에는 늦장, 지연보고하고 있고, 또한 사고고장과 관련된 조사 시에도 입회조사권도 없어 시급히 개정이 필요하다. 이는 프랑스와 일본의 사례를 참고하면서 자치분권의 관점에서 심각한 재검토가 필요한 부분이다. 무엇보다 2022년 6월 9일 시행될 「원자력안전 정보공개 및 소통에 관한 법률」과 시행령에 따른 원자력안전정보공유센터의 합리적 구성 근거의 마련이 절실하다.

제4절 요약 및 결론

이 연구에서는 원자력안전을 위한 정책 환경의 분석을 토대로 포괄적이고 전주기적인 범위의 원자력안전을 확보하기 위한 정책기조와 정책목표, 그리고 이러한 정책목표를 달성하기 위한 정책수단으로서 집행기구, 재정, 법과 규제를 분석하였는데, 이를 토대로 혁신방안을 제안하면 〈표 6-10〉과 같다.

첫째, 2012년 이후 세 차례에 걸친 5년 주기의 원자력안전종합계획을 분석해보면, 정책기조 혁신 차원에서 국민의 신뢰, 국민의 공감, 국민의 참여를 강조하는 정책기조를 유지하고 있다. 특히 코로나19, 원자력 안전 기술의 발전, 기후변화 등 환경변화를 고려한 국민 공감 정책기조의 유지와 점검이 필요하다(원자력안전위원회, 2021: 1). 정책목표의 혁신은 국민의 참여를 통한 투명성과 신뢰성 확보, 나아가 원자력과 방사선 안전을 관리하

〈표 6-10〉 연구결과의 요약

구 분		분 석	혁신방향
정책기조		• 국민의 신뢰, 국민의 공감, 국민의 참여를 강조하는 정책기조를 유지	• 코로나19, 원자력 안전 기술의 발전, 기후변화 등 환경변화 고려한 국민 공감 정책기조의 유지와 점검
정책목표		• 국민의 참여를 통한 투명성과 신뢰성 확보 나아가 원자력과 방사선 안전을 관리	• 추진전략에 따른 추진과제의 지속적인 이행점검을 통한 전주기적 관점의 원전 안전 관리 차원에서 원전해체와 방사성 폐기물처분장의 안전한 확보 대책 마련
정책 수단	집행 기구	• 원안위 독립성의 문제와 위원 구성에 따른 책임성 약화와 정치적 편파성 가능성	• 원안위의 독립성 강화를 위해 대통령 직속 기관화와 전문성과 책임성을 강화하기 위해 상임위원을 현재 2명에서 5명으로 확대하는 방안 • 다층적 거버넌스 모델의 구축을 통해 포괄적인 원자력안전정보공유센터 창출
	재정	• 제2차와 제3차 원자력안전종합계획 소요 재원 전망에 따르면, 7,852억 원에서 8,908억 원으로 증가 • 수행부처 전체 원자력 R&D 예산 분야별 투자현황을 살펴보면, 2020년 가장 큰 비중을 차지하는 분야는 원자력 안전 분야로 전체 예산의 28.4% 차지	• 예산규모도 중요하지만 지속적인 성과평가를 통해 중장기목표는 물론 단기목표까지 정책목표를 제대로 달성하는지 평가가 필요 • 원전해체와 SMR을 위한 획기적이고 지속적인 R&D 예산 투입
	법과 규제	• 다수부처가 관할하는 많은 법령과 행정규칙(과도한 행정규칙 의존성 문제)이 무려 76개 이상 딸린 복잡한 법체계 때문에 「원전안전기본법」 제정 필요성이 대두 • 원전시설의 인·허가에서부터 원자력 발전시설 안전규제에 이르기까지 통합관리하는 기본법이 필요하며, 방사성 폐기물처분은 물론 원전해체에 이르기까지 전주기를 관할하는 법체계의 구성이 필요 • 「원자력안전 정보공개 및 소통에 관한 법률 시행령」에 따른 원자력안전정보공유센터 구성 진통	• 1953년 원자력법 제정 이후 파편화된 다양한 관련 법령들을 조율할 가칭 「원자력안전기본법」의 제정을 제안 • 방사선 관련 개별 법령들을 아우르고, 방사선 방호의 구심적 역할을 수행하는 가칭 「방사선방호 기본법」 제정 추진 제안 • 원자력안전협의회의 확대 구성·운영 및 「원자력안전 정보공개 및 소통에 관한 법률시행령」에 따른 원자력안전정보공유센터의 포괄적·합리적 구성 근거의 마련

는 차원에서 이루어지고 있는 것으로 나타났다. 원자력안전종합계획은 시간적으로 원전의 탄생에서부터 해체에 이르기까지 전주기적으로 관심이 필

요할 뿐만 아니라 공간적으로 여러 부처가 연관되어 있기 때문에 원전안전 정책의 범위와 정체성을 명확하게 규정하기가 쉽지 않았다. 무엇보다 2020년 10월 31일 120명의 세대별, 연령별, 직군별 국민계획단을 구성하여 토론과 숙의과정을 거쳐 제3차 원자력안전종합계획 수립을 위한 국민제안서를 창출한 절차와 결과 역시 혁신적이기 때문에 적극적인 수용이 필요하다. 그리고 추진전략에 따른 추진과제의 지속적인 이행점검을 통한 전주기적 관점의 원전안전 관리가 요구되는데(원자력안전위원회, 2021: 9-30), 원전 해체와 방사성폐기물처분장의 안전한 확보 대책 마련이 관건이다.

둘째, 협력적 거버넌스 관점에서 집행기구 진화가 필요한데, 규제기관 혁신을 통한 소통 활성화가 요구된다. 먼저 원안위는 대통령과 여당 몫 추천 위원이 전체 9명중에서 6명을 차지하기 때문에 독립성의 문제와 정치적 편파성 가능성이 있다. 원안위의 독립성 강화를 위해 대통령 직속 기관화가 필요하며, 전문성과 책임성을 강화하기 위해 상임위원을 현재 2명에서 5명으로 확대하는 방안도 필요하며, 나아가 다층적 거버넌스 모델의 구축이 필요하다. 프랑스와 같이 규제체계통합 필요성(CLI 모델)이 있고, 소통을 위해 숙의 모델을 확대하고, 정보의 비대칭성 극복을 위해 정보공개 확대가 필요하다. 무엇보다 한국형 원전모델인 다수호기 모델에 대한 지식생산, 전문성 확대 차원의 맥락을 이해할 필요가 있다. 전주기적 안전관리시스템을 확충하여 폐기물관리, 해체계획서까지 포괄해야 하며, 전범위적 관리를 위해 생활방사선까지 감당해야만 한다. 그리고 국무총리 산하 원자력진흥위원회에서 「제6차 원자력진흥종합계획」과 「제2차 고준위 방사성폐기물 관리 기본계획」을 추진하기 때문에 협력적 관점에서 접근할 필요가 있다.

셋째, 관련 예산의 지속적 확충이 중요한데, 원전은 30년 전 기술이며 혁신기술이 아니기 때문에 안전예산 확보가 중요하며, 안정적인 폐로 기술 확보를 위해 중장기계획에 R&D 예산과 인력확보를 위한 예산을 반영하여 예측가능성을 증대시킬 필요가 있다. 제2차와 제3차 원자력안전종합계획 소요 재원 전망에 따르면, 예산규모는 7,852억 원에서 8,908억 원으로 증가하였다. 현재 수행부처 전체 원자력 R&D 예산 분야별 투자현황을 살펴보면, 2020년 가장 큰 비중을 차지하는 분야는 원자력 안전 분야로 전체 예산의 28.4%를 차지한다. 그러므로 예산규모도 중요하지만 지속적인 성과평가를 통해 중장기목표는 물론 단기목표까지 정책목표를 제대로 달성하는지 평가가 필요하다.

넷째, 법과 규제 체계의 정비가 필요한데, 다수부처가 관할하는 많은 법령과 행정규칙이 무려 76개 이상 있는 복잡한 법체계와 과도한 행정규칙 의존성 때문에 가칭 「원전안전기본법」 제정 필요성이 대두되고 있다. 원전시설의 인·허가에서부터 원자력 발전시설 안전규제에 이르기까지 통합 관리하는 기본법이 필요하며, 방사성폐기물처분은 물론 원전해체에 이르기까지 전주기를 관할하는 법체계의 구성이 필요하다. 그러므로 전문가들은 긴 호흡으로 1953년 원자력법 제정 이후 파편화된 다양한 관련 법령들을 조율할 가칭 「원자력안전기본법」의 제정을 제안한다. 한편 방사선 관련 개별 법령들을 아우르고, 방사선 방호의 구심적 역할을 수행하는 가칭 「방사선방호 기본법」 제정의 추진이 필요하다(원자력안전위원회, 2021: 20). 그리고 정보공개 및 소통강화 전략 차원에서 「원자력안전 정보공개 및 소통에 관한 법률」 제13조 제1항에 따라 주변지역을 관할하는 지방자치단체 및 지역 주민과의 원자력안전정보의 공개 및 소통을 위하여 해당 시·군·구 또는 해당 시·군·구를 관할하는 특별시·광역시·특별자치시·도·특별자치도와 주민대표 등이 참여하는 '원자력안전협의회'를 확대 구성·운영하여 미완의 개혁을 완성할 것을 제안한다. 동일한 맥락에서 2022년 6월 9일 시행되는 「원자력안전 정보공개 및 소통에 관한 법률 시행령」 제정과정에서 원자력 안전정보공유센터의 포괄적이고 합리적 구성 근거의 마련이 필요하다.

참고문헌

고이데 히로아키. (2012), 「원자력의 거짓말」(고노 다이스케 역). 녹색평론사.

국회 (2021), 「2021년 예산 및 기금운용계획 사업별 설명자료」.

김나정 (2021), "후쿠시마 원전 오염수 방류에 대한 원자력안전위원회의 역할과 과제", 「이슈와 논점」, 제1834호, 국회입법조사처.

김지영 (2013), "프랑스 원자력안전법제의 현황과 과제: 우리나라 원자력안전법제로의 시사점 도출을 중심으로", 「환경법연구」, 35(3): 169-208.

김창수 (2013), "위험사회와 가외성의 효용: 고리원전 정전사고 사례의 분석", 「한국행정논집」, 제25권 제2호(2013 여름): 1-20.

_____ (2019), "가외성의 정당성과 한계: 지역 원전안전 감시체계 선택의 딜레마", 「지방정부연구」, 23(3): 183-210.

김창수·서재호 (2018), 「민간환경감시센터 개편방안 연구」, 에너지경제연구원.

김창수·이강웅·허철행 (2013), 「원전 안전관리에 있어서 지자체의 역할과 대응」, 재단법인 부산 발전연구원.

김창수·전홍찬·이민창 (2018), 「지역의 원전운영 안전 감시기능 강화」. 에너지경제연구원.

김영평 (1995), 「불확실성과 정책의 정당성」. 서울: 고려대학교 출판부.

다카기 진자부로 (2009), 「원자력 신화로부터의 해방」(김원식 역). 녹색평론사.

마쓰오카 슌지 (2013), 「일본 원자력 정책의 실패: 후쿠시마 원전사고 대응과정의 검증과 안전규제에

　　대한 제언」(김영근 역). 고려대학교 출판부.

박균성 (1996), "원자력행정에 대한 지방자치단체와 주민의 참여", 「경희법학」, 31(1): 253-294.

백완기 (1989), 「행정학」. 서울: 박영사.

신항진 (2018), 「원자력안전 정보공개 및 소통에 관한 법률안 검토보고서」. 국회 과학기술정보방송
　　통신위원회. 2018.11.

야마모토 요시타카 (2011), 「후쿠시마, 일본 핵발전의 진실」(임경택 역). 동아시아.

원자력안전 국민참여 (2021), 「제3차 원자력안전종합계획 수립을 위한 국민제안서」.

원자력안전위원회 (2016), 「제2차 원자력안전종합계획(안) 2017 ~ 2021」, 2016. 11.

_____ (2018), 2018년 원자력안전위원회 주요 업무계획. 2018. 1. 24.

_____ (2018), 제2차(2017~2021) 원자력안전종합계획 2018년도 세부사업 추진계획. 2018. 5.

_____ (2021). 「제3차 원자력안전종합계획(안) 2022~2026」, 2021. 12. 17.

원자력안전위원회·한국원자력안전기술원·한국원자력통제기술원·한국원자력안전재단 (2020),
　　「2019년도 원자력안전연감」, 2020. 6.

원자력안전위원회·한국원자력안전재단 (2021), 「2020년 원자력안전실태조사」.

이계수·박지은·윤혜진·일본에너지법연구소 (2013), 「각국의 원자력발전소 안전규제 법제」. 서울:
　　국회의원 김제남·녹색연합·탈핵법률가모임 해바라기.

이원근 (2012), 「원자력 안전의 현황과 정책 및 입법 과제」. 국회입법조사처 정책보고서(제24권).

이종범 (2005), "불확실성, 모호성과 딜레마 상황하에서 절차적 합리성의 모색", 「행정논총」, 43(4).

전홍찬 (2014), 원전 소재지 안전협의체 비교 연구, 「사회과학연구」, 30(4): 293-316.

정정화 (2021), 「사용후핵연료갈등: 불편한 진실과 해법」. 서울: 파람북.

조성경·정윤형·이계봉 (2013), 「원자력안전관련 정보공개 및 주민의견수렴 제도에 대한 개선방안
　　연구」. 명지대학교 산학협력단.

하타무라 요타로 등 (2015), 「안전신화의 붕괴: 후쿠시마 원전사고는 왜 일어났나」(김해창 등 역).
　　미세움.

한국원자력환경공단 (2020), 「2020년도 중·저준위 방사성폐기물관리 시행계획」, 한국원자력환경
　　공단(www.korad.or.kr) 사업전략팀. 2020. 4.

ASN (2017), ASN REPORT on the state of nuclear safety and radiation protection
　　in France in 2016.

Bendor, J. B. (1985), *Parallel Systems: Redundancy in Government*. Berkeley, CA:
　　University of California Press.

Bowen, Elinor R. (1982), "The Pressman-Wildavsky Paradox: Four Agenda or Why Models Based on Probability Theory Can Predict Implementation Success and Suggest Useful Tactical Advice for Implementers", *Journal of Public Policy*, 2(1): 1-22.

Felsenthal, D. S. (1980), "Applying the Redundancy Concept to Administrative Organizations", *Public Administration Review*, 40(3): 247-252.

Landau, M and R. Stout, Jr. (1979), "To Manage is not To Control: or the Folly of Type II Error", *Public Administration Review*, Vol. 39: 148-156.

Streeter, Calvin L. (1992), "Redundancy in Organizational Systems", *Social Service Review*, 66(1): 97-111.

World Nuclear Association. (2018). *Country Profiles: Nuclear Power in France.* http://www.world-nuclear.org/information-library/country-profiles/countries-a-f/france.asp

66

이 책이 새 정부의 과학기술정책을 설계하는데 각 세부정책 분야에서
실효성 있는 정책대안으로서의 역할을 할 수 있기를 기대합니다.

99

세 번째 정책총서를 마무리하며

황 병 상

세 번째 정책총서를 마무리하며

2022년 5월 새 정부의 출범이 예정되어 있음에 따라, 이에 맞추어 기술혁신 연구의 대표 학회인 우리 학회가 과학기술정책의 혁신 방향에 대해 제언할 수 있다면 의미가 있겠다는 생각을 했습니다. 새 정부의 출범은 정책변동의 중요한 계기로 작용하기 때문입니다.

이를 위해 2021년 1월에 '책 발간 계획(안)'을 작성하여 충남대 이찬구 교수님에게 공동 추진을 건의하였습니다. 협의 결과 학회와 충남대 국가정책연구소가 이 책을 공동 발간하되, 인쇄비 등 제반 비용은 충남대가 부담하기로 하였습니다. 동년 3월에 집필진을 구성하여 학회의 학술대회에 특별세션을 개설하거나 정책 콜로키움을 개최하는 방식으로 4차례에 걸친 발표회를 통해 원고를 지속적으로 검증하고 수정·보완하였습니다. 이 연구의 전체적인 일정과 주요 내용은 〈표 1〉과 같이 정리할 수 있습니다.

〈표 1〉 연구 일정 및 주요내용

주요 활동	일시 및 장소(행사)	주요 내용
책 발간 제안 및 연구기획	2021. 1. ~ 2.	• 필자가 이찬구 교수님에게 책 발간을 제안한 후 공동으로 연구기획
집필진 구성 및 원고 작성지침 마련	2021. 3.	• 집필진 총 8인 위촉 • 목차 및 작성 양식 확정
1차 발표회	2021. 5.28. 한밭대 (춘계 학술대회)	• 원고 발표 및 토론
2차 발표회	2021. 8.27. 충남대 (정책 콜로키움)	• 원고 발표 및 토론
3차 발표회	2021.11. 5. 제주도 (추계 학술대회)	• 원고 발표 및 토론
4차 발표회	2022. 1.21. 충남대 (정책 콜로키움)	• 원고 발표 및 토론

이 연구서는 한국의 과학기술정책을 정책학 관점에서 세부 정책별로 분석하고 정책혁신 방안을 제안한 것입니다. 이 책이 새 정부의 과학기술정책을 설계하는데 각 세부정책 분야에서 실효성 있는 정책대안으로서의 역할을 할 수 있기를 기대합니다. 또한 정부 관계자를 비롯한 모든 정책행위자들에게 필요한 지식을 제공하고, 정책의 혁신방향을 함께 숙고하는 단초(端初)가 되기를 바랍니다. 아울러 학회 회원들의 공동 작업으로 이루어낸 이 결과물이 학회의 설립목적 즉, '융·복합 학술연구'와 '정책문제 해결'에 조금이나마 기여할 수 있기를 바랍니다.

이 책이 나오기까지 많은 분들의 수고와 도움이 있었습니다. 연구의 큰 버팀목이 되어 주신 이찬구 교수님(2017년 학회장)께 먼저 감사드립니다. 학회 차원에서 연구를 지원해 주신 한국과학기술정보연구원(KISTI) 김재수 원장님(2021년 학회장)과 과학기술정책연구원(STEPI) 이민형 박사님(2022년 학회장)께 감사드립니다. 그리고 1년 정도의 집필 작업 기간 동안 열정을 쏟으신 모든 집필진, 연구발표회에서 토론자로 좋은 의견을 주신 한남대 설성수 교수님(2005~2006년 학회장), 호서대 서상혁 교수님(2011년 학회장), 한국과학기술기획평가원(KISTEP) 이장재 박사님(2014년 학회장)께 고마움의 말씀을 드립니다. 제2장 원고에 대해 좋은 의견을 제시해 준 한국기초과학지원연구원(KBSI)의 정석인 박사님, 관련 사무를 지원한 충남대 국가정책연구소의 김지혜 간사님 그리고 출판을 위해 수고하신 임마누엘의 이성현 디자이너님 등 관계자 여러분께도 감사드립니다.

2020년 8월에 두 번째 정책총서인 「한국 제4차 산업혁명 정책 : 평가와 혁신」을 발간하면서, 역경(易經)에 있는 "혁언삼취 유부(革言三就 有孚)"[1]라는 구절을 인용하여 세 번째 책 출간을 소망한다고 적은 바 있습니다. 많은 분들의 노력과 도움으로 이를 이루게 되어 다행으로 생각합니다. 한국기술혁신학회의 정책총서와 충남대 국가정책연구소의 과학기술정책 기획연구가 앞으로도 계속 발간될 수 있기를 기원합니다.

봄꽃이 피어나는 4월에

황병상 (부회장 겸 정책총서위원회 위원장)

---

1) "개혁에 관한 말이 세 번 성취된 후에야 믿음이 생긴다"라는 뜻이다(서대원, 2004, 「새로 풀어 다시 읽는 주역」, 505쪽). 그 의미를 좀 더 넓게 생각해 보면 '모든 일은 세 번 정도 이루어져야 사람들의 믿음을 얻을 수 있다'라고 해석할 수 있다.

(사)한국기술혁신학회 정책총서 ❸
충남대학교 국가정책연구소 과학기술정책 기획연구 ❷

한국 과학기술정책 : 분석과 혁신

초 판 2022년 4월 18일
연구총괄 이찬구·황병상
지 은 이 이찬구·황병상·이효은·이민형·안재영·김창수
펴 낸 곳 충남대학교 국가정책연구소(공진화정책연구단·과학기술정책사업단)
　　　　　 34134 대전광역시 유성구 대학로 99 사범대학(W15) 210호
　　　　　 Tel. 042.821.8066 Email. stp_gnppcnu@cnu.ac.kr
　　　　　 https://coev.cnu.ac.kr/policy
디 자 인 이성현
발 행 처 임마누엘
　　　　　 등록번호: 대전 중구 143호 (2002년 11월 27일)
발 행 인 오인탁
　　　　　 디자인연구소: 소장 김윤학, 선임연구원 이성현
　　　　　 대전광역시 중구 선화로 106 (임마누엘 빌딩 1층)
　　　　　 Email. 2536168@hanmail.net Tel. 042.253.6167~8 Fax. 042.254.6168
총 판 가나북스 www.gnbooks.co.kr
　　　　　 Tel. 031.408.8811 Fax. 031.501.8811

이 저서는 2019년 대한민국 교육부.한국연구재단의 지원(NRF-2019S1A5C2A02081304)과
2021년 과학기술정보통신부·국가과학기술인력개발원의 '과학기술정책전문인력육성·지원사업'
의 지원을 받아 이루어졌습니다.

ISBN 978-89-98694-64-7 93350 (값 15,000원)